SAS・特殊部隊式

図解 サバイバルテクニック

あらゆる災害に対応する

SAS AND ELITE FORCES GUIDE

PREPARING TO SURVIVE

BEING READY FOR WHEN DISASTER STRIKES

クリス・マクナブ　角 敦子［訳］
Chris McNab　Atsuko Sumi

原書房

SAS・特殊部隊式

図解サバイバルテクニック

あらゆる災害に対応する

★

目次

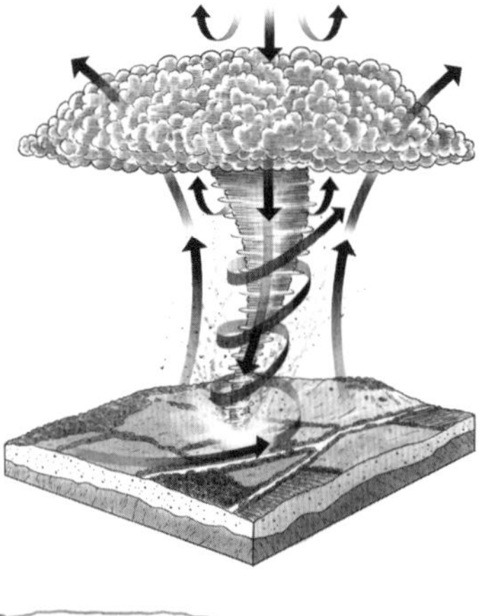

第1章

洪水でも津波、ハリケーン、竜巻、あるいは疫病の世界的大流行《パンデミック》でも、大災害にはまったく予想もつかないときにみまわれることがある。

大災害と向きあう

死体安置所には、遺体がぎっしりつめこまれていて、天井にとどかんばかりに積み重ねられていました。遺体腐敗処置をする者は昼も夜も休む暇がありません。ふりかえるたびに、棺を積んだ赤い大型トラックが目にとまりました。トラックは遺体を故郷に帰してやるために駅に向かうのです。なにしろ手あてがまにあいません。体温を測ることはおろか、血圧を測る余裕もないのです。熱いウィスキーのカクテルをあたえる、その程度をするのがやっとでした。

このぞっとするような記憶をたどっているのは、1918年にイリノイ州五大湖海軍病院で勤務していたジョージー・ブラウン看護師である。といってもこれは第1次世界大戦の野戦病院の風景ではない。戦争はその直前に終結していた。ブラウンが目撃したのは、1918年から翌年にかけてスペイン風邪がもたらした惨劇だった。このパンデミックは人類史上最悪の死者数を出している。2年間で世界の全人口の約6パーセントが失われ（計算によって

現代社会の生活がいかに危険から守られているとしても、人間や自然がもたらす災害がすぐにでも起こりえる現実であることに変わりはない。災害に遭遇したときは、準備が生きぬくためのカギとなる。

は、最大で1億人にもおよぶ)、30パーセントが病に倒れるという悲惨な結果になった。もっともこの数字は、国別の統計ではさらに悪化する。西サモアでの罹患率は人口の90パーセントに達した。すでに1500万人以上が命を散らせた世界大戦に続いて発生したため、スペイン風邪はかつてないトラウマを残した。

このスペイン風邪のパンデミックを思うと、突然の大災害の前で人間は今日ももろい存在であるのを思い知らされる。歴史をざっと眺めただけでも、局地的、地域的、国家的、あるいは頻度は落ちるが世界的な災害が、かなり定期的に襲来している事実に愕然とさせられるのである。地震も火山の爆発も、戦争、病気の流行もしかりである。ただしどんなにひどい惨事でも、災難はたいてい「人口の半数未満」にしか影響をおよぼしていない。そうなると希望がもてる。人類は全体的に見ると、驚くべき回復力に富んでいることになるからだ。それを可能にしているのが、おもにその脳の容量の大きさと問題解決能力である。だが地震で30秒間のゆれをしのぎ、または病人との接触を断つその場におよんだとき、幸福と長期サバイバルを実現するための試練には、統計には表れない面もあるだろう。

その具体例として、パンデミックに的を絞って論を進めていこう。たとえウイルス性や細菌性の疾患の治療法が確立していなくても、感染の仕組みの理解は一般市民に浸透している。これは現代科学の恩恵といえる。病気の猛威を鎮めるための短・中期的な予防策は、基本的に人対人の接触を減らすことが中心となる。長期的には、人間社会のなかで自然免疫がつくか、緊急のワクチン接種計画が展開されるのを待つしかない。その一方でパンデミックが長引くうちに、かつてあった社会は姿を消すか、通常よりも低レベルの機能しか果たせなくなる。それはただ社会的交流の激減を意味するのではない。健康や衛生を保つ施設やインフラの機能がことごとく根本的に縮小してしまうのである。米国土安全保障省は、今後大規模なパンデミックが起こったときに、予想される影響について詳細な研究をしている。以下のリストは、全文を引用する価値がある。なによりも詳しく述べられている影響が、ほとんどのタイプの災害にもあてはまるからである。

- あらゆる職務で(40パーセント以上という)異常な数の労働者が、常習的に欠勤するようになる。原因は病気、家族の看護、死亡、子どもの世話、「体調不安症」(本来なら健康な人が感染をおそれて職場を避けるケース)などである。

パンデミック対策

　パンデミックは、おそらく人類が直面する最大の脅威にちがいない。医療用マスクを着けるなどの簡単な予防策でも、空気感染の予防に大いに効果がある。ただしいちばん予防効果があるのは、人混みを避けてこまめに手洗いすることである。

- 伝染病の広がりは速くて予測がつかないので、人員や物的資源、災害対策本部を「安全な」地域に移すのもむずかしくなるだろう。
- 移動規制や交通の遮断によって、供給プロセス《サプライ・チェーン》が寸断され、地方自治体のサービスが届かなくなるだろう。
- 人との接触の機会を減らす社会距離戦略が必要になれば、業務に支障をきたすようになるだろう。食品の小売りなどで接客が不可欠な場合、工場など労働者が同じ職場で働くとき

家の備蓄品

災害時には、家にたくわえている備蓄品に命を救われることもある。食料や水などの品目はもちろんのこと、懐中電灯やろうそく、ラジオといった、ごく基本的で実用的な道具も重宝する。

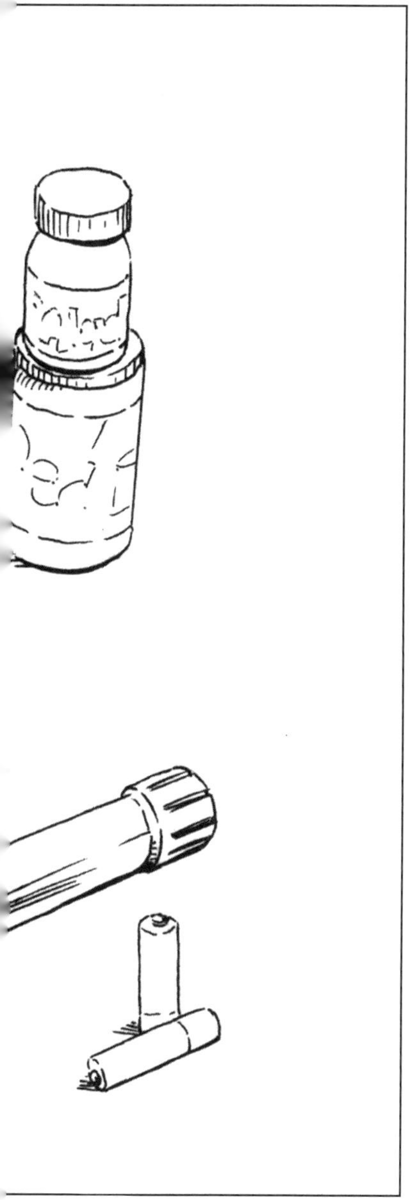

などはとくに影響が大きい。

- 事業の閉鎖や休業が長引けば、経済的損害が大きくなり破産する者も出てくるので、社会的・福祉的支援がますます求められるようになる。
- 利益の損失にくわえて、まだ働ける熟練労働者や希少な物資や材料をめぐる競争は、事業の対応と回復に多大な影響をおよぼすことになる。
- 緊急時にまっさきにかけつける立場の人間が少なくなれば、社会や安全が崩壊する危険性が高まる。
- 必要不可欠な事業が崩壊して立ちゆかなくなれば、局地的に社会的・経済的な困難を生じ、同じ分野や地域、そして全国にわたる影響が出るだろう。

出典＝ <www.pandemicflu.gov>

大量の死傷者が出ることにくわえて、こうした項目の問題が災害のさなかとその後に発生するだろう。少し想像しただけで、どのような状況になるかはおぼろげながらもつかめてくる。まず電気が止まることを思い描いてほしい。国全体の電力供給網が機能しなくなるのだ。非常用電源がなければ、照明や暖房、調理、冷房、冷凍の施設が使えなくなる。電動の警報装置も、コンセントに差しこんでいたテレビもラジオも、通信手段も沈黙する。

燃料の分配がストップすれば、店舗

への商品の配送も間遠くなるか、まったく行なわれなくなる。そうなると緊急の食糧源を見つけないかぎり、戸棚にしまっておいただけの食糧が実質的にすべてになる。それを食べつくしたら、さらに探しだすか飢えに甘んじるしかない。水道局も休止するかもしれない。そうなれば飲み水が不足し、清潔を保てなくなって、いずれにせよ健康がはなはだしくそこなわれる事態になるだろう。社会が危機的状態になるので、法執行機関は限界寸前まで手を広げることになる。となると自分と家族の身の安全は、一時的にもみずからの責任で守らなくてはならなくなるだろう。このような背景があるうえに、おそらくは専門的な医療の助けを借りずに、自分と家族の健康に気を配る必要も出てくるのだ。

つまり災害にみまわれたら、日常的に頼りにしている社会的なインフラの支援がすべて消滅した世界で生きのびなければならなくなるのだ。本書はまさにそれをテーマにしている。

自然災害

残念ながら、人間は自然災害に立ち向かう運命を避けられない。ゆえに直面するであろう脅威について、時間をもうけて理解する価値はあるのだ。われわれが住んでいる惑星は、生命ある猛々しい存在であり、地下で移動するプレートやしょっちゅう荒れ狂う大気といった、さまざまな自然現象に支配されている。その結果自然災害にはたびたび遭遇することになり、地域によっては、世界の他地域よりその頻度が多いこともある。

竜巻

こうした災害の激しさはさまざまな変数で表されるが、なによりも重要なのは被害地域の大きさである。竜巻などは、地球上でもっとも猛烈な気象現象で、最大風速は秒速133メートルにも達する。家屋はつぶされ、木は根こそぎ倒され、自動車は玩具のように巻きあげられ、豆粒ほどのものも殺傷性のある弾丸になる。それでも個々の例を見ると、最大級の竜巻でさえも水平規模は直径3.2キロを上まわらない（アメリカの竜巻の地上規模は、直径150メートルが平均）。したがって被害を受ける範囲は、その持続時間中に地上を横切っていく進路にほぼ限定される。2、3キロから300キロを超える場合まで、その範囲はまちまちである。

竜巻の進路にいて直撃された者は、破滅的な被害を受けることもある。家屋も日々の暮らしも、数年、いや数十年にもわたる努力も、数秒間で跡形もなくなる。ただし局地的な現象なだけ

竜巻の構造

竜巻は地表に現れる自然現象のなかでも、最大級の破壊力をもっている。イラストの竜巻は、特徴的な漏斗《ろうと》雲が形成されており、水蒸気と土ぼこりが吸いこまれるようすから、風の流れがよくわかる。

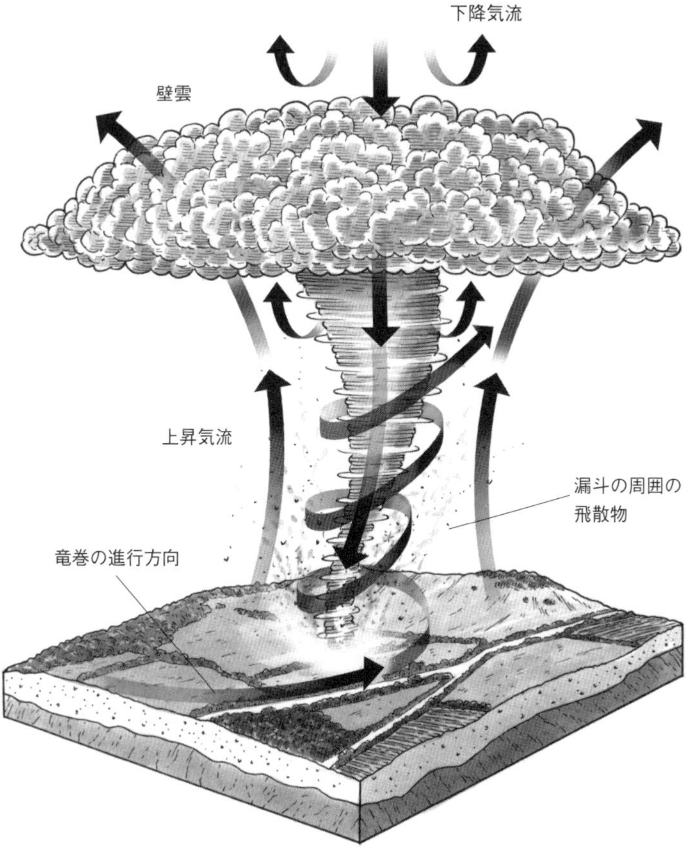

に、竜巻による社会的影響は限定的である。被災地の重要なインフラは、それでも機能していることが多い。電力供給はたいてい止まるが、通常は48時間以内に復旧し、建物の再建はほんの数日ではじまる。

ところが被害範囲が広がると、問題はもっと大きくなる。「竜巻大発生」とよばれ、ひとつの暴風雨からいくつもの竜巻が発生するケースがそれである。2011年4月25〜28日には、アメリカの南部、中西部、北東部が、確認されているだけでも359個もの竜巻に襲われて、アラバマ、アーカンソー、ジョージア、ミシシッピ、テネシー、ヴァージニアといった州で最悪の被害を出した。総死者数は364人にのぼり、物的損害は110億ドルに達した。連邦緊急事態が宣言され、竜巻にみまわれた地域の住民は、停電したまま最大で1週間も我慢しなければならなかった(ただしほとんどの地域では、2日以内に電気は通じた)。また水道水の汚染や、食糧などの物資の局地的な不足といった問題も生じた。

ハリケーン

複数の竜巻の破壊力も、ハリケーンと比較するとたいてい色あせてしまう。ハリケーンの風速は竜巻ほどではないが、それでも最大風速は秒速70メートルに達することがある。それ以上に

ハリケーンの形成

威力と破壊力のあるハリケーンの風は、中心部にある「目」のまわりを回転している。目の気圧はこの熱帯性低気圧全体でもっとも低い。目のなかはたいてい無風で比較的穏やかだが、その外側では最大風速 70 メートル以上の暴風が長時間吹き荒れることもある。

重要なのは、個々のハリケーンが概して 30 〜 65 キロの範囲におよぶことだ。強風域が数百キロになるものもある。

ハリケーンは暴風だけでなく、激しい豪雨や危険な高潮をもたらす。高潮で海面が異常に上昇すると、沿岸地域で大規模な洪水になることもある。2005 年にハリケーン・カトリーナが高潮をもたらしたときは、アメリカのルイジアナ州とミシシッピ州の広い範囲で海水が流れこんだ。潮位が 8 メートルを超えたために、両州の海岸地域にあった巨大な防潮堤防も、押し流されてしまったのである。

いうなればカトリーナは、いかに先進的な国でも、大規模な自然災害の猛威をなだめるのは容易ではない、ということを示す有益な例なのである。1836 人という大量の死者が出て、被害総額は 810 億ドルに達した。大都市のニューオーリンズもほぼ壊滅状態になり、市の 80 パーセントが浸水して、100 万人以上がアメリカ南東部から離れざるをえなくなった。数百人もの人々が何日ものあいだ、満足な食べ物も水の補給もなしに命をつないでいた。治安も悪化し、州兵軍の大規模配備が必要になった（略奪が深刻な問題になったが、暴力を伝える報道にはあとになって誇張があったことが発覚した）。一部の地域では、洪水後何週間も生活に欠かせないインフラが復旧しなかった。

実のところハリケーン・カトリーナは、歴史上もっとも被害をもたらした台風とくらべると、およびもつかない規模であったのだ。アメリカでは、その狂暴性を示す称号は、1900 年 9 月 8 日のガルヴェストン・ハリケーンにあたえられる。このハリケーンはテキサス州沿岸部で暴れまわり、8000 人の犠牲者を出した。ただしハリケーンでもっとも多くの人命が失われているのは南アジアと東南アジアである。家屋が粗末で、多くの地域が貧困や健康問題であえいでいるので被害は甚大になる。

1970 年 11 月 12 日には、ボーラ・サイクロン（サイクロンもハリケーンも熱帯性低気圧の異なる呼称）が、東パキスタン（現バングラデシュ）とインドの西ベンガル州を襲った。死亡者は最大で 50 万人と見積もられているが、この数字にはサイクロンの被害者以外にも、その後の劣悪な環境で病気や飢餓、脱水症状のために亡くなった人もくわえられている。被災地のほぼ全域で作物が壊滅し、飲み水に海水が混じって飲料不可になったために、史上最悪の自然被害と数えられる事態になったのである。

洪水の対策

洪水の浸水にはごく簡単な方法で対処できる。その際、重要な防御線となるのは土嚢《どのう》である。水をふくんだ土砂はドアや窓の周辺を浸水から守る障壁になる。換気ダクトのようなすきまは、ビニールとテープでふさぐとよい。

敵を知る

これまでの例からもわかるように、抑制を解き放たれた自然は強大な力をふるい、犠牲者の多くはその前では無力になる。それでも人間は、自然が投げつけてくる最悪の事態に耐えられるし、また耐えてもいる。ただそうしたなかで巧みに切りぬけるのは、前もって災害にそなえている者が多い。そしてそのそなえは知ることからはじまるのだ。

本書は原則的に準備をテーマにしている。周囲の世界が突然無秩序におちいったときに起こるであろう事態に、自分や家族、家のためにどうそなえるか、ということである。むろん自然災害はもともと気まぐれだが、現代科学が自然界についての深い洞察を得ているということもまた事実である。古いことわざにいうように、事前の警戒は武装に等しい。だからサバイバルをめざすなら、自分の住む地域や地方、国、そしてもちろん世界全体で、自然がもたらす危険性について詳しく知る必要がある。脅威についてじゅうぶん理解しなければ、何が必要かを見きわめながらサバイバルの準備を進めることはできないのだ。

気候の極端現象

まずは世界的視野から、自分の属する地域で、自然現象である気候の極端現象について見てみよう。毎年何百万人という人々が、夏の異常高温や尋常でない豪雪、零下の低温によって深刻な事態におちいる。このような状況は定期的にあるという事実にかかわらずである。たとえば本書執筆の時点（2012年2月）でも、冬に入って気温が突然急激に下がったために、ヨーロッパ全土で300人以上が凍死した。ロシアやウクライナの一部ではマイナス35度を観測している。シベリアでは、山岳地帯の集落で1万1000人が猛吹雪と大雪で孤立した。同様に2010年12月には、アメリカ東部に冷気をもたらす強力な猛吹雪が居すわって、ニューヨーク市で51センチの積雪があった。同市の主要な空港や地下鉄、ほとんどの道路は封鎖され、その南にあるニュージャージー州では、非常事態が宣言された。

こうした自然の出来事について肝要な点は、異常ではあるが前例がなかったわけではないということである。1888年には2010年に猛吹雪にみまわれたのとまったく同じ地域が、猛烈な冬の嵐に襲われて127センチの積雪を記録した。総死者数は400人にのぼり、東海岸の中核都市は事実上機能を停止した。教訓は明白だ。このような出来事はめずらしいが、くりかえすということである。

地域の調査

生存を第1に考える人間なら、歴史を無視することは絶対にできない。では時間をとって、住む地域でここ200年間のうちにあった異常な気象状態を洗いだしてみよう。そして同じようなことはふたたび起こるという予測を、準備の前提にするのである。収集するべき情報には、次のようなものがある。

気候の極端現象を表す異常気温の統

吹雪

毎年先進国全体で何百万人もの人が、吹雪のために危険な目にあう。その問題の一端には、多くの国では気候の極端現象を予報していないことがある。つまりそうした国の住民は、このような事態になったときもそなえができていないのである。

計。

洪水があったとわかっている、またはあったのを疑わせる歴史的記録のある地域。

地域のなかで、気候条件の悪化によってもっとも悪影響の出るところ。冬になると決まって通行できなくなる道路、大雨になると堤防が決壊しそうな河川。

地域でよく起こる異常な気象現象。干魃《かんばつ》、竜巻、猛吹雪など。

地域の災害対策の歴史。近年実施された措置とその有効性。

危険な地質学的特徴のある場所。地質構造の変化によって地表に現れた断層線や火山など。

身近な地域の自然史について多くの事実を集めるほど、脅威の概要をつかんで、それにもとづく行動ができるようになる。調査にあたっては書籍やインターネットのほかにも、近くの図書館や郷土歴史研究会が役立つはずである。災害を生きのびた人たちの生の証言を参考にするとよい。まったく違う

干魃

　今後数十年間は、多くの国にとって干魃が脅威になる。専門家のなかには、水不足を世界最大の安全保障上の問題とする者もいる。

時代の記録でも、その人が直面した困難がどのようなものかを知る手がかりとなるだろう。と同時に、その場所を管轄する地方自治体に、実施されている緊急時の対応策の文書コピーをもらっておくと、自分が歴史を調べて発見した災害の類いに、納得できる対応策があるかどうかを確かめられる。そうしたものがなかったら、有力な官僚に接触して、自治体に災害準備を強化してほしいと強く要望する。この働きかけはメディアをまきこんで、できるだけ人目にふれるようにして行なうとよい。有用な警告をかえりみなかった人間として、歴史に名を残したいと思う官僚はいないはずである。

天候の影響

　歴史的調査にくわえて、遭遇する特定の脅威について深い科学的知識を仕入れておく必要もある。たとえばハリケーンが被害をおよぼす仕組みや火山灰が健康に悪影響をおよぼす原理を理解すれば、困難な状況になっても情報にもとづいた決断が可能になる。こうした決断の質が、生と死を分かつことにもなる。そのためちょっとした本での調べものは、不必要なまわり道ではないと心得たい。

特定の気象事象については、本書でもすでに竜巻とハリケーンの性質についてふれた。ハリケーンの形成には温まった大量の水が必要なので、決まった季節の熱帯海域からしか発生しない。このシーズンは、ベンガル湾とインド周辺では5月から11月まで続くが、インド洋南西部では12月から4月になる。北太平洋西部のおよそ日本からグアムにおよぶ範囲では、台風は6月から12月にかけて発達する。そこからさらに南下して、オーストラリア北部の海岸線を下ると、12月から3月がサイクロンの季節となる。合衆国南部とカリブ海沿岸部、中央アメリカでは、ハリケーンの季節は6月から11月までである。このような情報を手がかりにすれば、手遅れにならないうちにサバイバルの準備状況を確認できる。熱帯性低気圧の通り道になる地域で暮らしているなら、発生する季節のすくなくとも1カ月前に、補給品をチェックするようにスケジュールを組んでおくとよいだろう。

竜巻街道

竜巻も発生する時期と場所はかぎられている。世界的な現象ではあるが(小さな竜巻がイギリスの田舎で発生したという例もある)、おもに発生するのは北アメリカである。なかでも「竜巻街道」とよばれる地域では被害が頻発している。ここは全米の竜巻の90パーセントが発生している場所で、被害が集中しているのは、アメリカ中南部のうちでもとくにサウスダコタ州東部、ネブラスカ州、カンザス州、オクラホマ州、テキサス州北部、コロラド州東部である。フロリダ州とメキシコ湾岸部も大量の竜巻にみまわれる場所で、後者には「デキシー街道」の愛称がつけられている。おかげでこの国では竜巻の気象学的な追跡技術の精度があがって、ふだんから竜巻が発生しそうになるとメディアが警告を流すようになった。このような警告がひんぱんになると感覚が麻痺したりもするが、これから本書で述べるようにむしろ、サバイバルハウスを（多くの場合文字どおり）整理する定期的なきっかけとすべきなのである。

洪水

ともすればハリケーンや竜巻、通常の暴風雨、そして季節的な大雨でもとくにアジアのモンスーンは、洪水の荒廃をともなう。洪水が広域に壊滅的被

竜巻情報——
米連邦緊急事態管理庁（FEMA）

- 竜巻は前兆がほんのわずか、またはまったくない状態で、いきなり襲ってくることがある。
- 現れたときは透明に近いが、土ぼこりや飛散物が吸いあげられ漏斗状に雲が形成されて、竜巻だとわかる場合もある。
- 通常竜巻は南西から北東に進むが、どの方向にも動く可能性がある。
- 竜巻の進むスピードは平均で時速48キロだが、静止から時速112キロ程度まで速度には幅がある。
- 竜巻は、ハリケーンなどの熱帯性低気圧が上陸するときに同時発生することもある。
- 海上で水上竜巻が発生することもある。
- 竜巻の発生がもっとも多く伝えられるのは、ロッキー山脈以東では春から夏にかけてである。
- 竜巻の最盛期は、南部の州では３月から５月、北部の州では晩春から初夏にかけてである。
- 発生は午後３～９時の時間帯に集中しているが、どの時間帯でも発生する可能性がある。

詳しい情報は〈www.fema.gov〉

害をもたらす原因には、おもに次のふたつがある。

1）沿岸地域での高潮

2）河川や湖などの水域の堤防を決壊させる豪雨。洪水は春の大量の雪解け水からも起こりえるが、地元の人間はこうした影響をたいてい熟知しているので、絶対とはいえないが、ふつうはその対策を整えている。

洪水が段階をふんで進行する場合は、限界に達した河川から隣接した田畑や道路に氾濫水がしだいに広がっていく。ところが水が狂暴性をむき出しにした場合は、鉄砲水となってまさかと思うほどの勢いでおしよせる。鉄砲水は水かさが急激に増したときに発生して堤防や防壁をのりこえ、解き放たれた激流となり凄まじいスピードで流出する。その際は、谷や岩の溝といった、特定の自然のルートを流れていく傾向がある。しかもその勢いは人間が走るよりはるかに速い。とてつもない運動エネルギーをともなってもいる。実験結果では、深さわずか60センチの鉄砲水が大型自動車を押し流せることが証明されており、毎年このようにして濁流にのみこまれる犠牲者が出ている。実際アメリカでは、平均すると落雷や竜巻、ハリケーンよりも鉄砲水による死者数のほうが多くなっているのだ。

地域全体で、広範囲の破壊的な洪水が定期的に発生しやすくなっている例もある。この問題にバングラデシュほど懸命にとりくんでいる国はない。バングラデシュは、ただでさえ川に囲まれたガンジス・デルタに位置しているのに、海に流れるヒマラヤの雪解け水がここを通過する。海抜２、３メート

水の勢い

波浪の衝撃は、波の高さと波を形成する水の量の増加とともに激しくなる。このイラストから、洪水がおしよせてくるとわかったときに、家屋の上階にいる重要性がよくわかる。

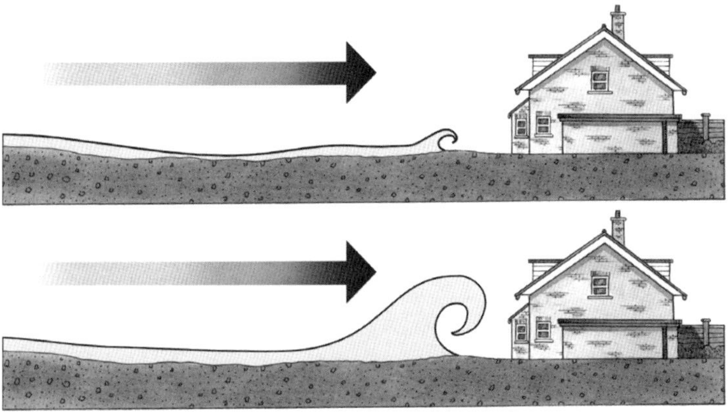

冠水した道路

流れの速い水の力は非常に強力である。水の高さが車のホイールアーチを超えれば、車は簡単に操縦不能になって、流れの方向に押し流されてしまう。そのため、水のないところまで安全にたどり着けると確信できるとき以外は、氾濫した水のなかを渡るべきではない。

ルしかなく、季節的なサイクロンから生じた高潮の餌食にもなるので、定期的に深刻な水害にあっている。たとえば2004年の洪水では、2500万人に影響が出て、浸水は国土のほぼ3分の2におよんだ。ただしそのはるか彼方にも目を転じると、大きな水源に近い場所はどこでも洪水のリスクがあるので、町や都市がどれだけ強固に建設されめざましく発展しても、被害を受ける可能性があることがわかる。2010年から翌年にかけては、オーストラリアのクイーンズランド州で大規模な洪水が起こり、70の町と州都ブリスベーンが水浸しになって、35人以上が命を絶たれた。現代都市の多くは大規模な

洪水防壁をめぐらせてはいるが、天候パターンが狂うと極限状態になり、こうした防壁も破られてしまう。

洪水による有害な現象としてまず考えられるのは、家屋や事業施設への浸水と物的インフラへの被害である。ところがここでも例外なく、ほかにも不随する影響が出てくる。洪水で飲料水が下水などに汚染されるので、コレラや赤痢、チフスといった病気がはびこりやすくなるのだ。作物も生育不能や壊滅状態になるので、食糧の供給もとどこおりがちになる。また事業活動が突然停止すると、地域社会が経済的困難におちいり、回復に何年もかかることがある。

洪水

洪水は建物に大きな損害をあたえるだけではない。壁や床、基礎をもろくする以外に、氾濫水は水に媒介される感染症など、重大な健康被害をもたらす漂流物も運んでくる。そうした理由から、身を守れる適切な服装でなければ、水を歩いて渡るのは避けたほうがよいのだ。

修正メルカリ震度階

地震の強さの基準

Ⅰ　とくに条件が整っていなければ、（ゆれを）ほとんど感じない。

Ⅱ　静止している少数の人だけが感じる。建物の上階ではとくに感じやすい。ぶら下がっているだけのものはゆれることもある。

Ⅲ　屋内ではっきりと感じられる。建物の上階ではとくに感じやすいが、多くの人は地震だとは気づかない。停まっている自動車はかすかにゆれることもある。トラックが通過したときのような震動になる。ゆれの継続がわかる。

Ⅳ　日中は屋内にいる多くの者が感じ、屋外にいる者はほとんど感じない。夜間は目を覚ます者もいる。食器や窓、ドアがカタカタ鳴る。壁がひび割れる音がする。大型トラックが建物にぶつかったときのような衝撃がある。停まっている自動車が激しくゆれる。

Ⅴ　ほぼ全員が感じ、夜間の場合は多くの者が目を覚ます。食器や窓などの一部が壊れる。漆喰にヒビが入る例も少数ある。不安定なものが倒れる。樹木や柱など背の高いものが、ゆれているのがわかることもある。振子時計が止まったりする。

Ⅵ　全員が感じ、多くの者が恐怖を感じて屋外に逃げだす。重い家具が動くことがある。漆喰の落下や煙突の損傷が少数ある。損害は軽微。

Ⅶ　全員が屋外に逃げだす。設計や施工がしっかりしている建物の損害は無視できるほど。適正な造りの一般的な建造物は、軽微から中程度の損傷。設計や施工に欠陥のある建物は、損傷が激しくなる。一部の煙突が壊れる。車を運転していてもゆれを感じる。

　地方自治体はたいてい、洪水が起こりやすい地域についての情報を把握しているので、自分の家屋や土地が洪水の史実がある地域に入っているかどうか、注意する必要がある。ただし記録的大雨になれば、ふだんはおとなしそうな河川や湖も氾濫する可能性はあるということを頭に入れておきたい。し

Ⅷ　特別な設計の建造物にも軽微な損傷が生じる。頑丈な一般的な建物は、部分崩壊をともなう激しい損傷。施工に欠陥のある建造物の損傷は甚大になる。骨組み構造物からパネルがはずれる。住宅や工場の煙突、柱、壁のほか記念碑もくずれ落ちる。重い家具が倒れる。軽微な液状化現象がみられる。井戸水に変化が現れる。自動車の運転がしにくくなる。

Ⅸ　特別な設計の建造物の損傷がひどくなる。適正な設計の骨組み構造物が傾く。頑丈な建物は、部分的に崩壊して損傷が甚大になる。建物が土台からずれる。地面に目立つひび割れが入る。地中のパイプが損傷する。

Ⅹ　しっかり施工された木造の構造物の一部が倒壊する。石造建築物もしくは骨組み構造物の大半が土台もろとも崩壊する。地面のひび割れがひどくなる。レールが曲がる。河川の土手や急斜面で大規模な地滑りが起こる。砂や泥が移動する。土手を超えて水が跳ねあがる。

Ⅺ　ごくわずかな例外を除いて、（石造）建築物は建っていない。橋が落ちる。地面に幅の広い亀裂が走る。地中のパイプラインはまったく使えなくなる。軟弱な地面では地盤沈下や地滑りが起こる。レールが大きく曲がる。

Ⅻ　全壊。実質的にすべての構造物が甚大な損傷を受けるか崩壊する。地面がうねるのが見える。視線が定まらず平衡感覚がおかしくなる。ものが空中に投げだされる。

出典：ファルザド・ナイーム『The Seismic Design Handbook（耐震設計ハンドブック）』（ヴァン・ノストランド・ラインホールド社、1989年）

たがって天然の水路が住居の近くにあるなら、本章でざっと説明した洪水の予防措置を整えても無駄ではないのである。

激動する地球

われわれの足下の地球は、つねに変

地震波

地震波は震源から外に伝わる。震源は地質断層線上にあり、地震の中心はここになる。震央は震源の真上にあたる地表の地点で、通常はここの地震波がもっとも強くなる。

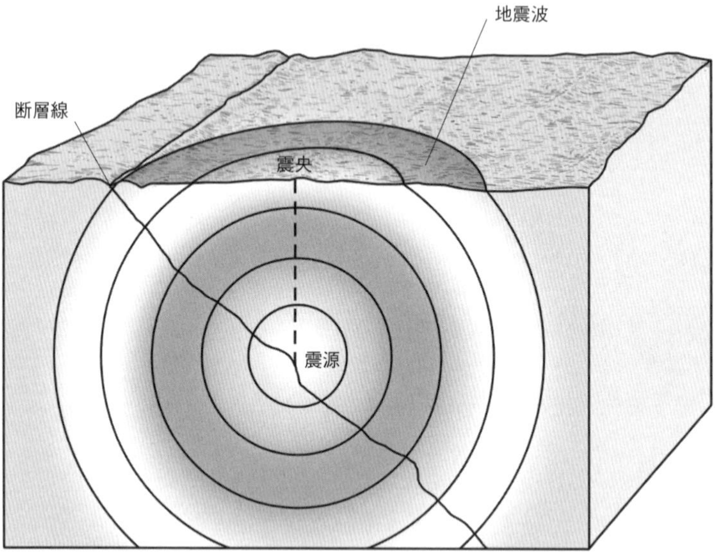

化している。人間が立っているのは、厚さが50キロという比較的薄い地殻だが、この地殻は巨大な構造プレートに分かれている。構造プレートは「浮遊」し、熱くてドロドロしたマントルの上を移動している。このような動きのために、地球上の広範囲が壊滅的被害を受ける現象が周期的に起きる。プレートがぶつかると押しつぶしあって、途方もない圧力がためこまれる。それが解放されると地震が発生して、都市どころか国家までもが破滅に追いやられたりするのだ。

地震はしばしば、確認できる「断層線」に沿って起きる。これは地表に現れた断裂で、ふたつのプレートの地質境界が出会うような現象によって、形成されている。サバイバルを考える場合、断層線は地震発生個所をわかりやすく警告しているため天恵になるが、地震の間隔はたいてい何十年にもなり、慢心を誘うので呪いにもなる。世界有数の断層線であるサンアンドレアス断層は、カリフォルニア州の地表を1800キロにわたって走っている。この断層が1906年にマグニチュード7.9の地震をひき起こしたときは、ロサンゼルス市がほぼ壊滅状態におちいり、3000人が亡くなった。その後小さなゆれは無数に発生しており、1989年には比較的大規模な圧力の解放によって63人の犠牲者が出たが、全体的に見てこの断層線の活動は、対応可能なレベルにとどまっている。ただしこれがいつまでも続くとはかぎらない。そう遠くない未来のどこかの時点で、もう一度大地震があるのはほぼ確実なのである。当面は通常の生活が続く。断層線上にあるロサンゼルスをはじめとする地域が、将来の大量の人命の損失

土石流と落石

地面の落下や地滑りは、崩壊するものが何であるかによってさまざまなパターンを生じる。泥はよどみなく勢いのある波となって流れやすい。落石はたいていまとまって弾みながら落ちていく。

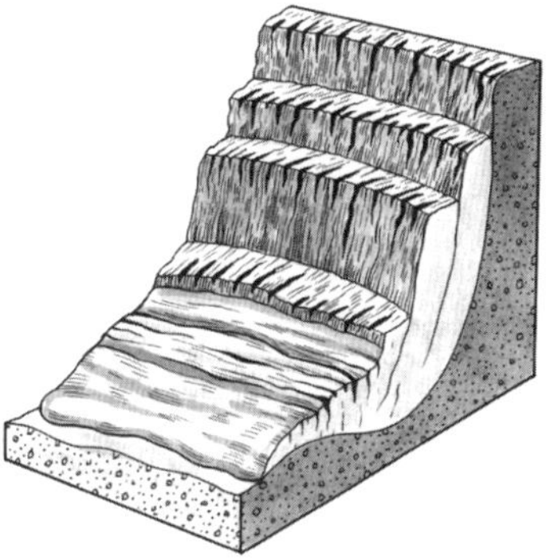

土石流

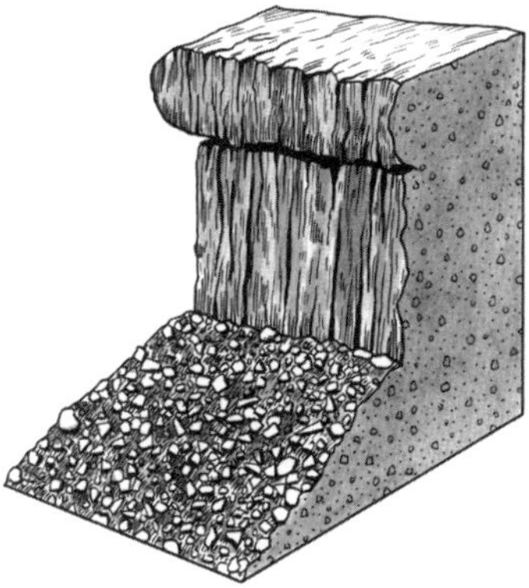

落石

津波のメカニズム

地震にともなう津波はおもに、海底下のプレート境界で構造プレートがずれることによって発生する。こうした地殻変動とともに巨大な海水の塊が動いて大波になり、何百キロも移動して陸にぶつかったときに津波となる。

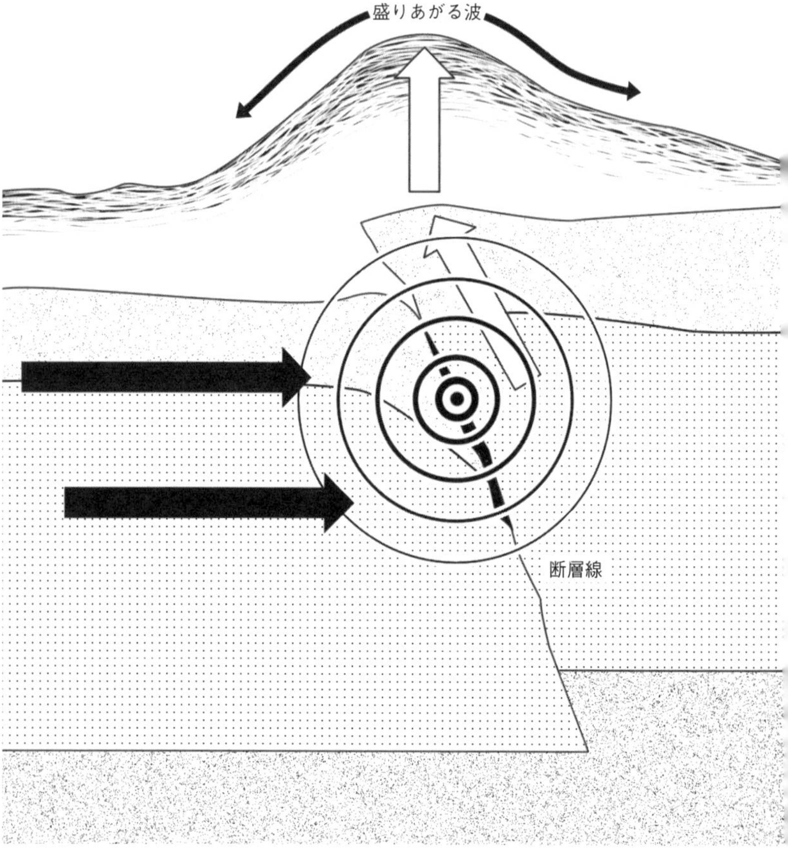

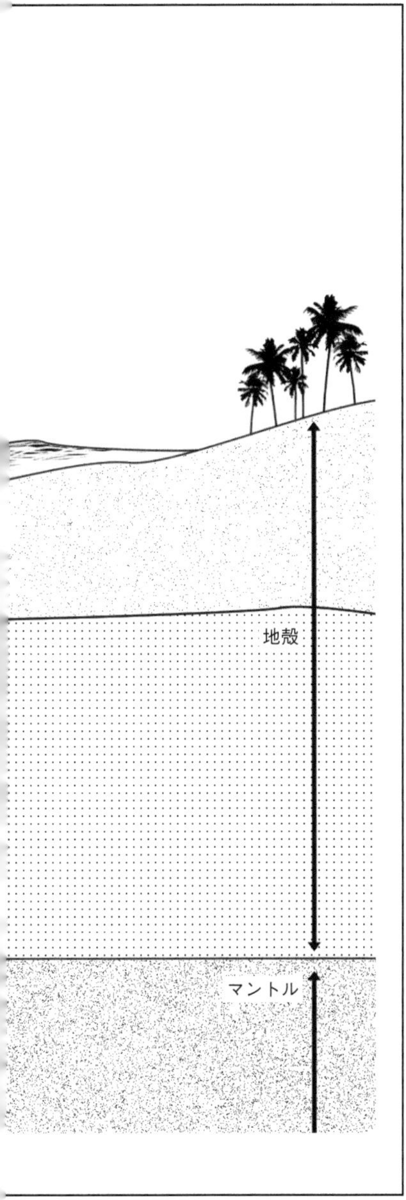

を防ぐために、十分な地震対策にとりくんでいるかどうかは、今後の検証を待たなければならない。

尺度の問題

地震の激しさを表す指標としては、有名なリヒター・マグニチュード・スケールやメルカリ震度（22、23ページのコラム参照）といったさまざまな尺度が用いられている。圧力の解放が大きければ大きいほど被害も深刻になる。まっさきに被害をもたらす中心的メカニズムは、もちろん激しい地質的ゆれで、本震のあとに余震が続く。人が死傷するのはたいていこの段階で、建物の崩壊や落下物がその原因になる。インフラが脆弱な都市や町では、犠牲者数は恐るべきものになる。2010年1月のハイチでは、本震とくりかえす余震で31万6000人が死亡し、30万人が負傷、100万人が家を失った。

しかも地震もほかの自然災害と同じく、災害以外のさまざまな悪影響をひき起こすのだ。ガス管が破損すればその結果大火災が発生する。1906年のサンフランシスコ地震では、震動よりも火災で多くの人命が失われた。地滑りや洪水は、ゆれによる地形の変化のために発生するケースが多い。そうしたなかでもいちばん破壊力があるのは津波である。単独の波のうねりとは違う巨大な海水の壁が、沖合の地震や火

洪水の避難

濁流が激しい勢いで迫ってくるような場合は、家の屋根にのぼる以外に避難の方法がないこともある。その際の最善の策は救難隊の注意を引くことである。合図を送れるもの（手もとにあるなら懐中電灯や笛など）をもって屋根にあがれば、気づいてもらえる確率はかなり高くなる。

山の爆発、またはそれに類する激震のために形成される。高さが数十メートルにもおよび、スポーツカーなみのスピードで押しよせる波は、地球上の一部の地域を丸ごとのみこむこともある。2004 年 12 月 26 日のスマトラ島沖地震から生じた津波は、14 カ国を襲って 30 万人の命を奪った。2011 年 3 月には東日本が、地震にともなうおそろしい津波に襲われ、世界の先端を行く先進国でさえも、このような自然現象の前ではひとたまりもないことを知らしめた。

火山

もうひとつ、この地質的に変化の激しい惑星がその本性を見せるのが火山である。世界の活火山の 75 パーセントは、いわゆる「環太平洋火山帯」に集中している。この火山活動が盛んな構造帯は太平洋の周囲をとりまく形で分布している。とはいっても活火山は世界中にちらばっており、周期的な噴火で、人的被害が出なくても広範囲に混乱を生じさせている。

噴火する火山は、噴火のタイプによって破壊の仕方も何通りかに分かれる。爆発はまさに凄まじいものになりえる。核兵器の実験もふくめて人類史上で最大の爆発は、1883 年 8 月 27 日のクラカタウ火山の噴火である。この現インドネシア領にある火山は、TNT 火薬200 メガトン級の爆発をした。衝撃波は地球を 7 周し、爆発音は 4800 キロ離れた場所にもとどいた。立ち上る噴煙は高度 80 キロに達し、その後 5 年間地球の気温を 1.2 度ほど下げた。津波は遠方の沿岸にのりあげ、火砕流は火山から 40 キロ離れた島を襲った。ちなみに火砕流とは高温のガス雲と火山灰の流れで、移動スピードは時速 700 キロにも達する。

クラカタウも、その後世界各地で起きた無数の火山爆発も、自然の途方もなく見境のない破壊力を思い起こさせる。そうなると大規模な火山の爆発による環境の激変が、恐竜の絶滅の主要な要因になったのもうなずける。この生物が地球をわがもの顔で生息していた期間は数百万年にもおよぶ。人類の数十万年はおよびもつかない。サバイバルを考える場合、地震と火山は研究対象として重要な現象である。局地的な出来事が大陸規模、または世界的な影響にもつながるのでなおさらだ。たとえば地震学者の指摘によれば、アメリカのイエローストーン国立公園は、地圧で封じこめられた巨大なマグマだまりの上にほぼそっくりのっかっており、公園全体が毎年数センチ隆起や沈降をくりかえしているという。この「スーパー火山」が最後に噴火したのは 64 万年前で（ただしその後小規模な噴火はいく度かあった)、このとき

火砕流

火砕流は、火山の爆発（左）で立ちのぼった高温の火山灰とガスの噴煙がくずれて、火山の斜面を滑りおりることによって生じる。そのスピードは最速で時速700キロにも達する。障害物のないところで火砕流に襲われた場合、身を隠す場所が見つからなければ生存の可能性はない。

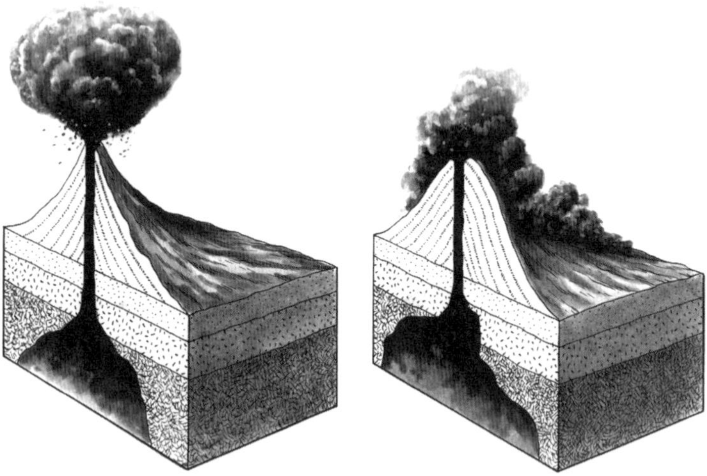

は1000立方キロメートルの岩や火山灰を吹きあげた。今日同じ規模の噴火があったら、1600キロ離れた地面にも最大で3メートルの火山灰が降り積もるだろう。そうなればアメリカの国土の3分の2が居住に適さなくなる。世界的にも、飛行機での移動や通信は途絶するか極度の制限を受けるようになる。また火山灰雲が太陽をおおい隠すので、気温は下がるだろう。

イエローストーン・スーパー火山はたんなる理論ではなく、地質的事実である。いつ噴火があるかは定かではないが、いつかかならずあると断言できる。それどころか、スーパー火山や津波、巨大地震の脅威が無視できないほど現実的であまりにも危機的なので、世界規模または大陸規模で生き残りをかけて立ち向かう可能性を、夢物語としてかたづけることはできないのである。またその脅威には、人間からもたらされる危害もくわえられる。

脆弱な種

人類にとって最大の脅威のひとつは、おそらくわれわれ自身の生物的脆弱性にまちがいないだろう。スペイン風邪や前時代のペストの例が示すように、たった1種類のウイルスが接触または空気感染で人間のあいだをやすやすと移動して、何百万人も死にいたらしめることはあるのだ。とはいっても、パンデミックになるための条件は、厳密に整わなければならない。宿主をあまりにも短時間で殺してしまうと、ウイルスもたいていあっというまに消滅してしまう。ひろく伝染しなければならないのに、死期が早まればそれもかなわなくなるからだ。したがって、あのアフリカのエボラ出血熱も、凄惨な症状を呈し感染しやすい病気だが、宿主をたった数日で殺してしまうので局地的な流行以上にはならなかった。ただ、ウイルスはつねに変異をくりかえしていて、ワクチンの接種計画をすり抜けて治療に抵抗力をもつように新たな方向に進化している。インフルエンザにしても、1週間も仕事を休めばすむ程度の病気から、何百万人もの命を奪うパンデミックに変異する可能性を秘めているのだ。

火山活動が活発な活火山10

火山	場所
チャイテン	チリ南部
マヨン	フィリピン、ルソン島
エトナ	イタリア、シチリア島
ニーラゴンゴ	コンゴ民主共和国
ホワイト島	ニュージーランド北島の東沖
セント・ヘレンズ	米ワシントン州スカマニア郡
キラウエア	ハワイ諸島、ハワイ島
スーフリエール	西インド諸島、モントセラト島
ポポカテペトル	メキシコ、メキシコシティの東70キロ
桜島	日本、大隅半島

生き残るためのパンデミックへの対処については、最終章でふみこんで考察した。ここではただ、世界のどこかを発生源とする伝染病の流行の兆しがあるかどうか、ニュースにたえず注目したい、とだけ言っておこう。症状や感染経路、感染者の年齢層、可能な治療法などについて、できるだけ情報を集めるとよい。海外旅行者を介して、外国の病気が自分の国に上陸する可能性も強い。ここでもまた、事前の警戒は武装に等しいのである。

戦争と紛争

人災は残念ながら、自然に起こる出来事ばかりではない。人が人に故意に破壊をもたらすことも大いにありえる。第2次世界大戦は人類史上もっとも破壊をもたらした紛争であり、壮絶な流血の6年間でおよそ5600万人が犠牲になった。戦闘が熾烈をきわめた戦域では、爆発する火山や津波の直下にいるのと同じくらい過酷な惨状となった。同じことが、人類が出現してから休む

インフルエンザの種類

季節性（または通常の）インフルエンザは、空気感染で人から人に感染する。大半の人が多少とも免疫があり、ワクチンの接種が可能である。

鳥インフルエンザは、野鳥のあいだで自然発生するインフルエンザ・ウイルスを感染源としている。H5N1型は家禽《かきん》類の致死率がきわめて高く、鳥から人へも感染する。人に免疫はなく、ワクチンは作られていない。

新型インフルエンザは人間のインフルエンザで、重篤な症状に進行して死亡率が高く、世界規模の大流行になる。自然免疫はないので人から人へ容易に広がる。今のところ、この型のインフルエンザは発生していない。
詳しくは米国土安全保障省のサイト<www.pandemicflu.com>を参照。

詳しい情報は<www.fema.gov>

IED

　手製爆弾（IED）は、対反乱作戦を展開する軍にとって悩みの種となっている。IEDの影響は爆発そのものの効果だけではなく、このような装置への恐怖だけで兵站《へいたん》や経済、人間の心理に途方もない重圧がかかっている状態からも感じとれる。テロリストはこのようにして、IEDが実際に物的手段としておよぼす影響力を増幅しているのである。

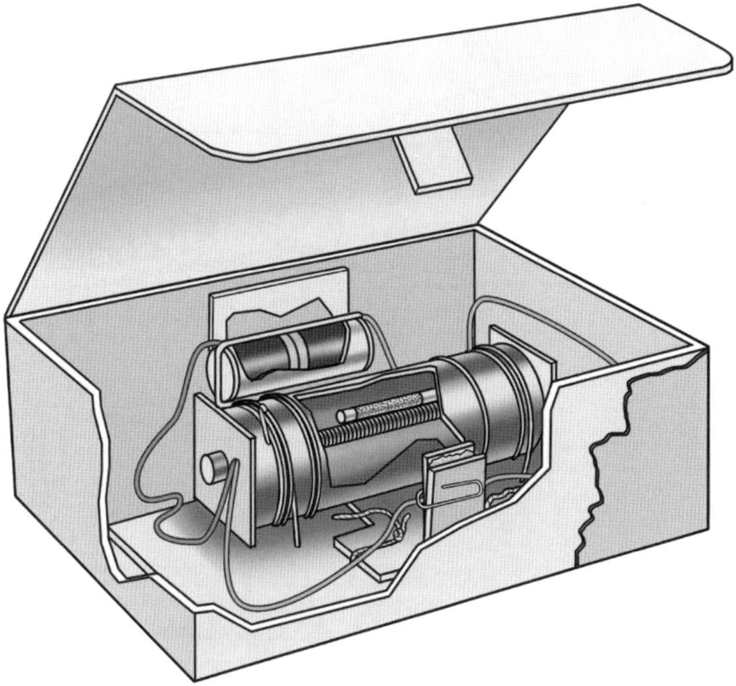

路上での暴力行為

大きな社会的災害のあとは、路上での暴力行為が日常化する場合もある。こうした傾向が助長されるのは、法執行機関が市民の要求にこたえきれなくなるのはもちろん、ある種の人間にとっては混乱に乗じて、略奪や過去のうっぷん晴らしなど、自己の目的を果たしやすくなるからでもある。

ことなく地表を荒らしてきた無数の戦争についてもいえる。この間、紛争がこの惑星のどこかを騒がせない日は1日たりともなかった。当然のことながら、紛争の片方の側が、相手側の人道的危機をエスカレートさせると、戦争の悲劇は増幅する。こうしたことは、既得権益を獲得した側が、服従や破滅を強いるためによく起こる。

紛争にまきこまれる確率は、世界のどの地域にいるかによって多分に変わってくる。アメリカなどはいく多の紛争にかかわってきた歴史があるが、アメリカ独立革命と南北戦争（90万人のアメリカ人が戦死）を除いて、大半の紛争が国外を戦場としていた。片方に大西洋、もう片方に太平洋をひかえるアメリカは、現代史に入ってからおおむね外国の侵略から守られている。それとは対照的に、中東では20世紀初期からほぼ慢性的に紛争が続いている。全面的な通常戦から残忍なテロリズムまで、その形はまちまちだ。とはいっても戦争は予想を超えて広がることもありえる。第2次世界大戦もそうだった。また内乱については、まったく起こらないと断言できる国はほとんどないのである。

しかも戦争は、社会に軋轢をもたらすさまざまな脅威のひとつにすぎないのである。経済的混乱が市民の大規模な騒乱をまねき、暴動や無秩序に発展することもある。農業政策の誤りから広範囲の飢饉《ききん》にみまわれることもあるし、実際そうした例は歴史に散見される。中国では毛沢東主席率いる共産党政府の農業政策の誤りに、干魃《かんばつ》が重なって、1958年から1961年にかけて1500～4000万人が餓死した。1945年以来、テロリストも多くの国を苦しめてきたが、核兵器や生物化学兵器が不適切な者の手に落ちる可能性もあるので（次章を参照）、テロによる破滅のリスクは最近になって急激に高まっている。

市民の騒乱

本書では第5章で、人間のもたらす脅威について深く考察している。戦争は読者の国では対岸の火に思えるかもしれないが、テロは起こらないといえないだろう。しかも自然災害と市民の騒乱が密接にかかわる例もあるのだ。生命が真に脅かされるサバイバル的な状況ではとくにそうなる。食糧不足やストレスのため、いやただヤケになっ

ツングースカ大爆発事件の目撃

6月17日の朝、午前9時頃に異常な自然現象が目撃された。カロリンスカ村の北部で、農夫たちが北西の方向に見たのは、まともに見られないくらい異様にギラギラ光る青白い天体だった。天体は水平線のはるか上空にあり、10分かけて落下した。この物体は「パイプ」のような円柱形に見えた。空は晴天で、小さな黒い雲一片だけが明るい物体の周囲に浮かんでいた。暑くて乾燥した朝だった。明るい物体は地面（森）に近づいて形が不鮮明になったかと思うと、巨大な黒煙の渦と化し、それとともに巨大な石が「落ちてきたか、火砲が発射された」かのような､大きな（雷鳴とも違う）衝撃音が響いた。建物がいっせいにゆれた。と同時に雲からぼんやりとした形の炎が吹きだしはじめた。村人はみなパニックに襲われて通りに出た。女は世界の終わりだと思って涙を流していた。一方本紙記者は［この文章は新聞の記事である］キレンスク村から6キロほど北の森のなかにいて、北東の方向に大砲がたて続けに撃ちこまれるような音を聞いた。轟音は15分間隔で10回以上続いた。キレンスクでは、少数の建物で北東向きのガラス窓がゆれた。

暴動

暴動は、スポーツ・イベントから政治的な抗議まで、多様な出来事をきっかけに発生する。サバイバルのカギとなるのは、群衆の暴力行為に引きこまれないようにすることである。警察や軍が暴徒化した群衆に対して、いきなり強硬手段に出ることもありえるからだ。大きな店舗や豪邸は、暴徒の目の敵にされやすいので、騒乱の最中はこうした場所には近づかないほうがよい。

危険な場所

町中や都会で運転する際は、ドアをロックしてだれかに車に乗りこまれないようにしたい。人に話しかけるために窓を下す必要があるときは、わずかなすきまだけ開けて、外から手を差しこまれないようにする。停車や駐車をするなら、近づく者がいたらわかるように明るい場所か周囲が空いている場所にする。

ただけでも、虫も殺さない温和な人物が豹変《ひょうへん》して、それ以前には想像もつかないような行動に出ることもある。その一方で、自然災害がまさしく社会のもっとも善なる面を照らしだすこともある。2011年に東日本で津波災害にあった人々の行動は、まさに秩序と助けあいの模範となるものだった。かと思えば人間の悪魔的本性がむき出しになる場合もある。たとえば2013年6月13日にニュージーランドのクライストチャーチ市で地震があったときは、ドメスティック・バイオレンスが集中的に発生したために、24時間もしないうちに市の女性用シェルターが満杯になった。災害後に法と秩序の統制がゆるめば、自己の目的のために状況を利用する犯罪分子もうごめきはじめるだろう。災害後の人的脅威については、強調しすぎるべきではない。それ以上悲惨な状況に追いこもうとする意図より、協力して立ちなおろうとする思いのほうが、一般的に強いことが史実は証明している。利己主義に駆りたてられない者はいない。だが全員がつかみあう状態になっては、実質的に利益を得る者はいなくなる。ただし、人は弱みにつけこめないと決めこむのはおめでたすぎる。本書が、人間でも自然でも、あらゆる脅威に対するそなえについて説明しているのは、そうした理由からなのである。

はるか彼方から

サバイバリズムの実用的側面に目をやる前に、人間が注意すべきもうひとつの危険がある。世界規模の自然災害のなかでもっとも深刻な脅威は、「隕石衝突」、つまり隕石や小惑星、彗星《すいせい》といった天体が衝突して激変を起こす現象である。幅数百メートル程度の小さな物体は、しょっちゅう地球に向かってつっこんできているが、高高度の大気圏内で燃えつきてしまうので、その下の地球にダメージをあたえることはない。それより大きな物体は大気圏を通過して、とてつもない影響をおよぼす可能性がある。事実そういう例もある。たとえば直径3キロの小惑星が地球に衝突すれば、TNT 火薬約 1000 万メガトンに相当するとてつもない爆発と、膨大な量の飛散物による世界規模の大気汚染のために、大量絶滅をひき起こすこともありえるのだ。ここ6億年のあいだに、それと同等以上の大きさの物体が 60 回地球と衝突している。その事実を物語っているのは、地表をぼこぼこにしているクレーターである。

直径が何十キロもある物体がぶつかれば、生き残れるチャンスがわずかなのは見えている。衝突地点の近くにいる者は一瞬のうちに蒸発するだろうし、地球上のそれ以外の場所は酸素不足になって生物は死に絶え、地中深く潜った者だけが生き残れるだろう（この避難方法については後述する)。それ以上に、天体の研究者は地球に近づく多くの物体を追跡しているものの、世界がほかに気をとられているときに、地球に急接近した隕石が静かな夏空から

隕石の脅威

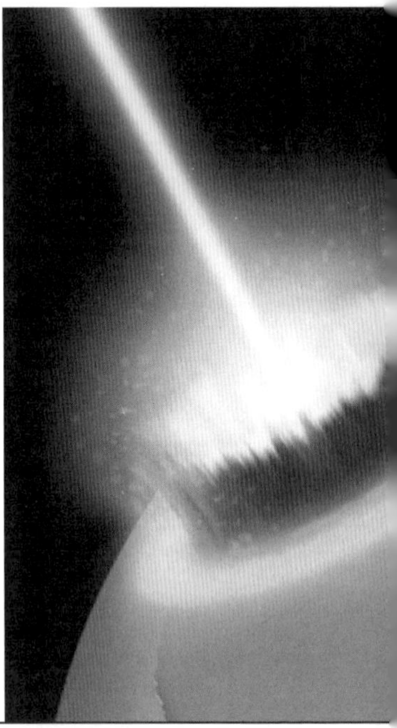

巨大隕石の直撃を受けた者は、奇跡でも起こらないかぎり即死するだろう。しかしながら地球のそれ以外の場所でも、環境へのはかりしれない影響に対処しなければならなくなる。何百万トンもの土壌や飛散物が空中に放りあげられて、地球全体が急速に冷えこむからである。

降ってきて大災害になるのを予測しながら、一つひとつを監視しつづけるのは無理なのである。

だが、規模は小さくなるが破壊力のある物体が地球に落ちてくる確率ははるかに高い。もっともその衝突で生じる破壊力は、まだ生存可能なレベルだろうが。1908年6月30日には、ロシアのツングースカで直径が数十メートルはあったとみられる隕石が、人里離れた原野のはるか上空で爆発した。その威力は、1945年に広島に落とされた原子爆弾の1000倍にもあたる。2150平方キロの範囲で樹木がなぎ倒されたが、人気がなかったために死亡者はいたとしても、ほんのわずかだった（この爆発の目撃談は、36ページのコラムを参照）。

この隕石が都市を襲っていたら壊滅していたかもしれない。そしてその周辺地域では、近くで核爆発があったときのようにサバイバルの戦いを強いられたと思われる。

地球で将来隕石衝突があるのは、100パーセント確実だろう。残る不確定要素は、落ちてくる物体の大きさと破壊のレベルである。ただし本章でとりあげたほかのどの災害とも同じく、そのことを考えてびくびくしながら一瞬たりとも気をゆるめずにすごすのは現実的ではない。ただそれでも、最悪の事態が現実に起こっても確実に生き残れるように、周到な準備を整えることはできるのである。

第2章

迫る災害や危機の種類がどのようなものであっても、自分と家を守るためにできる準備は数多くある。

自宅でのサバイバル

大規模な騒乱が長引いたとき、身の安全を守る理想的な場所は、その目的のために特別に作られた地下シェルターである。地中なら社会を襲いつつある狂気から隔絶される。そうなると本章のテーマは完結してしまうが、この方法を選択できる人が少ないのもまた事実である。収入や家族、職務上の責任のために、自宅を離れられないという事情はめずらしくない。また住宅の多い市街地や都会といった生活環境は、生死にかかわる危機が頻発する場所でもある。

多くの場合、危機的状況でいちばん安全で良識のある選択肢は、たしかに家にとどまって外部の脅威に対して最大限の安全策をとることである。これは消極的な選択ではない。家の環境の安全性を高めるために、また自分と家族がもっと快適にすごせるために、できることは山ほどある。そうしたことがまた生き残りや健康の維持、秩序の形が少しでも回復するまでの時間稼ぎに役立ったりもするのだ。とはいえ、カギとなるのは準備である。自宅を災害時の避難場所にするなら、それなりの部分改修と備蓄は必要になる。しかも状況が悪化しないうちにすませておかねばならない。本章では、自宅で大

騒乱や災害が発生したとき、家はもっとも安全な避難場所になる。日頃のそなえのおかげで、備蓄品がじゅうぶんにあり、安全性が高まっているときはなおさらである。

災害のサバイバルをする方法と、人間と環境の脅威のどちらからも身を守る方法をひととおり概観する。ただし、非常食の備蓄の仕方については、本章でもふれているが、第4章のほうがふみこんで論じている。

自宅での避難

災害のための自宅のそなえは、いろいろな意味で、家ですでに実施している日常の食糧供給や維持管理、安全対策をそのまま延長したものになる。ただしそこには重要な追加がある。1週間分の食料のかわりに、数カ月、いや数年もの備蓄をするのである。夜戸締まりを確かめるかわりに、家の開口部すべてに厳重なセキュリティ機能を導入して、それが24時間休みなく適用されているのを確認する。

さらに、家の物理的構造を満足の行く状態に保つだけでなく、ありとあら

家庭用防災用品キット

基本的な家庭用防災用品キットがあれば、それだけでも数日間は生きのびられる。キットの内容は、3日分の量の缶詰食品（と缶切り）と密封ボトルの飲料水、マッチ、懐中電灯と乾電池、ラジオ、救急キット、厚手の手袋と長靴などである。

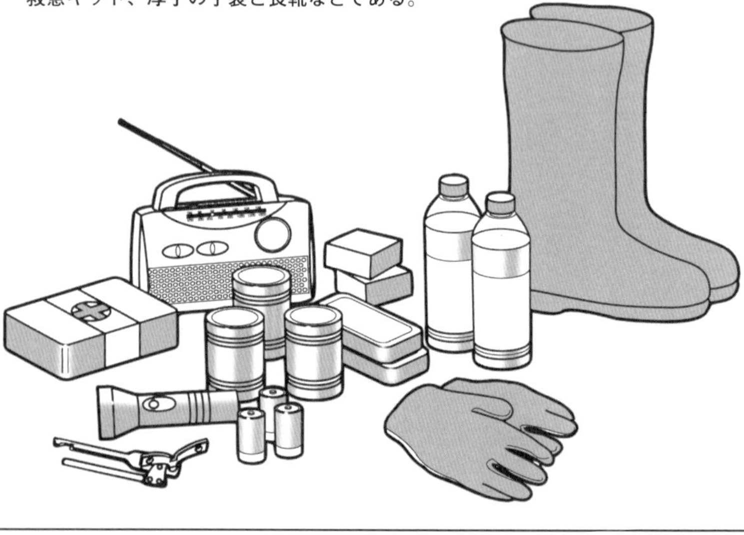

緊急時の水の確保

被災地では、水の確保は死活問題である。どうしても必要なときには、トイレのタンクや水槽の水が使える（薬品が入っていない場合）。危険を察知したらすぐに、バスタブやシンクに水をためるとよい。

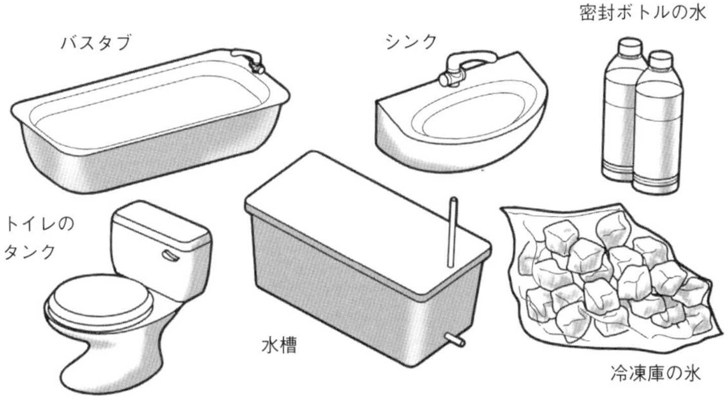

ゆる環境的脅威に耐えられるよう強化しなければならない。

災害時に自分の家がどうなるかを知りたければ、次のような簡単な実験をすれば目からウロコの体験ができるだろう。家のライフラインを止めるのである。電気を配電盤で、水を給水栓で、ガスを元栓で止めて、固定電話のコードを抜き、携帯電話の電源を切ってみる。そうして2、3日すごして、その結果生じる状況に対処するのだ。するとそれまで当然あるものと思っていたものが使えなくなるだろう。たとえば、

- 電源につないでいる照明が使えないので、ほかに明かりになるものがない場合、はっきりものが見えるのは日中だけになる。
- 外の世界とやりとりする通信手段がないので、大半の情報は人づてに得ることになる。
- 防犯灯や警報器など、家に設置した電動のセキュリティ機器はすべて作動しなくなる。
- 冷凍庫に入っている食物は、48時間程度で完全に解凍してしまう。
- 電気やガスを使う暖房機器は使えな

くなる。ほかに熱源がなければ、家のなかも周囲の外気温まで下がる。

- 料理の手段がかぎられる。直火での料理が適しているのはたいてい戸外だけになるので、天気が悪かったり燃料がなくなったりすれば、火をあてなくても安全な食物しか食べられなくなる。
- 蛇口をひねっても水は出ないので、容器に詰めた飲み物か、なんらかの手段で殺菌した水しか飲めなくなる。

こうした試練はさらに続いていく。このように試して出会った問題と、こうしたらよいのではないかと思う解決方法をすべて書き入れた総合リストを作ってみよう。

安全対策

なんでもない平時でも住宅は人的脅威にさらされているため、安全対策は日常生活と日課の一部にしなければならない。そうした危険をともなう犯罪で、もっとも発生率が高いのが押しこみである。アメリカでは、司法統計局（BJS）の2003～2007年の調査によれば、毎年平均370万世帯が押しこみの被害にあっていると推定されている。しかもさらに懸念されるのは、住居侵入があったとき約28パーセントの世帯で1人以上の家族がいたということである。つまり家にだれかがいるかもしれないと思っても、賊は侵入を中止するとはかぎらないということだ。賊は武器をたずさえており、犯行はますます暴力的で悪質になっている。驚くべきことに同調査によれば、暴力的な住居侵入窃盗のうち、65パーセントが顔見知りによる犯行になっている。防犯対策ではこうした数字にくわえて、暴行のみを目的にしている場合など、ほかのあらゆる形態の住居侵入も考慮に入れられる。

災害現場では人的脅威が急激に拡大する。第1章でも述べたとおり、大災害があると法や秩序の執行がしばらく停止することがある。そうなると略奪者や暴漢は、やりたい放題にもなる。人の土地や建物に侵入するのにも、人目をはばかったり隠れたりしなくてもよくなるかもしれない。それがどういうことなのかを理解するためには、家に愛する家族を置いて、鍵をもたずに外出した状況を想像してみるとよい。そこで家族を外に避難させるのに4分しか猶予がないとしよう。ぐずぐずしていると死なせてしまう（4分というのは、窃盗犯が侵入しようとしてこれ以上かかるとあきらめるという平均的な時間）。手段はなんでもかまわない。バールやレンガで窓を割ってもいいし、乗り物を破壊槌がわりにする、近所の人にドアを破るのを手伝ってもらう、

ドアの安全対策

安全対策は災害時だけとりくむのではなく、日常生活の一部にすべきである。ドアでの応対ではのぞき窓を使い、訪問者をむやみに家に入りこませないように鍵や掛け金をかけておく。相手の目的がわからないときは、遠慮せずに外に立たせておこう。

ヒンジボルト

ヒンジボルトを取り付けると複数の個所でロックできるので、強引に入りこもうとしても開けにくくなり、ドアまわりの安全性が高まる。

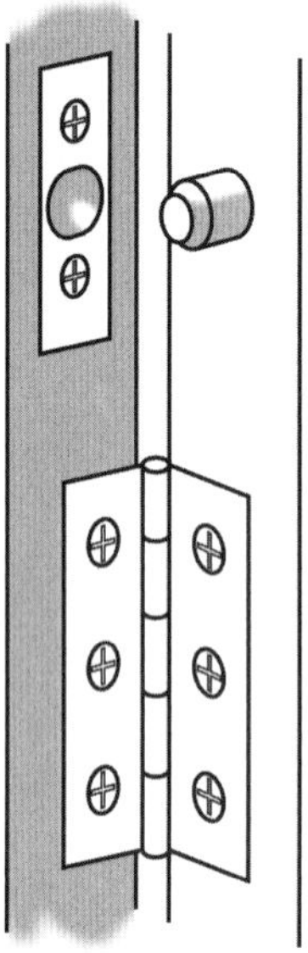

デッドボルトのロック

デッドボルトのロックはスプリング式の樽《たる》ボルトより、安全性のレベルが格段に高い。スプリング式は、ボルトに力をかければこじ開けられるが、デッドボルトはシリンダー錠をまわさなければ開錠できない。

イギリス政府の推奨する防犯対策

- 家を空けるときは、たとえ庭に出るだけのあいだでも、かならずドアと窓に鍵をかける。
- 鍵は車の鍵もふくめて、すべて目につきにくい場所に保管する。
- 自動録画機能つきの防犯警報器を設置する。
- 死角をなくす屋外照明を設置する。
- ラジオや照明にタイマーを設定して外出する。
- 庭を囲むフェンスを良好な状態に保つ。
- パスポート、運転免許証、銀行取引明細書などの大事なものは、目につかない場所に保管する。
- 現金と財布は隠す。
- 家に自転車を停めるときは、鍵のかかる小屋やガレージに入れて、固定されているものにロックしておく。
- はしごや道具類はしまっておく。外に出しっぱなしにすると、家に押し入るのに使われてしまう。

など思いつくことはなんでもやってみる。

強引にやればあっけなく侵入できるルートをいくつか見つけたら、そこは災害後に食料や水のたくわえ、金銭といった生命をつなぐ貴重な物資を奪おうとする暴徒にも、侵入できる場所になるだろう。そのため家の安全対策には、最高の強度をくわえる方法を講じる必要がある。とはいっても予算が許すかぎりではあるが。

ドア

ドアと窓は、賊が押し入ろうとするときすぐ目につく場所である。ガラスは簡単に割れ、施錠が甘いドアは数秒でこじ開けられる。まずドアについて考えると、ガラスがはめこまれていないタイプがベストである。ガラスを壊せば手を入れて鍵を開けられるためだ(そのため、鍵を錠前に差しこんだままにしておくのはNG)。ただしドアの外の人間を確認できるように、かならずのぞき窓がついているドアにしたい。

ドアの部材は、できるだけ耐侵入性の高いものにする。いちばん適しているのは、スティールドア（デザイン性のよい木材を貼りつけたもの）で、同様に強度のあるスティールフレームに複数のラックボルトの類いでロックするタイプである。そのうえで防火性があれば申し分ない。この手のドアは直接火であぶりつづけても、穴が開くのは45分後である。ボルトは6個以上（その2倍が望ましい）用いて、複数の向きにとりつける。外周のフレーム全体の凹部に、ドア部のボルトがはまるようにしてロックするのである。このような設置の仕方をすると、侵入者は施錠されている1カ所をめがけて重いものをぶつけるだけでは押し入れなくなる。ちょうど警察が破壊槌をたたきつけるようなやり方である。また屋内のドアをすべて施錠できる本格的な防犯ドアに換えると、賊の侵入を許しても、家のなかにいくつものサバイバル・エリアができることになる。

本格的な防犯ドアはそう安くはないので、生存を第一に考えるとたいてい予算オーバーになってしまう。だが基本的な住宅用の玄関ドアでも、壁側の閉まる場所に金属板をつけて、複数のボルトでロックすれば、費用は抑えられるはずである。外に通じるドアにはすべてデッドロックか箱錠［金属の箱におさめられた開閉装置］を設置したい。デッドロックを解錠するためには、適合する鍵を使うしかない。そのため「シリンダー」タイプの錠のように、クレジットカードやドライバーといったものでこじ開けられる心配はない。

掃き出し窓の補助錠

掃き出し窓は侵入にきわめて弱い。サッシのレールに補助錠をつけてもよいが、防犯シャッターで守れるならそれにこしたことはない。

雨戸

英語ではハリケーン・シャッターともよばれる雨戸は、その名のごとく激しい雨風から守ってくれるが、盗難に入ろうとする者の意欲を削ぐ効果もある。

錠前もデッドボルトも金属製で、ボルトの長さが2.5センチ以上あるのが理想的である。くれぐれもドアの外側にはねじ頭を出さないこと。でないと錠前ごととりはずされてしまう。ドアの外周部の装飾材《サラウンド》は、ドアと建物の壁にすきまができないように、長くて強度のある石工ボルトでしっかり固定されているのを確認しよう。自宅の錠前を交換するなら、かならず取り扱い説明書に注意深く従って、換えた錠前とボルトのあいだにすきまが生じないようにする。ドア全体を安全性の高いタイプにとり換えて、しかもプロにとりつ

けてもらえば、これ以上確実で安全な解決策はない。一般的なドアで押し入りを防ぐためには、いくつもの従来型のスライド・ボルトをドアの周囲の縁全体にとりつけるか、ドアの両側にブラケットを設置して、長い鉄の防犯バーをドアの幅いっぱいにわたす。また防犯用の鉄格子をつけるのも、現実味のあるドアの安全対策である。古典的で装飾的な格子シャッターは商業施設でひろく使われており、見た目で防犯対策をアピールする効果もある。窃盗犯もそれ以外の侵入者もできるだけ安易に入れる場所を物色していることを覚えておこう。だから鉄格子を見たらその家を素通りして、目標を変えるかもしれないのだ。

窓

窓はまちがいなく、家の保安上のいちばんの弱点である。災害時には二重の意味でつけこまれやすい場所になる。というのも侵入者は窓から室内のようすをうかがって、この家に押し入る価値があるかどうかを判断するからである。そんなわけで、貴重品はかならずどの窓からも見えない場所に保管するよう徹底したい。そのうえで、ブラインドと遮光カーテンを下げれば万全である。災害現場では、窃盗団が明かりを求めてうろつきまわっているかもしれない。明かりはその家に人が住んでいて、そこに食料や水といったものがたくわえられていることを示すからである。遮光性のある布地は手に入りやすく、適当な大きさに裁断して窓の周囲にテープで貼りつけられる。ただし、黒い厚手のビニールや板でもじゅうぶんその代用になる。

家中の窓を交換するのは当然むりである。それでも 窓を閉めると鍵がかかるという、便利なオートロックもあるので、すくなくともこれには投資したい。また外部の守りは、金属製の格子やシャッターを外壁にとりつける形で固められる。こうしたものは窓の縁どりの木材やプラスティックにとりつけるのではないので注意。予算に余裕があれば、電動シャッターを設置すると安全な自宅から出なくとも開閉できるようになる。ただし停電を想定して、手動でも動かせてロックできるものにするとよい。

所有物の安全対策

家族の安全を確保するのはもちろん、かけがえのない備蓄品も守る必要がある。これは生半可なことではない。非常時には、命をつないでいるまさにその物品を、必死になって求める人間もいるだろう。そのため燃料や薪、石炭といったかさばるものをたくわえているなら、人目につかないようにしたい。その場所を教えるのはいちばん身近な

銃保管庫

　火器はすべて、イラストのように専用に作られた銃保管庫にしまっておく。保管庫に鍵をかけられるなら安全な場所に隠しておくが、それがどこだかいつも承知しておくこと。弾薬もかならず安全に保管する。

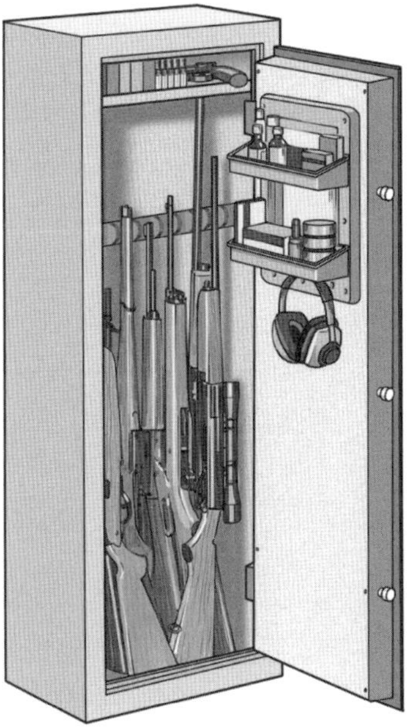

家族で、信用と分別のある者だけにする。こうしたものはのぞき見されないためにも、安全な離れ屋か地下室にしまっておくのが無難である。

　家のなかには何カ所かに秘密の隠し場所を設けて、とくに貴重だったり重要だったりするものを保管する。小さな金庫ならさりげなく間仕切り壁のあいだにしこめるだろう。金庫の取り出し口は、鏡などの小物でふさいでおく。床板の下や屋根裏部屋に避難させる方法もある。貴重品をどこか遠くに埋めるのもひとつの手だが、それには絶対に見つからないようにすることと、家を空けられなくてもその品物なしでやって行けることが条件になる。火器を所有しているなら、専用に作られた銃保管庫にまとめてしまっておく。そうすれば、どんなにこじ開けようとしても開けられないはずである。保管庫はかならず頑丈なボルトを多く使って、壁や床に固定しておく。でないと賊に

検知センサー

市場には膨大な種類の家庭用防犯検知システムが出まわっている。イラストの防犯システムは、人の動きや熱（赤外線）、住居侵入を検知して警報を発するタイプだが、導入するなら、主電源が切れても稼働しつづけられることを確かめたい。

煙探知器

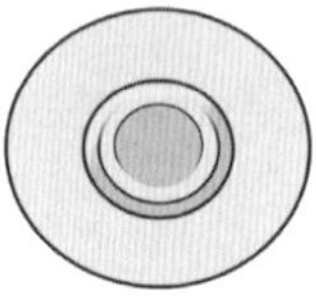

屋根置き型ワイヤレス赤外線センサー

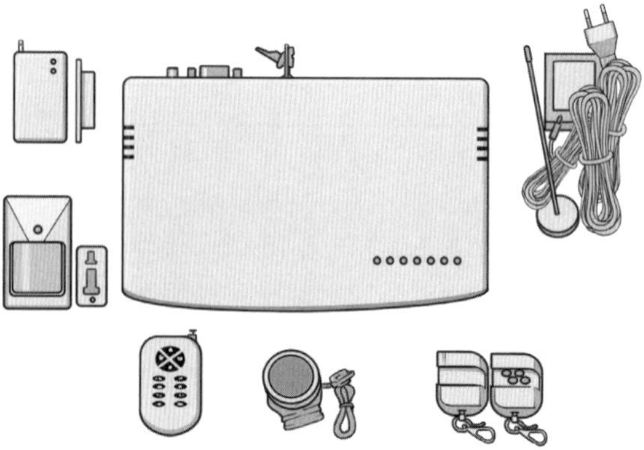

ワイヤレス監視システム

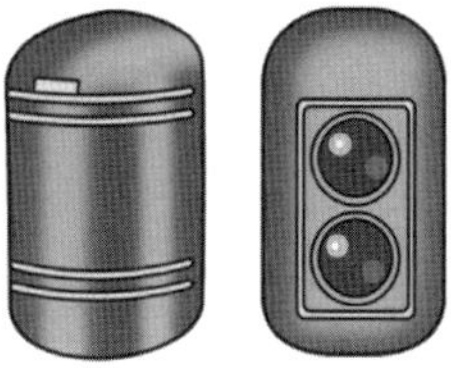

マルチビーム赤外線検知器

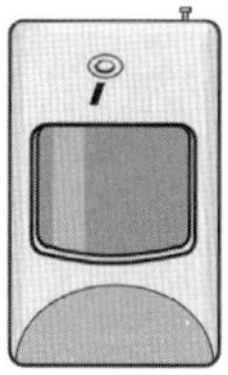

PIR（受動型赤外線）角度検出器

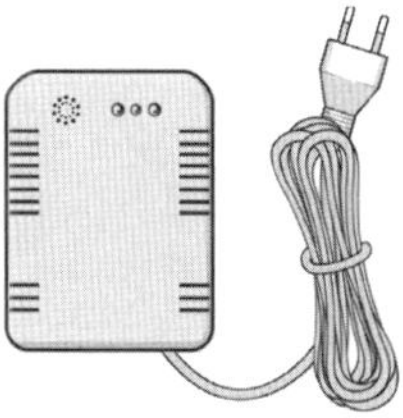

ガス検知器

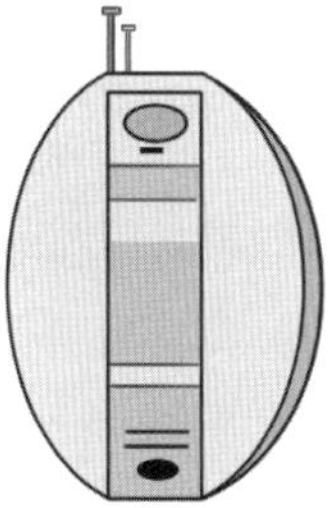

PIR人感センサー

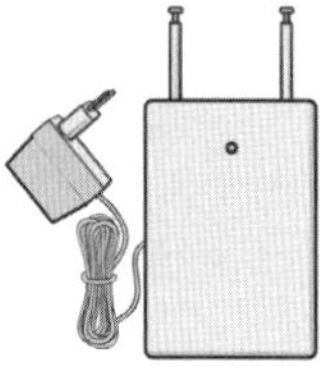

信号転送装置

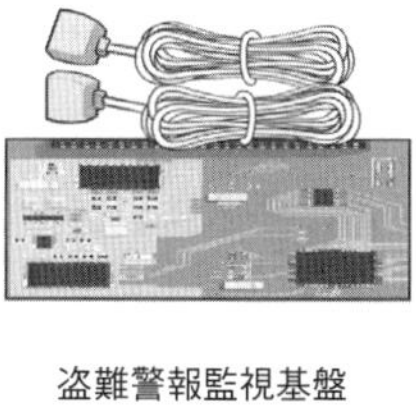

盗難警報監視基盤

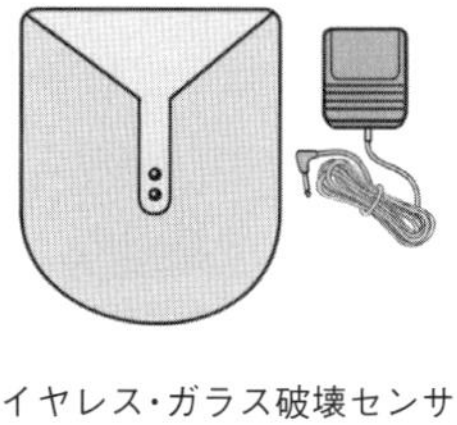

ワイヤレス・ガラス破壊センサー

ホームセキュリティ装置

ホームセキュリティ・システムは、どの階層にも張りめぐらせなければならない。イラストは、地下室の浸水センサーから2階寝室の熱煙火災センサーまで、防犯と安全のためのさまざまなセンサーを、家のどのあたりに設置すべきかを大まかに示している。

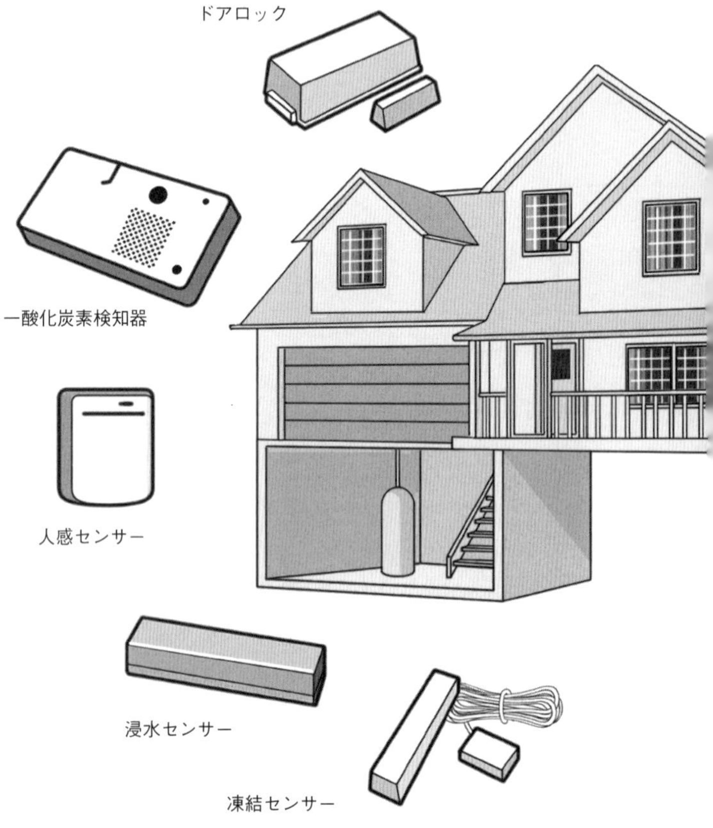

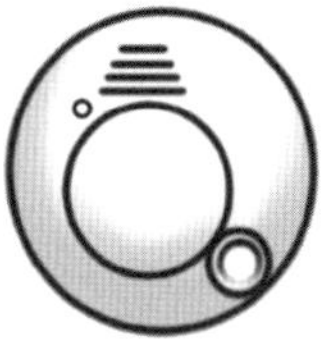

熱煙火災センサー

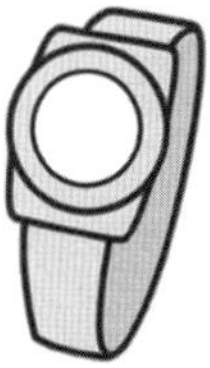

個人用緊急アラーム
（高齢者などの緊急時に）

キーホルダー・タッチパッド
（セキュリティシステムの
解除・再開など）

もち運ばれて、あとでじっくり開けられてしまう。保管庫には、ドレッサーのような家具に見せかけたものもある。

防犯装置

　市場には一般消費者向けに、豊富な種類の防犯装置が大量に出まわっている。そうしたなかには、ほかの製品よりサバイバル向きのものもある。監視カメラは便利な装置で、地所周辺に導入すると、安全な家のなかにいながら外の動きを継続的に監視できる。専用の閉回路テレビ（CCTV）［ケーブルで監視カメラとだけつながっているテレビ］に停電用の予備電源をつけると、セキュリティはさらに充実する。ここに赤外線暗視や方向制御といった有用な機能もくわえられる。ただしそこまで予算がないというなら、ウェブカメラを家のあちこちに設置するだけでもよい。メインのパソコンを家の安全な場所に置き、そのディスプレイに無線で送られたカメラの映像を映しだせるだろう。ちなみに安全な場所とは、パニック・ルーム（避難室）のような防備を固めた1室である。こうしたウェブカメラをモーションセンサー式のライトと連動させて、屋内外の暗いすみをくまなく照らすように配置する。

　侵入警報器には、多様なデザインと性能のモデルがある。その心臓部とい

警備犬

　番犬はふれあいを楽しめるだけでなく、泥棒に対してすぐれた警報器として働き、飼い主の土地や家に入りこんできた暴漢に対しては、強力な自衛手段になる。

えるのは、トリガー機構であるセンサーとコントロール・パネル、警報システムである。センサーだけでもおびただしい種類がある。赤外線式、震動式、モーション式、光電子式、超音波式、ガラス割れ対応式…。またセキュリティ業者に相談すると、その家庭の必要に応じてどの構成がベストなのかを教えてくれる。ただし、大災害に適合した警報器となると、特別な配慮もくわわってくる。重大な問題が警報監視の段階で生じるからである。高性能・多機能な防犯装置の多くは遠隔警報監視で運営されていて、登録場所で警報が鳴ると、セキュリティ会社や警察署といった第3者機関から、それに対応する人間が派遣されてくる。

このようなシステムは、社会が平常を保っているならすばらしい機能を果たす。緊急事態が、現場にかけつける人間に対応できるレベルにあるからである。ただ大災害が起こったら、すぐに対応してもらえると思ってはならない。それどころかだれも来ないこともあるだろう。だからこそ自宅の警報システムのコントロール・センターには、すべての重要情報が確実に集まるようにしたいのだ。

情報を表示するのは、コントロール・ディスプレイでもコンピューター画面でもよい。センサーとコントロール・パネルのリンクは有線でも無線でもかまわないが、無線の場合は各装置のバッテリーを定期的にチェックして、無線信号をつねにストレスを感じない強さに保ちたい。理想的には、コントロール・パネルで侵入場所を特定したら、ウェブカメラかCCTVの画像で脅威の特徴を確かめる。また警報器を選ぶなら、停電用のバックアップ・バッテリーのついているタイプが薦められる。

警報システムを選ぶにあたってもうひとつポイントとなるのは、誤報率が低いということである。不必要に警報器が鳴るのに慣れてしまうと、本物の脅威であったとしてもオオカミ少年状態になるだろう。アメリカでは、米国規格協会とセキュリティ・インダストリー・アソシエーション（警備産業協会）が、警報器にCP-01-2000規格を導入している［2014年版のCP-01-2014規格も作られている］。この規格を満たしている装置には、すぐれた誤作動低減技術が適用されている。同じような承認基準はほかの国でも設定されているので、警報システムを選ぶなら、かならず権威のある独立機関によって保証されているものにしたい。

パニック・ルーム

資力があって家の安全対策に大金をそそげるなら、「パニック・ルーム」、つまり避難室がさらに上を行く選択肢となる。避難室は基本的に、家のなかで最大限の安全対策がなされた部屋で、侵入者からのがれて自分と家族が隠れられる場所である。家族には、この部屋へのルートに侵入者が立ちはだかっていないかぎり、まっすぐ入るよう確実に申し伝えたい。部屋に入ったら、危険が低減するまでここから出ないようにする。CCTVかウェブカメラが家のほかの場所とつながっていれば、危険度を確認するのに役に立つ。避難室はふつう、目的にぴったり合う仕様のものを専門業者に設置してもらう。カギとなるのはドアを頑丈にすることである。できるなら芯材が金属で、内側から瞬時にロックできる複数のデッドボルトがついているとよい。通信システムを引きこむ必要もある。この部屋にも従来型の固定電話と予備用の携帯電話は必要になる。アンテナをうまく設置できるなら、市民ラジオを置いてもよい。電話回線が切れたり、携帯が受信できなくなったりしたときのそなえになる。

脅威が低下するか救助の人間が到着するまで、避難室には何人もの人間が何日もひそむことになるかもしれないため、十分な換気も必要になる。外に面している換気口は、格子や植物でおおってできるかぎり隠すようにする（ただし、植物が換気口をふさがないように気をつけること）。侵入者がわざと通気をさまたげて、なかの人間を追いだそうとするかもしれないからだ。

家のほかの場所にはおそらく大量の防災用品があるだろうが、隠れ部屋にもサバイバルに不可欠なものをそろえる必要がある。たとえばこのようなものである。

- ３日分以上の密封ボトルの飲料水。
- 温めなくても食べられるさまざまな種類の食物。
- 家族にとって不可欠な薬。
- 懐中電灯と大量の予備の電池。
- 予備の銃や棍棒などの武器。
- 読み物など、ごく簡単な形の娯楽。しばらくその世界にひたっていられる。

周囲の安全対策

セキュリティは当然、警報器やカメラだけですむわけではない。たとえばいちばん優秀な自然の防犯装置は、番犬である。犬は人間よりすぐれた感覚をもっている。とくに聴覚と嗅覚は鋭い。また自分の縄張りである家や庭に入りこむ者がいると、吠えたり攻撃したりするように、生まれつきプログラムされている。どの犬種も音の出る警報システムとして働くが、強面でいかにも番犬らしそうな犬種もある。ドーベルマン、ロットワイラー、ジャーマン・シェパードは典型的な番犬用の犬種だが、ローデシアン・リッジバック、

隠れ場所

　ドアや窓の周囲には、草葉が生い茂らないようにしたい。不意打ちをかけようとする者にとって格好の隠れ場所になるためだ。周辺がよく見えるようになるまで、植物を刈りこんでおこう。

外の災害準備

暴風雨など激しい気象現象にそなえる際には、家のそばに垂れている枝を切り落とす。折れた枝が窓にぶつかるのを防ぐためである。

ブルマスチフといった犬種もよく働く。こうした犬はいずれも幼い頃から、人やほかの動物に対する社会性をきちんと身につけさせることが肝要である。見るものすべてにつっかかっていく犬は、メリットよりは問題のほうが大きく、いずれは飼い主が訴えられるはめになる。

家の外の庭や建物周辺に目を転じると、身の安全を確保するためにできることはまだまだある。敷地の境界の柵はどこも良好な状態に保ち、門には頑丈な南京錠かカンヌキをかけて閉めておく。その国の法律で許されるなら防護柵も設置できる。そうした柵の上にのせられる忍び返しには、シンプルな釘型から、プラスティック製の鋭い鉤《かぎ》爪が回転するタイプまで、さまざまな種類がある。

境界の安全性は、有刺鉄線や蛇腹型鉄条網を施設しても高められる。鋼鉄製の支柱を支えにして、柵の上に這わせることもできるし、柵や窓などの下に巻きつけておくだけでもよい。ただし、このような妨害物を個人所有の敷地内に設置するのを違法としている国も多いので注意したい。救助活動が必要になったとき、救急隊員の動きをさまたげることがあるためである。そのため、こうしたものは何巻きかガレー

家のなかでの身の守り方

この図は、暴風雨やハリケーン、竜巻に襲われたときに、家のなかでもっとも安全な避難場所を示している（ただし「野外」というのは賢明な選択肢ではない）。

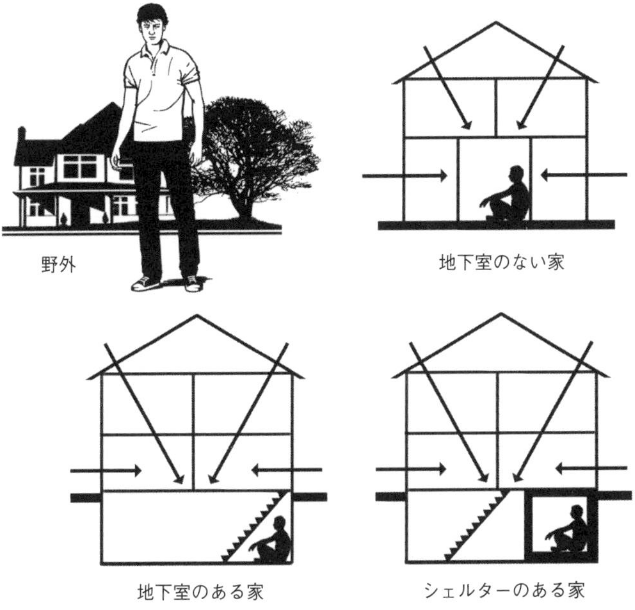

ジか離れ屋に用意しておくのが適切だろう。そうすれば、地域によくあるような緊急事態があったときに、いつでも役立てられる。防犯のためにはそのかわりに、トゲの多いピラカンサ（トキワサンザシ）のような低木を、窓の下や柵のそばに植えれば、まったく法にふれることはない。このような植物が育ってびっしり生えると、飛びこえて敷地内に入ろうという気も削がれるはずである。レイランドヒノキのような木も家の厚い目隠しになり、のぞこうとする視線をさえぎる。家が自然に囲まれている僻地にあるなら、家に人を誘導するような標識をすべてとりはずして、家に通じる道をすべて木の葉で隠すことを検討してもよいだろう。

家と敷地の境界が何十メートルも離れている場合は、さらに防御線を張りたくなるかもしれない。障害物を設置しておけば、敷地内の移動にもたついている侵入者に対して、武器をもちだす時間的余裕ができる。障害物は、有刺鉄線や蛇腹型鉄条網でも、盛り土に置いた鉄製の忍び返しでも、庭で太ももの高さに張った太いワイヤーでもよい。またモーションセンサー式の投光照明があれば、夜間に侵入があった場合、敷地を見渡せるのと同時に、低水準の警報システムとしても機能する。

大量の土嚢《どのう》と中詰め材への投資も検討するべきである。土嚢には、洪水な

手作り地下シェルター

このような手作りの地下シェルターがあれば、災害時の究極のサバイバル避難場所になる。家の下の地中を掘り進んだもので、地上をうかがう展望鏡、外に続く耐爆ドア、多くの貯蔵棚といった、サバイバル仕様の機能をそなえている。

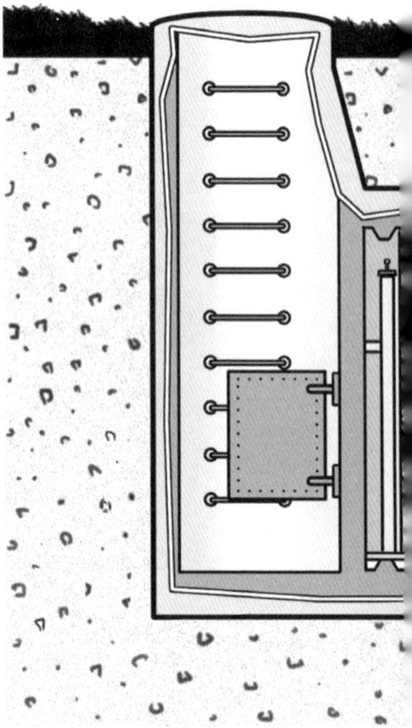

どの環境的災害に対してドアや窓を守るために、積みあげる用途しかないのではない。現代戦で一貫して兵士の常識となっているように、ほとんどの銃弾に対し弾除けの効果を発揮するのである。最新型のポリエチレン・タイプの土嚢は（軍放出品店でよく手に入る）、湿気と腐食に高い耐性がある。詰めものを砂か砂利のいずれかにしたいのは、土は防弾性におとるからである。ただしもし土を中詰め材にしなければならないなら、砂や粘土の含有率の高い土にするとよい。

地下シェルター

地下シェルターは、生き残るために身をひそめる究極の場所である。サバイバルだけのために作られた広々とした空間で、一般的に遠方の地所に、地中もしくはできるかぎり深く掘った地面に建設される。数カ月分の非常用品をたっぷりたくわえられ、多くの場合核爆発にも耐えられる強度がある。地震、ハリケーン、竜巻、テロ攻撃、騒乱、放射性降下物に対処する場合、これ以上安全ですぐれた選択肢はない。

地下シェルターの建設は専門家の領分なので、ここで詳しく述べても仕方がない。ただし従うべき一般的な指針はある。

- シェルターの壁はできるなら鉄筋コンクリートかレンガで作り、湿気から守るためにプラスティックの防湿層でおおうとよい（ただし、金属製の建材はすべて防錆《ぼうせい》性のあるものにする）。もしコンクリートが使えないなら、土嚢や木の杭で、素朴な構造物を作ることも可能である。
- 地下シェルター全体を1.2メートル以上の土でおおう必要がある。これが風や爆発、放射能に対する障壁になる。防湿層と土とのあいだにわらの層を入れると、断熱効果を発揮する。
- スムーズに換気できるシステムを導入する。外気を手動で入れる方法もある。爆風やハリケーン、竜巻の影響を受けないために逆止弁つきのポンプを使うが、シェルターに空気を入れる際は必要に応じて弁を開く。
- 出入りが簡単にできるようにするが、通りすがりの人間に発見されにくくするために、すべての出入り口をおおい隠す。
- 適切な下水設備と流水を確保する。汚水だめと接続して水やポンプで送りこむトイレを設置できないときは、化学処理式のポータブル・トイレを用いて、定期的に汚物を廃棄する。
- 貴重な備蓄品はすべて適切な棚にしまい、カビの発生を防ぐために品物の周辺の風通しをよくする。

応急シェルター

この応急シェルターは高さ1.3メートル程度の居住空間で構成されている。頑丈な木材の枠で支えられ、頂上部は土と防水シートでおおわれている。短期間のサバイバルにしか適していない。

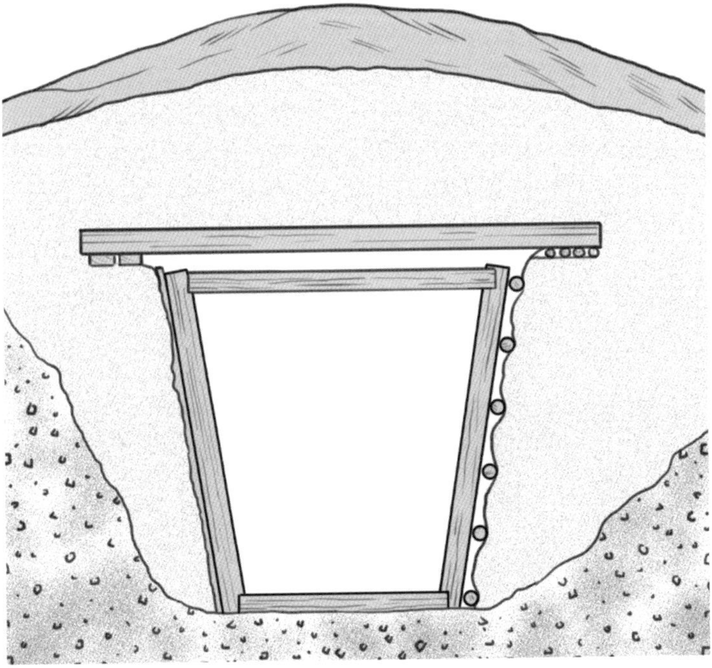

以上は、地下シェルターを作る際のガイドラインの一部にすぎない。幸いいまでは、プレハブ式シェルターを設置する専門業者は多い。すくなくとも、シェルター・キットの販売はされている。プレハブ式シェルターには、非常に先進的なタイプもある。一体型補強をほどこして断熱構造にした鋼鉄シェルターが、（核爆発によって電子機器が使えなくなるのを防ぐ）電磁パルス・シールド、本格的な対NBC（核・生物・化学）システム、外気の

濾過装置、通信システムといった多くの機能とともに埋設されるのだ。このようなシェルターは当然法外な値段になる。その一方で、ごく基本的なシェルター・キットなら数百ドルほどの費用で、災害の最悪の事態をしのげる空間を手に入れられる。

ここで問題になるのが、シェルターを埋める場所である。実は選択の長所・短所のバランスをとる絶妙な方法がある。シェルターが、庭のなかなど家のすぐそばにあるなら、災害が起こったときにすぐに退避できる。ただし親戚や友人、近所の人は、この施設のことを知っていて、有事には助けを求めてシェルターに押しかけるかもしれない（このような事態については第5章が詳しい）。そのため、シェルターを埋設したことと場所は内密にしておき、収容する予定の者だけに場所を知らせておくのが最善策になる。

自然災害の対策

ここまでは、家の安全を守るための一般原則を見てきた。次はさまざまなタイプの脅威に目を向けていこう。自然災害はなによりも浸水、風害、震動（地震の場合）によって、幸せな家庭生活に物理的な危害をもたらす。またそうした災害による建物への損傷が原因で、火災も頻発する。

密閉されたシェルターの安全

人ひとりにつき約1平方メートルの床面積があれば、安静時の呼吸をしている状態で5時間までは、二酸化炭素の濃度が許容範囲を超えることはない。

ただし、多くの地方自治体は密閉された部屋に2、3時間を超えて避難するのは望ましくないとしている。外の汚染された空気がシェルター内に徐々に入りこんでくるため、このような避難の効果が時間とともになくなっていくからである。そうなったら、より安全な場所を求めてその地域から離れたほうがよい。また緊急事態がすぎさったら、シェルター内で汚染された空気を吸わないように、換気する必要がある。

詳しい情報は <www.ready.gov/shelter>

既製の防爆シェルター

このような防爆シェルターは、ただ地中に埋めればよい（換気ダクトは地表に出しておく）。また商業モデルの利用は、安全な避難場所作りの最短ルートにもなる。

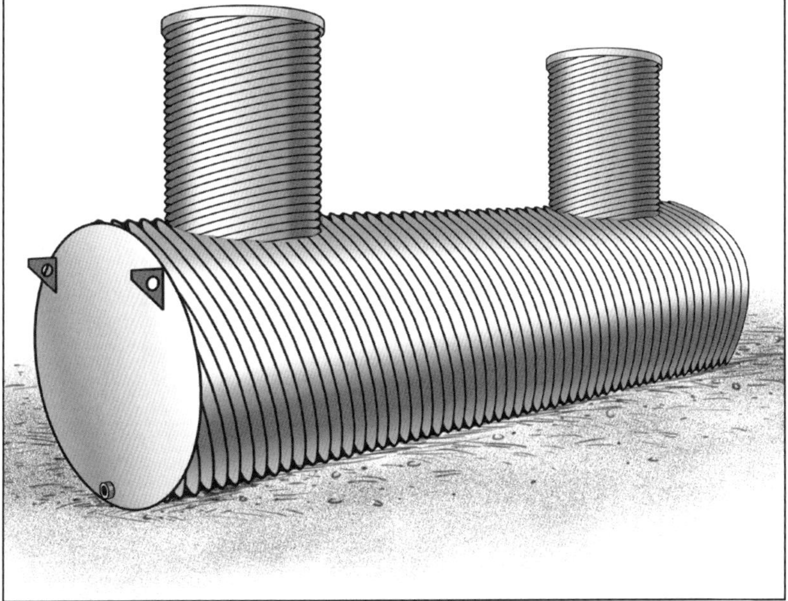

万が一自然災害にあっても、これをやっておけば家の安全性をすぐに高められるという、確実性の高い方法がある。たとえば、

- ガラス製品などの割れものは、扉の閉まる戸棚にしまう。できるなら掛け金をかけられるとよい。
- 重いものは棚の下のほうに置く。そうすれば上から落ちてきて、人がケガをすることはない。
- 本棚、ドレッサーなどの家具を、アンカーボルトもしくはＬ型金具で壁に固定する。
- 給湯設備や冷蔵庫、オーブンなどの大型の設備は、アンカーボルトで壁に固定する。
- ベッドやソファを窓際から移動し、くつろいだり眠ったりする場所の上

温水器の安全

地震が多い地域では、重いものを壁や床に固定するようにしたい。イラストでは、温水器を外壁にしっかり固定するために、タンクの周囲にナイロンのストラップをまわして頑丈な木枠にとめている。

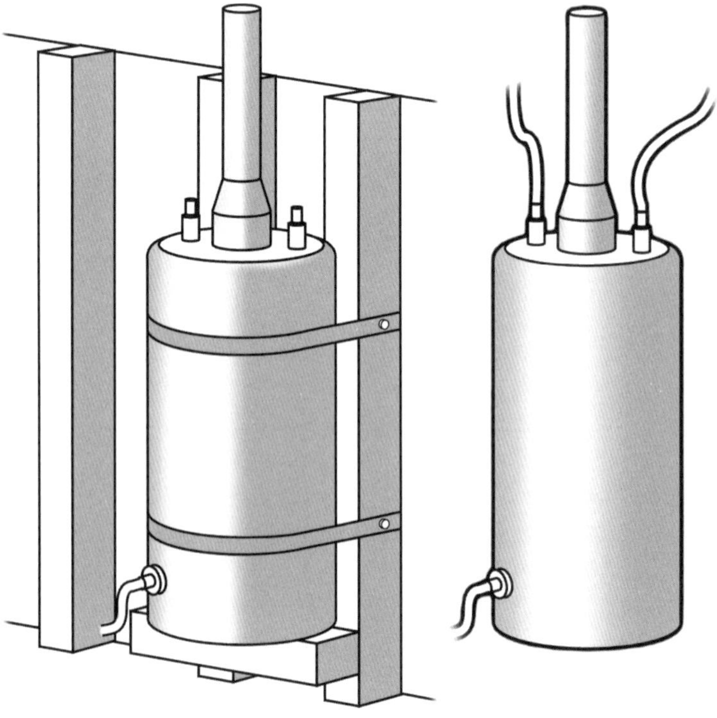

に、絵画や鏡などをかけないようにする。

- 電線やガス器具の接続部、送水管に異常がないのを確かめる。部品が老朽化や破損をしている場合はとり換える。
- 引火性の強いもの、危険物、毒性のあるものは、できるなら離れなどに鍵をかけて安全に保管する。
- 消火器をブラケットで壁にとりつけ、家のあちこちに設置する。
- 自然災害が接近しているのがわかっているなら、窓ガラスを割れにくくするために粘着テープを貼る。板をわたすか雨戸を閉めて窓を保護すれば万全である。

さらに、家の建物全体で傷みなどがないか確認しよう。とくに雨樋《あまどい》、レンガや石を積みあげたところ、ドアや窓のフレームは要チェックである。家はアンカーボルトで基礎に接合されているはずだが、20世紀初期に建築された家はそうでない場合もある。基礎に緊結されていない家は、地震のような自然力がかかったときに、文字どおり滑り落ちて倒壊する危険性がある。アンカーボルトが打ちこまれているかどうかがわからないなら、専門家に点検してもらうとよい。煙突や外壁・内壁、天井も、古くなってしばらく補修していないなら、点検が必要かもしれない。上からくずれ落ちてきて人が下敷きになる可能性のあるものは、かならずよく見てもらい必要なら補強する。

ガラスの飛散防止に、強化窓ガラスや雨戸を設置するのは効果的な対策である。

また、災害のそなえをガレージや家の外に拡大するのも忘れてはならない。たとえばガレージのドアは家で最大の開口部でも、開閉を楽にするために、割合薄くて軽量な素材で作られているものだ。できるなら頑丈なドアにとり換えよう。でなければ、ほんとうに価値のある品物は安全な場所に移動するとよい。

また外の運べるものはすべて屋内に入れるつもりでいたい。ガーデンファニチャーやゴミ箱、鉢植えの植物…。こういったものは、強風が吹き荒れているときは、殺傷力のある飛翔物になる可能性がある。

身を守るために

暴風雨や竜巻、ハリケーンは気象現象としてはそれぞれ異なっていても、危害のおよぼし方は非常によく似ている。先に述べたように、家のそなえをしたあとにまっさきにやるべきなのは、家のなかで風や飛散物をよけて座っていられる安全な場所を探すことである。いちばん安全なのはたいてい地下室、つまり地面より下の窓のない部屋である。階段の下にきっちり閉鎖できる空間があるなら、ここも絶好の避難場所になる。階段は家の構造物のなかでも特別に高い強度があるので、建物全体が崩壊してももちこたえるほどである。家に適切な避難部屋がないなら、内側の小部屋か1階の廊下に逃げこんで、テーブルのようながっしりとした家具の下でしゃがみこむ。飛散したガラスや宙を舞うものから身を守るために、厚い毛布や中綿の入ったものなどをかぶるかテーブルの周囲に垂らす。そうしてできた空間にしゃがみこんで暴風雨をのりこえる。建物が壊れる音がしたら方向をよく覚えておいて、さしせまった危険がすぎたら音のした場所を確認しに行く。

地震のときの避難の仕方もこれとほぼ同じだが、多少の違いはある。すくなくとも世界でも開発が進んだ地域におり、平均的な住宅基準を満たす建物にいるなら、ゆれているときにいちばん危険なのは落下物である。建物の倒壊ではない。そのためにとっさにとるべき行動を、南カリフォルニア地震センターは、次のようにまとめている。

四つん這いになる（ゆれで倒れる前に、自分から身を低くする）。この姿勢は転倒を防ぐが、必要に応じて移動もできる。

頑丈なテーブルまたは机の下に、**頭と首を入れて遮蔽物にする**（できるなら

家が基礎に固定されているかどうかを確認する方法

- 床下に潜って、家が基礎に固定されているかどうかを確かめる。
- 土台、つまり基礎に直接のっている木板を、基礎に締めつけているはずのアンカーボルトの頭部を探す。
- 大きなナットとワッシャー、アンカーボルトが、土台のすくなくとも1.2～1.8メートルおきにならんでいるはずである。アンカーボルトのかわりに、鋼板が使われる場合もある。

出典：カリフォルニア州地震防災委員会『Homeowners Guide to Earthquake Safety（住宅所有者のための地震安全対策ガイド）』（略して HOG.2005 年版）

大きな物

地震やハリケーン、竜巻にたびたび襲われている地域に住んでいるなら、支えのない重いものをドアの横に置くのは避けたい。非常時にひっくりかえって、出口をふさぐことがあるからだ。

FEMA（米連邦緊急時管理庁）の火災予防と安全対策ガイドライン

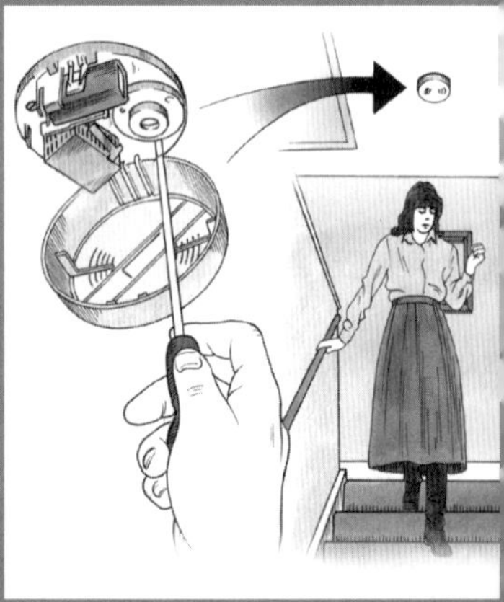

各家庭に１台以上の動作可能な煙感知器を設置したい。煙感知器は金物店やディスカウントショップなどどこでも購入できる。しかも自分と家族の安全を守れるのに、費用はわずかしかかからない。煙感知器は、家の各階に１台ずつとりつける。異常を知らせる煙感知器があれば、火災で生き残れるチャンスは２倍になる。毎月動作テストをしてほこりをはらい、すくなくとも年に１回は電池を交換する。本体は使用開始から10年後、またはメーカーの推奨する頻度でとり換える。

電気火災の予防

回路や延長コードに過度の負荷がかからないようにすること。コードや電線をマットの下敷きにしたり、釘で固定したり人がよく通る場所に置いたりしてはならない。電化製品に炎を吹きだす、火花が出る、異臭がする、といった異常があったら、ただちにスイッチを切ってコンセントを抜く。あとは専門家に修理してもらうか、新しいものととり換えるようにする。

電化製品を賢く使う

電化製品を使用するときは、メーカーの注意事項に従うこと。過熱、異臭、ショート、火花は、どれもスイッチを切る必要があるサインなので、とり換えるか修理をする。使用していない電化製品はコンセントを抜いておこう。使用していない差しこみ口にはすべて安全キャップをかぶせる。家に小さな子どもがいるならとくに気をつけたい。

予備のヒーター［アメリカではセントラルヒーティングが一般的］

- ポータブル・ヒーターの周囲にものを置いてはならない。可燃性のものは１メートル以上離す。

- 暖炉から火の粉が飛ばないようにする。暖炉用スクリーンを使い、毎年煙突掃除を行なう。煙にふくまれるクレオソートが堆積すると、発火して煙突火災になり、火があっというまに燃えひろがるおそれがある。
- 石油ストーブは、認可されている州でだけ使用できる。ガソリンやキャンプ用コンロの燃料は、絶対に使用してはならない。灯油の補充は、外で行なうかストーブが冷えてからにする。

手ごろな価格の家庭用スプリンクラー設備

家庭用スプリンクラー設備を煙感知器と連動させれば、火災で生き残る確率は大幅にあがる。スプリンクラーは手ごろな価格で、家の財産価値を増し、保険料率を引きさげる。

避難計画

家のすべての部屋で避難訓練を実施する。参加者全員に、火からのがれるときは床近くで身を低くしたままにして、熱くなっているドアを絶対に開けないよう注意をよびかける。家から避難したあとの集合場所を決めておく。外に出たら助けをよぶ。

子どもへの配慮

５歳以下ならどんな子どもも火に興味を示す。マッチやライターで遊ぶ子どもはめずらしくない。火事で亡くなった子どものうち、５歳以下が 52 パーセントを占めている。火は玩具でなく道具であることを子どもに教えて、火遊びに好奇心を抱かせないようにする。

年配者への配慮

毎年 1000 人を超える年配者が、火事で命を失っている。その多くが防ぐことができた死である。年配者がとくに犠牲になりやすいのは、ひとり暮らしが多く、機敏に行動できないせいである。

詳しい情報は <www.usfa.fema.gov/citizens/home_fire_prev>

建物へのダメージ

被害を受けた家に戻る前に、建物をよく調べてなかに入っても安全なことを確認しよう。とくに荷重のかかる外壁に深く長い亀裂が走っている、部屋の梁がはずれている、構造のゆがみを示す徴候がある、といった場合は立ち入るべきではない。

体全体も）。身を隠す場所がないときは、内壁の近く（または自分に倒れてきそうにない背の低い家具のそばで）身をかがめ、腕と手で頭と首をかばう。

ゆれがおさまるまで、**身をひそめたものをしっかりつかんでいる**（もしくは頭や首）。ゆれでそうした家具類が動きまわるなら、自分もいっしょに動くこと。

地震が鎮まったと思っても、次のゆれにそなえよう。地震はたいてい余震をともなっている。安全になったら家の損傷をチェックする。内壁と外壁に走る大きな亀裂はとくに問題なので、構造にずれを生じている徴候がないかどうか、家の外からよく調べる。このような徴候が見らる場合は、専門家による建物の点検が終わるまで、家族を別の安全な場所に避難させる。

しゃがんで隠れてつかめ

しゃがんで隠れてつかめ、というのは、もともと核攻撃があったときにとるべき行動として考えられた合い言葉である。だが姿勢を低くして遮蔽物《しゃへいぶつ》になるもので身を隠し、ものにしっかりつかまる、というのは、さまざまな自然災害でも通用する対処法である。

低姿勢を保つ

不意に地震に襲われてどこにも隠れる場所がないなら、即座に床にしゃがんで四つん這いになる。ゆれている最中もこの姿勢なら、倒れずに安定していられるだろう。ただし落下物があるかもしれないので、つねに上を警戒していたい。

洪水

洪水を実際に防ぐ手立ては予防措置しかない。自分の住む地域に洪水警報が発令されたら、家の出入り口をすべて土嚢でふさぎ、できるだけ多くの家具や品物を上の階に運ぶ。特殊な防水板で戸口や窓を守ることもできる。防水板は開口部にとりつける（洪水の水圧が板にかかると、周囲がぴったりふさがる）。すべての中空レンガにビニールをつめこみ、風呂やシャワー、流し台に栓をして、その上に土嚢などの重たいものを重石にして置く。また家電製品の給水管には布をつめておく。容器をできるだけ多く用意してきれいな飲み水を入れておき、上階の部屋の安全な場所に保管する。そうして家族とペットとともに上階に移動し、ぶじやりすごせるように祈る。

水かさがどんどん増してくる場合、洪水からのがれる現実的な対応策は、家の高い場所（屋根でもよい）で救助を待つか、安全な場所に移る以外にない。移動については次章で詳しく述べるが、高い場所にのぼるにしてもそれと同じくらいの慎重さが必要になる。

水浸しになっている階下にあえて降りるなら、丈のある長靴か胴長を履いて、とがっているものなど危険な障害物に用心しながら、水のなかをゆっくり進む。洪水で建物が相当ひどいダメージを受けているかもしれないことは覚悟したい。漆喰《しっくい》、床板、梁をはじめとする構造物は、浸水しているうちにもろくなっているからである。洪水に関連して心配な健康上のリスクもあるので、イギリス環境庁は、こうしたリスクを緩和して、効果的な汚染除去をするための方法を提案している。

ガスもれと爆発

自然災害にあうと、生活にかけがえのないインフラがしばしば使えなくなる。使えたとしてもリスクを生じるために、止めざるをえないこともある。たとえば、地震やハリケーンでガス管が破損した場合は、ガスもれや爆発が起きるおそれがある。電気製品に異常が生じて火花が出れば、可燃物に火がつくだろう。自分をふくめて家族が、必要なときにガスや水道、電気を止められるようにしておきたい。ガスを止める方式は一律ではないので、ガス会社に問いあわせるとよい。緊急時にガス栓を閉めたら、自分の判断では開けないようにする。ガスを家に供給しはじめる前に業者の予約をとり、専門的な点検をしてもらう。ガスもれが疑われる、またはそのような臭いがしたら、換気をよくしてただちに家を離れる。そのような状況で、火をつけたり電気製品のスイッチを入れたりするのは、厳禁である。

火山

めったに起こることではないが、凄まじい形をとる自然災害に、火山の噴火がある。溶岩流はふつうならあまり深刻な脅威にはならない。すくなくとも人間にとってはそうだ。流れがあまり速くないために、徒歩でも自動車でもたいてい逃げきれるからである。一方で危険度が段違いに高いのは、火砕流（第１章を参照）である。息を詰まらせる火山灰と、岩石状かドロドロに溶けた飛翔物が、噴火によってはるか彼方から襲ってくるのである。

野外で火山の噴火にあったときの対処については次章で詳しく述べるが、一般的にいえば、避難命令が出ていない、または避難が適切だと思われない場合は、家にとどまるのがもっとも安全である。もちろんそれには非常用品をたくわえているという前提がつくが。予防措置で重要なのは、灰がいっさい家に入りこまないようにすることである。そのための作業は、ドアや窓、中空レンガのすきまを埋めるなど、洪水のそなえと共通する部分が多い。ただし、高熱の落下物のために、屋根などの外面で火災が発生していないかどうかを監視する必要はある。発火の徴候を見つけたら、ただちに消火器をもってかけつけられるようにする。噴火について政府が出す新たな情報をラジオでこまめにチェックし、突然の避難にそなえてバッグに防災用品をつめておく。

原子力災害

冷戦は幕をおろしたものの、大都市への核攻撃の脅威は依然として消滅していない。以前は大国の保有する核兵器が恐怖の的となっていたが、今日もっとも危惧されているのはテロリストによる核攻撃である。事実、2種類に特定される脅威がすでに出現している。ひとつめは「汚い爆弾《ダーティ・ボム》」である。これは基本的に通常爆弾に放射性物質を充填したもので、爆発させると、放射性物質を広範囲にまきちらして周囲の建物や環境を汚染し、人間の健康を害するおそれがある。それとは対照的に核爆発は、核分裂と核融合によってひき起こされ、途方もないエネルギーを放出して、町や都市を丸ごと破滅させる(86ページのコラム「核爆発の特徴」を参照)。

核爆発の間近にいるなら、生存の可能性はほとんどない。爆発の勢いで家は地上から消し去られ、爆風の熱エネルギーのために少しでも可燃性があるものは数秒で灰になる。それでも爆心地から1.5キロも離れていれば、生き残りのチャンスは増えてくる。暴風雨やハリケーン、竜巻、地震と同じように、突発的な核の災害が予測されるとき、ベストの対処法は地下の窓がない部屋に避難することである。でなけれ

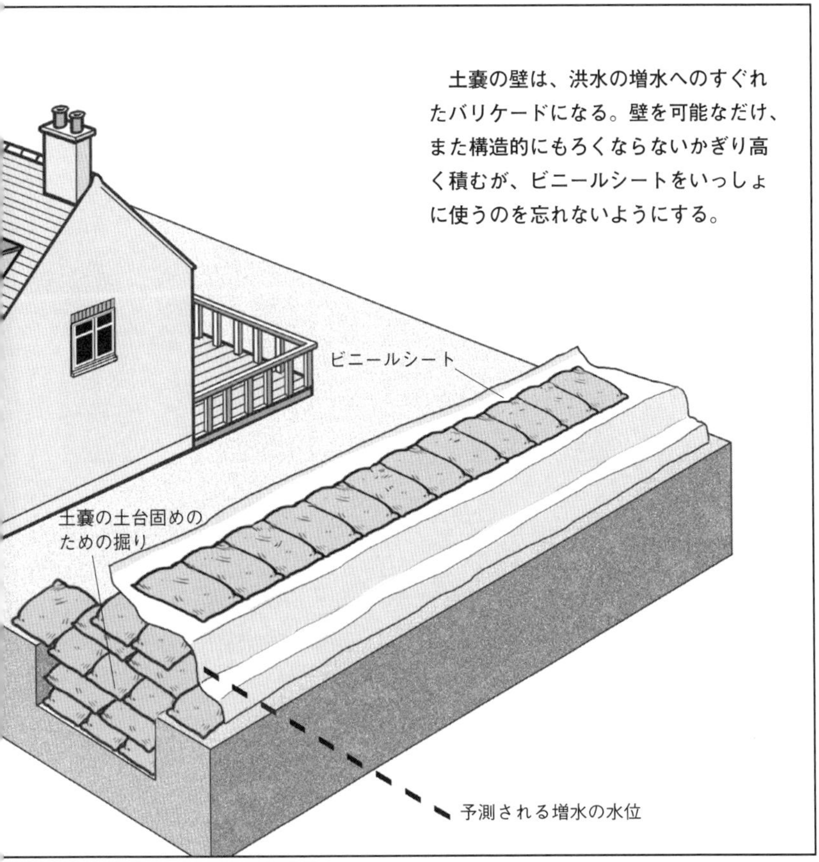

土嚢の壁は、洪水の増水へのすぐれたバリケードになる。壁を可能なだけ、また構造的にもろくならないかぎり高く積むが、ビニールシートをいっしょに使うのを忘れないようにする。

ば家のなかでいちばん頑丈な部屋に逃げこむとよい。古くは1950年代に［アメリカの学校で核攻撃にそなえて教えられた］「しゃがんで隠れろ」の教訓はいまだに生きている。爆発の瞬間に（まさしく目をくらませる閃光が最初の徴候となる）、床に伏せて、できるなら身をかばえるものの下に潜り、顔と頭を腕でおおい隠す。凄まじい衝撃波が通りすぎるまでは、床にうつ伏せになっている。空気中にはすでに高濃度の汚染物質がただよっているので、口と鼻を布でおおう。核爆発では独特のキノコ雲が発生し、そこから「放射性降下物」が落ちてくる。これは放射能をおびた粒子で、人間の体と接触す

イギリス環境庁による洪水後の洗浄についてのアドバイス

氾濫《はんらん》水には下水や薬品、動物の排泄物が混じっている可能性がある。次のものをかならず身につけたい。

- 防水性のある上着類、手袋
- 長靴
- マスク

主電源がまだ切れていないなら、電気工事の有資格者に切ってもらう。洪水の水のなかにいるときに、電源には絶対に触ってはならない。ポンプと発電機を使えば、家にたまった水を排出できる。発電機は中毒死をもたらす一酸化炭素の排ガスを出すので、屋外に置くようにする。水のくみだしを始めるのは、外の水位が屋内より低くなってからにする。それにより、建物の構造へのダメージが低減される。泥をショベルで除けるときは、壁の表裏で均等に行なう。これで片側だけに圧力がかかるのを避けられる。家の掃除と消毒には一般的な家庭用品が使える。庭のホースは、汚れを洗い流すのに活用できる。高圧ホースは汚染物質を空中にまきちらすので使わないこと。家を自然乾燥させるなら、ドアと窓はできるだけ開けたままにしておく。除湿機を用いるときは、逆に外に通じるドアと窓を閉めておく。ガスまたは石油を使用するセントラルヒーティングがあるなら、エンジニアのチェックを終えたあとにスイッチを入れる。温度設定を 20 ～ 22 度にして、乾燥状態を維持する。

出典：イギリス環境庁「洪水の前、最中、あとにすべきこと」(2010 年)
<www.environment-agency.gov.uk/homeandleisure/floods>

地下室の浸水

洪水の多い地域に住んでいるなら、地下室の排水ポンプに投資をするのは賢明だろう。水位があがりつつある水を排出して、浸水を抑えられる。

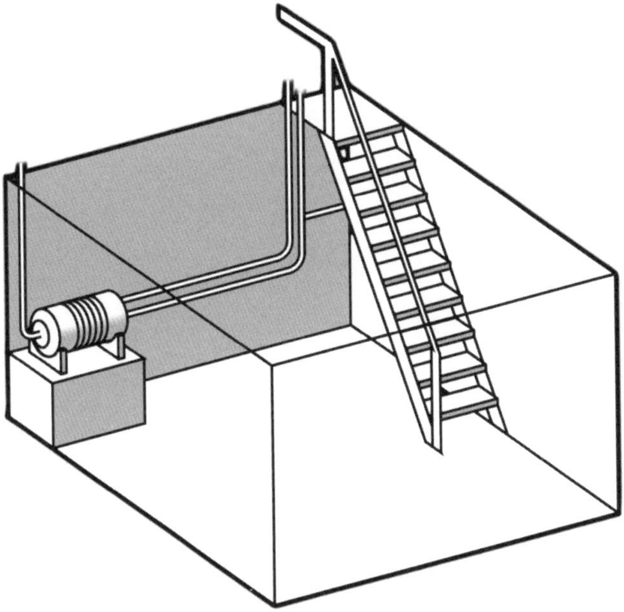

ると深刻な健康被害をもたらす（放射能と自分でできる除染については、第6章を参照）。幸い、一般住宅でも放射能中毒を大幅に防ぐことはできる。重要なポイントは、放射性降下物が入りこまないように建物を密封することである。そうした目的をかなえる方法について、米連邦緊急時管理庁は次のようにアドバイスしている。

- 家族とペットを屋内に入れる。
- ドアに鍵をかけ、窓や換気口、暖炉の通風調節弁を閉める。
- 換気扇やエアコン、温風セントラルヒーティングのスイッチを切る。
- 非常持ち出し品が汚染されていると考えられる理由がなければ携帯する。

核爆発の特徴

ほぼ球形の火の玉が、最初の爆発のエネルギーでできる。この火球の温度は数百万度にも達する。

爆発とともに衝撃波が高速で広がり、構造物や人体に甚大な損傷をあたえる。

火球の内部ですべてのものが気化して上昇するために、特徴的なキノコ雲が形成される。キノコ雲のなかでは、原子爆弾の放射性物質と気化した物質が入り混じっている。

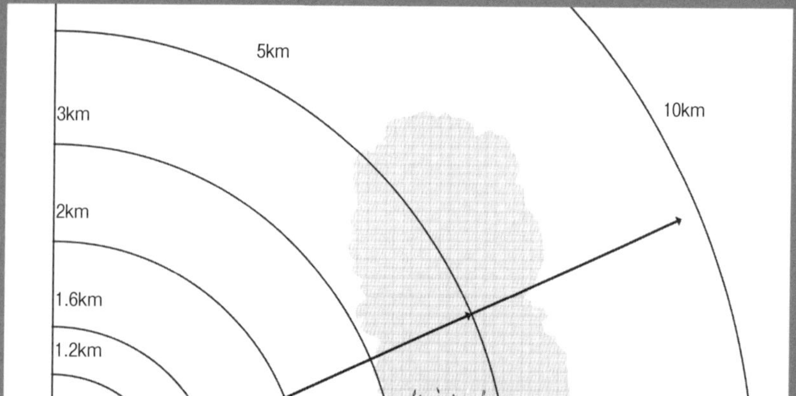

放射性降下物ができる。これはキノコ雲のなかで気化した放射性物質が冷えて凝結し、固体の粒子となり地面に落ちてくるもの。放射性降下物はプルーム（放射性雲）となって気流にのって遠方まで運ばれ、爆心から何キロも離れた地表を汚染する。食料や飲料水も同時に汚染される。

爆発の周囲の大気はイオン化されるので、**電磁パルス（EMP）**が生じ、地上爆発の場合は、地下敷設電線に電流が流れて局地的に破壊されることもある。高高度核爆発の場合は、EMP は広範囲にわたって電子機器やネットワークに障害を生じさせる。

出典と詳しい情報は
米国土安全保障省
<www.dhs.gov/index.shtm>

- できれば窓の少ない建物の奥の部屋に入る。
- すべての窓、ドア、換気口を厚さ２～４ミリのビニールシートとダクトテープ［粘着性の強い銀色のテープ。冷暖房のダクトや配水管などに使われる］で密封する。時間を節約するために、前もって寸法を測ってからシートにハサミを入れるとよい。
- シートは開口部より５センチ程度大きめにカットし、それぞれにラベルをつけて混同しないようにする。
- シートのそれぞれの辺にダクトテープを貼ってから、四隅をテープでとめる。
- 手もとにあるものを使って臨機応変に対処し、すきまをふさぐこと。それで汚染物質に対するバリアができあがる。

地方自治体は、何が起こり何をすべきかについての情報をすぐには出せないかもしれない。それでも公式な発表や指示はあるはずなので、テレビやラジオ、インターネットを頻繁にチェックしたい。

当然のことながら、このような措置をするにはある程度事前の計画をしておかねばならない。核攻撃はそう簡単には予測できないため、そうした意味では、臨機応変に対処するというのはしごく妥当なアドバイスである。なによりも、放射性降下物に身をさらす時間や距離を、遮蔽によって抑えることが先決になる。この場合の時間というのは、ただたんに被爆する時間の長さをさしている。屋内でも汚染された空気を避けて、大急ぎで移動したい。距離というのは、放射能が出ているものからできるだけ離れている、という意味である。自宅にとどまっているなら、ただ外壁からできるかぎり離れているだけでそれを実行していることになる。こういった構造物は外の放射性降下物によってしだいに放射能をおびていく。最後に遮蔽とは、家の建物によってもたらされる保護を表す。家のなかにいて最初の爆発をしのいだら、無傷なままこの災難をのりきれる公算は高いだろう。

サバイバルの必需品

食料や水の本格的な備蓄については、第4章にゆずることにしよう。ただし、優先事項はそれだけではない。最小限でも家族のために、災害が起こってからすくなくとも3日間は最低限の必要性を満たせる、サバイバル基本キットを用意しておくべきだろう。その一式を安全で取り出しやすい場所に保管しておく。公的機関が推奨するサバイバル・キット必需品の中身は国や地域によって異なるが、次のような品目はどこでも共通している。

水——最低でもひとり1日につき4.5リットルの密封ボトルの水を、3日分以上。飲み水または衛生状態を保つために使う。

食料——缶詰やビン詰め、または耐久性のある容器に入った保存食品を3日分以上。電動でない缶切りも用意。

通信手段——電池式か手まわし充電式のラジオと米海洋大気庁の警報が鳴る気象ラジオ。携帯電話と充電器、変換器《インバーター》もしくはソーラー充電器。全ラジオ用の電池。

明かりと救難信号——懐中電灯と替えの電池、助けをよぶための笛。

医療品と衛生用品——基本的な救急キット、汚染された空気を直接吸いこまないようにする防塵マスク、シェルター化のためのビニールシートとダクトテープ、清潔を保つためのウェット・ティッシュ、トイレットペーパーと女性用衛生用品、抗菌ジェル、排泄物などを処分するゴミ袋とナイロン結束バンド、処方薬、ビタミンやミネラルのサプリ。

メンテナンスと修理——ライフラインを止めるためのレンチかペンチ、ちょっとした修理になにかと重宝する万能ツール、長い針金とコード、マッチとライター。

衣類と寝具——着替えでもとくに防寒具。掛け布団と毛布、寝袋《シュラフ》。防水性のある衣類と長靴。

サバイバルの必需品

ここにある品目は、適切なサバイバル備蓄品にかならずくわわっているものである。壊れやすいものや、齧歯《げっし》類や昆虫の被害にあいやすいものは、頑丈で密封できるプラスティックの容器に保存する。またバッテリーやケミカルライト［化学反応によって光るライト］といった「ハード」な品目もふくめて使用期限を確かめ、ころあいを見て交換する。

基本のサバイバル・キットが必要になったときに使える状態であるように、忘れずに定期的に点検して維持管理する。保存されている水は密封されて、飲める品質でなければならない。食料品は、涼しくて乾燥した場所に保管し、賞味期限が近づいてきたら交換する。金属製のものはサビの有無を調べて、必要に応じてサビ落としまたは交換をする。通常なら、半年ごとにサバイバル・キットをチェックすれば問題ないだろう。

サバイバル・キットはかならずすぐ出せる状態にしておきたい。家のどこかの忘れさられた片すみに、ほかの品物が山と積まれた下に埋もれているようでは困る。保管をするなら、多くのものが入るバックパックや大きなバッグのようなものが理想的である。緊急避難をするときに、さっと背負って運べるからだ。

かけがえのない家族一人ひとりに、このバッグが家のどこにあるかを教えておくこと。サバイバル・キットの軽量バージョンを、自動車のなかや職場にも保管しておけば抜かりはないだろう。家のキットを利用できると思いこんではならないのだ。

寒さ対策と電力とライト

大きな災害のあとに直面する試練でいちばんこたえるのは、ライフラインが断絶することだろう。電気とガスが止まると、暖房や照明、調理器具といった、送電線から電力を得ていたものはすべて使えなくなる。電力供給の弱点は、自然災害の被害だけにあるのではない。電力供給網を管理しているITシステムにテロ攻撃への脆弱性があるのだ。そのためサバイバルを真剣に考えるなら、電気を利用できるシステムを別個に用意することが不可欠になる。

ストーブと火

暖房や一般的な調理設備の熱源としてまず思い浮かぶのは、自然の火である。シンプルな薪ストーブは比較的安く設置できる（地元の条例で個人宅やその地域で設置するのを認められている場合）。本格的な暖炉で石炭や薪を燃やそうとしても、家にもともと煙突がない場合は、目の飛び出るような出費になることもある。実をいうと温かさを求めるなら、自己完結型の薪ストーブのほうが大型の暖炉よりよほど熱効率がよい。というのも暖炉は、最大で90パーセントの熱を煙突から直接排出してしまうからである（煙突火災を防ぐために、年に2回程度は煙突掃除をしたい）。ストーブと火は給湯設備やセントラルヒーティングに接続できるので、火を燃やすたびに温水ラジ

暖をとる

暖房が使えなくなったら、互いの体温で温めあうのが体を冷やさないための有効な手段となる。毛布や掛け布団以外に断熱効果があるものには、宇宙開発から生まれたスペースブランケットや新聞紙などがある。またすきま風はかならず工夫して防ぐこと。イラストではドアの下のすきまを布でふさいでいる。

エーターや洗いもののためのお湯が使えるようになる。ストーブには購入時から料理ができる天板がのっているが、鋳鉄の鍋やフライパン、やかんを直接火にかけたり、金属製のフックでつり下げたりすることもできる。石炭と木材とでは性質が異なることに注意したい。石炭は伐採したての木材より、重量あたりの発熱量が多い。ところが12カ月以上乾燥（風乾）させた木材は、熱効率が最大で50パーセントアップする。薪を貯蔵するつもりなら、

人目につかない場所に隠しておこう。災害時には人々が燃やせるものを血眼になって探すようになるからだ。

火を燃やすときに絶対忘れてならないのは、すべての部屋の換気を確かめることである。中空レンガの穴はふさがっていないか（外気をとおすなら）、煙突の煙道はつまっていないか。毎年閉めきった空間で野外でひろったものを燃やして、何百人という人が一酸化炭素中毒で命を失っている。早い話が家の暖房に火を使うなら、認可を受けていて専門業者によって設置され、きちんとしたメンテナンスをしている設備だけを使うべきなのだ。それがむずかしいなら、むりをせずに衣服を重ねてしのぎたい。

石油とガスのタンク

おそらくすでに、貯蔵タンクを設置して石油やガスを利用している家もあるだろう。こうして貯蔵されている自然の燃料も、自然災害にあったときは貴重になる。地中に埋めた石油タンクのマンホールやガスタンクのバルブには、頑丈なロック装置をかならずかけておこう。プロパンのボンベが余分にあるなら、ポータブルのガスヒーターやガスレンジに使えるので、人目にふれないように鍵のかかる地下室に保管したい。

電気

災害時には、電気の代わりになるものは、燃料源ほどは簡単に見つからない。もちろん電池という形で最低限の電力を供給する方法はある。そのためサバイバルを意識するなら、充電式、標準タイプをとわず、あらゆるサイズの電池を大量に用意しておくべきだろう。また電池やバッテリーの「使用期限」日もチェックする。（電解）液入バッテリーはとくに、未使用でも経年変化で放電するか腐食してしまうからである。ただし液入バッテリーの寿命をほんの少しでも延ばしたいなら、密封した袋に入れて冷蔵庫に保存するとよい。その際は当然のことながら、バッテリーが食料と接触しないようにする。自動車のバッテリーを多めにとっておけば、高出力であるため、サバイバル時に大いに役に立つ。できるなら、バッテリーが「空」の状態、つまりバッテリー酸溶液が入っていない状態で購入したい。そのほうが液を先に充填するより長くもつからである。当然だが、必要になったときにバッテリーに注入するために、バッテリー酸溶液を別個に購入するのを忘れないようにしたい。

ソーラーパネル

太陽光発電システム、俗にいうソーラーパネルは、バッテリーの概念をさ

停電のそなえ

　停電はいつ起こっても困らないように準備しておく。家の分電盤（ブレーカー）のそばにはかならず懐中電灯を置いておく。もし分電盤が安全器のついている古いタイプで、まだヒューズ線が必要なら、交換用に多めのヒューズを用意しておく。分電盤の各回路に名前をつけたラベルを貼っておくようにしたい。ブレーカーが落ちたときも、問題の原因を正確に特定できる。

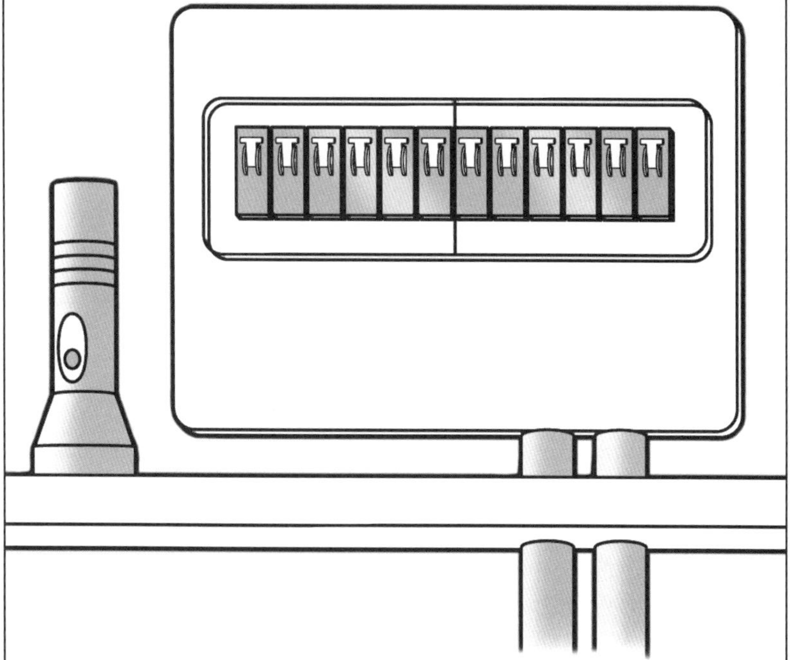

おもな家電の平均的な消費電力

電子レンジ	1回の使用につき 0.945 kWh（キロワット時）
洗濯機	0.63 kWh——2kg の容量で 40 度の温水を使用
電気乾燥機	1度の使用につき 2.50 kWh ——平均的な 4.76kg の容量で洗濯物を乾燥
電気ケトル	1回の使用につき 0.11 kWh——1リットルの水を沸騰
電気オーブン	1回の使用につき 1.56 kWh
電気コンロ	1回の使用につき 0.71 kWh
皿洗い機	1回の使用につき 1.07 kWh ——55 度の温水で洗う場合
冷蔵冷凍庫（省エネタイプ）	年間 206 kWh
標準的な電球	1日4時間使用で 100W
省エネ電球	1日4時間使用で 18W

出典と詳しい情報は <www.carbonfootprint.com>

らに進めて、電気を作りだすシステムである。ソーラーパネルは太陽光の波長を電気に変換するので、年間をとおしてエネルギー源となる。ただしその発電量は、手に入るパネルの面積や季節、設置場所の緯度に大きく左右される。たとえば北国の冬の暗い時期には、発電量がほとんどとるにたらないレベルになることもある。

強い直射日光は、1平方メートルあたり約1キロワットのエネルギー含量があり、同じ寸法のモジュールでは、使用されている技術の水準によって、エネルギーの変換効率は10～25パーセントになる。サバイバルの状況では、とりわけ屋根全体など広い面積でパネルが使えるなら、この発電量が威力を発揮する。ただし携帯タイプでも、乾電池を充電するのにちょうどいい小型のソーラーシステムが市販されている。たとえば5ワットのパネルがあればその発電量で、単3電池20本分を2、

３日ごとに充電できる。

ソーラーパネルを設置して使用するためには複雑な手順をふまなくてはならないので、モジュールを購入してすえつける際には、専門家のアドバイスが必要になる。サバイバルを第１に考える場合には、発電された電気が実際にどのように蓄電され、使用されるかをとくに重視したい。太陽光発電システムによっては、国の送電網と直結しているので、家では蓄電できないタイプもある。そうなると主電源が落ちれば、ソーラーシステムは事実上使えなくなる。したがって非常時を考えるなら、独立型の蓄電池を用意するのがベストになる。でなければ送電線に接続しているにしても、せめて停電時にバックアップできる蓄電池を家に用意したい。

風力タービン

家の敷地に風力タービンを設置する場合も、同じ原則があてはまる。風力タービンはソーラーパネルより発電量の予測のしやすさでは大きくおとっており、発電実績にむらがある。風力タービンのメーカーは、発電量の見積もりを提示するかもしれないが、その根拠になっているのは業者が選んだ風速であり、かならずしも住んでいる土地のデータとは一致しないかもしれない。そのため最大発電量の数字を見て購入するのは避けたい。そのかわり参考にすべきなのはひと月（または１年）あたりの発電量（キロワット時）である。また居住地の平均風速がどれくらいか計算して、この数字を必要な電力量とつきあわせて実用的であるかどうかを判断する。ちなみに短くて回転が速いブレードより、長くてゆっくり回転するブレードのほうが、たいてい耐久性と発電量の両方ですぐれている。

発電機

といった諸事情を考えると、非常時に住宅に電力を供給するなら、発電機を家庭に置くのがもっとも現実的な対策になる。また家に永久的でも半永久的でも発電機を設置する場合は、ディーゼルか天然ガス、もしくは液体プロパン（LP）で発電するタイプを求めたい。灯油やガソリンを使う発電機は、扱いと燃料の保管がむずかしいので推奨しない。諸条件を検討するといちばんよいのはおそらくディーゼルだろう。「天然」ガスは値が張り、非常時に供給がとだえたあとは手に入りにくくなるからである。ただし極寒の地でディーゼル発電機を使用するなら、ディーゼルが凍結して燃料フィルターがつまらないように、特殊な添加剤を入れる必要がある。

発電量については、家で使う必要のある家電製品を基準に、実際に必要量を計算してみるとよい（家電メーカーに聞けば消費電力のデータを提供してくれるはずである。あるいは電気メーターの数字から判断してもよい）。その際には、客観的な視点をもつこと。ある電化製品（電気温水器など）の消費電力が発電量を上まわるなら、そのためにかわりの電力源を導入することを検討したい。ふつう4500〜5500ワットの発電機なら一般家庭の電力をまかなえるが、予算が許すなら、1万ワットのモデルにすればある程度余裕ができる。ただし気をつけなければならないのは、発電機は大きな音をたてる

発電機

石油またはディーゼルで駆動される発電機があれば、停電になっても、冷凍庫や電気コンロなど家庭生活で欠かせない家電を使いつづけられる。発電機はかならず換気のよい場所で動かすようにするが、外から見えにくいところに隠しておきたい。

自転車発電機

少量の発電をするのに、大汗をかかなければならないのが自転車発電機である。自転車を漕ぐと後輪の回転とともに発電機《ダイナモ》が発電する。発電した電気は充電器にためられる。

ので、電力をほしがる人の気を引くかもしれないということである。と同時に一酸化炭素の濃度が高まると危険なので、かならず換気のよい場所で発電機を稼働させるようにしたい。以上本章で見てきたように、家でもサバイバルのためにできることはたくさんある。ただしときには安全な家を出なければならない場合もある。次章では、そうしたことについて述べていきたい。

サバイバル照明のいろいろ

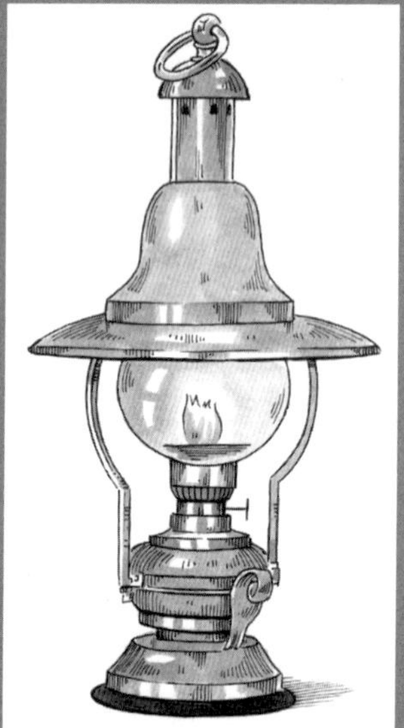

ろうそく——ティーライト・キャンドル［金属やプラスティックの器にろうを固めたキャンドル］は、多くの数を部屋中に置けるので便利である。ただし太い「教会用」のろうそくのほうが長時間燃える。風防つきのカンテラに入れると、もち運びできる。面白いことに、小部屋でたった2本のろうそくを燃やしただけで、室温は何度か高くなる。覚えておくとよい。

パラフィン・石油ランタン——シンプルな平芯ランタンから、従来型の電球と同様何段階か明るさを変えられる加圧式（そのかわり燃料消費が多くなる）まで、さまざまなタイプがある。

石油ランプ——かなりレトロな明かりの形。燃料を入れる壺しかなく、芯はランプ本体の口から出している。

発電ライト——手まわし懐中電灯が手もとにあると、電池のことを気にせずに、最低限の照明を確保できる。

ケミカルライト——「光る棒」であるケミカルライトは、非常用照明として実力を発揮する。棒を折りまげてふると発光がはじまり、12時間もつ。

LED照明——標準的な電球とくらべてほんのわずかしか電力を必要としないので、電池のもちが劇的によくなる。新世代のキャンプ用LEDランタンを購入したい。直接充電できるタイプもある［手まわし充電、太陽光発電による蓄電など］。

第3章

災害にそなえて家でどんなに準備をして防備を固めても、環境的要因のために安全を放棄せざるをえなくなることもある。

野外でのサバイバル

とてつもない規模の脅威が目の前に迫っているときは、じっと動かずにのりこえるか、直撃前のまだ逃げるチャンスがあるうちに家を出るかを決断しなければならない。あるいはハリケーンや地震、核爆発、テロ攻撃に家や地下シェルターがうまくもちこたえたとしても、その後の状況しだいでそこを立ち退かざるをえなくなることもある。食料探しのため、略奪からのがれるため、といった場合である。

避難にはさらなる危険がともなうおそれがあるので、その決断はきわめて重大である。軽々しく行なうべきではない。理性の冷静な光に照らし、明確な目的があってはじめて判断する。考慮すべき要素は多く複雑である。発生している災害特有の要素もあるし、どのサバイバルの筋書きにも共通するものもある。

避難場所の外に出る決断をするなら、人災、天災をとわず、あらゆる形態の脅威に立ち向かう覚悟をしなければならない。

避難のタイミング

行政機関の指示から自主的なものまで、家から立ち退く理由はさまざまである。以下にもっとも一般的な例をあげた。それぞれの状況で、段階に応じた計画と行動が必要になる。

避難命令の文例

避難命令のお知らせ
これは［組織・部門名］から発令される避難命令です。
次の地域では、［災害の種類］による大きな被害が予想されています。
- A 地区
- B 地区

避難経路はこちらをご利用ください。
- A 地区からは［経路を説明］。
- B 地区からは［経路を説明］。

住民の方の避難場所
- 行き先 A［場所の説明］。
- 行き先 B［場所の説明］。

避難は今後××時間以内に行ない、［午前・午後］○○時までに完了するようにしてください。いったん被災地を離れたら、許可なく戻ることはできません。
避難は自分の身を守る最良の手段です。この災害で予想される被害は
- ［物理的被害の説明］。
- ［人的被害の説明］。

用意した隠れ場所への移動

避難は、サバイバル計画の核心部分でさえあるのかもしれない。自宅と異なる場所でサバイバルの避難を予定しているので、緊急事態の最初の徴候があった時点で遠方の安全な隠れ場所に避難するような場合もあるだろう。そのような計画でいるなら、次のような不測の事態についても、事前にかならず考えておく必要がある。

1） 避難できるようになるまで、予定より長く自宅でサバイバル生活を強いられる可能性がある。

2） 地下シェルターに向かう途中に予

避難時の持ち物

- 財布（身分証明書もふくむ）。
- 家と車の鍵。
- メガネ。
- 常用している薬。
- 季節に合った、または暖かい衣類。
- ペット。
- 現金。

食料や水のような生活必需品は、半永久的にもつタイプがよいでしょう。推奨されるのは

- 自分が３日間必要とする量の生活必需品を持参。
- 特殊な必要があって、そのための支援が必要な場合は××の××に連絡。

新しい情報は随時お知らせします。以下のメディアで公式な発表を行ないます。

- 地元のテレビ局とラジオ局。
- デーン郡のウェブサイト <www.countyofdane.com>。
- その他…生活必需品がなくなって地元で再補充する方法がないとき。

出典：米マディソン・メトロポリタン地域デーン郡の避難計画にもとづく
<www.countyofdane.com/emergency/evacuation.aspx>

想外の出来事で足止めされることもありえる。そのため、到着までの数日間は生きのびられる手段をかならず講じたい。

行政機関による避難命令

自然災害でもとくにハリケーンや大火事、火山の噴火、地震（地震警報が出ている場合）が迫っているときは、地方自治体や政府機関によって公式な避難命令が出される（同様の警告は、産業災害や輸送事故で空気中に有毒物質が飛散したような場合にも出される）。国や状況にもよるが、この命令

職務質問

災害時には、法執行者や治安部隊によびとめられて職務質問をされることがあるので覚悟したい。このようなときは感情が高ぶるものだが、かならず命令に従うようにすること。相手が武装しているならなおさらである。

は法的拘束力がある場合も、強い勧告にすぎないこともある。勧告の場合も、避難せずにいるならその後トラブルにみまわれても行政の助けはいっさいあてにできなくなる、という言外の意味がたいていこめられている。このような措置に従うタイムリミットは短いこともしばしばで、48時間を超えるのはめずらしい。地方自治体はメディアをとおして早急に該当地域への避難通告を伝えて、避難所、避難経路、避難のスケジュールなどにかんするガイドラインを公表するだろう。

もちろん特別な理由から、避難はご免こうむるという人もいるだろう。自宅が特別すばらしいサバイバル仕様になっていて、抵抗力のある地下シェルターがあり、十分かつ安全な食料と水を備蓄しており、長期間災害を耐えしのぶことができるなら、その場所にとどまることがまちがいなくベストの選択になるだろう。公的機関の発表に注意深く耳を傾け、今自分を襲おうとしている災害に耐えられるかどうかを、避難行動への参加・不参加の判断の基準にしよう。くわえて、避難の現状についての判断も必要になる。当局が秩序を維持するのに苦労していて、道路が身動きできない乗り物や暴徒でふさがれているなら、一般常識からして家を出ないほうが望ましい。また注意したいのは、いったん避難すると、連邦政府もしくは州政府はしばらく被災地への帰還を許可しない可能性があるということだ。それゆえ避難するのは、ほかの場所で生活と幸福を維持できると確信できるときだけにすべきである。

補給品が残り少なくなったとき

ガイドラインに従って防災用品をそろえていても、予定よりも多くの人数を養うはめになったり、災害が長期化して備蓄分ではまにあわなくなったりする場合もあるだろう。食料や水など必要不可欠なものを補充するために、ひとりかふたりの人間が問題なくぶじに外出できて、ほかの者が家で安全にすごせるなら、そうするのが最良の選択肢となる。たとえ災害が早期に終結すると思っても、できるだけ多くの食料と飲み水を購入または物々交換で入手したい。

それでもいつかは、周辺地域の備蓄品も底をついて、ただ食べたり飲んだりするために避難が必要になる場合もあるだろう。忘れてならないのは、食料がまだ残っている段階でこの決断をくださなくてはならないことである。移動の最中も生命を維持するために、飲食物をもち歩く必要があるだろう。備蓄品が残り３日分まで減って、食料の援助もなく買える望みもないなら、ほかの場所に向かう以外に手段はない。

危険な状況

ときにはこれ以上ないというほど要塞化したシェルターや、安全対策をした家でさえも、接近する災害をしのげないこともある。とりわけおそろしい洪水と火事は、被害のおよぼし方は異なっていても、建物に同程度に壊滅的なダメージをあたえる。このような危険と直面する際は、危険が自分を回避してゆく、あるいはこのような災害に耐えられる施設があると確信できるときだけ、その場にとどまる。とくに注意したいのは津波である。津波が発生したらほぼ確実に避難が必要になる。海水に頭から浸かって、その恐るべき重量に耐えられる建造物は皆無に近い。こうした決断には、時間が重要であることを覚えておきたい。決断に時間が

催涙ガスの手あて

催涙ガスにやられたら、友人に頼んで目に水を吹きかけてもらう。手で目をこすってはならない。イラストの左の人物はメガネをかけたうえに、水で濡らした布を巻いて目と鼻をおおっている。どちらの方法も催涙ガスを防ぐ効果がある。

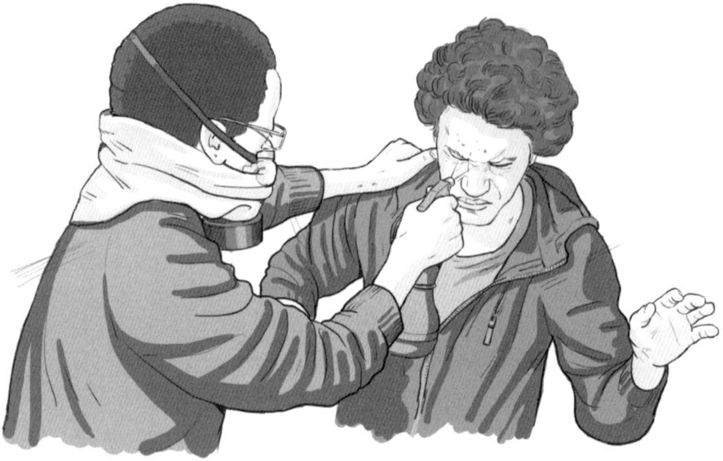

かかると、災害に遭遇する瞬間に外にいる危険性があるので、生存率は低くなる。そのほかにも、家や地下シェルターの構造にダメージを示す明らかな徴候が現れたら、そこにとどまるほうが外に出て道路をめざすより危険度は大きくなる。すぐに退去の準備にかかりたい。

大気汚染

潜伏する地下シェルターに本格的な核・生物・化学（NBC）空気濾過システムが導入されていないかぎり、有害な大気汚染の長期化は、避難を迷わずに決意させる動機になる。気化した化学薬品や火山灰、放射能降下物といった大気中の有害物質は、日数を重ねるうちにいつかは命を脅かすレベルの濃度になる。公的機関の移動や行動の指示には、できるだけ忠実に従おう。また気象予報から目を離さずにいて、風向きの変化で自分のいる場所に汚染物質が吹きよせられないかどうか監視したい。ただし気をつけなければならないのは、標高が高い場所での災害は風向きの変化がいちじるしく、とんでもなく広い範囲に汚染が拡散することである。この危険性を世界が再度思い知らせられたのは、2010年4月にあった、アイスランドのエイヤフィヤトラヨークトル火山の爆発だった。火山灰雲は最終的に上空8000メートルにまで達し、ジェット気流にのってヨーロッパの20カ国で航空網を麻痺させた。幸い死傷者は出なかったが、エイヤフィヤトラヨークトルの噴火が実際には中規模だったことから、都会の人口密集地の近くで悲惨な噴火があったとき、大気の異常がどれほど混乱をもたらすかを示唆する結果となった。

健康問題

もうひとつ、家やサバイバル避難場所から引きはらう大きな動機となるのが、健康問題である。医療のプロの手あてを受けないと、命があやうくなるのが目に見えている者がいるときは、診療を受けつけている最寄りの病院か医療センターに、安全に運ばなくてはならない。そういった場所は拠点としている家から離れているかもしれない。移動をする前にかならず、病院に頼りになる人間がいることを確かめたい。医療スタッフも避難しているかもしれないからだ。むだ足をふめば、弱っている人間を動かして症状を悪化させることにもなりかねない。このような状況でも、基本的な応急処置の知識があれば役に立つかもしれないが、自分が訓練を受けた医者で実際の医療設備を扱っていないかぎり、あらゆるケースに対処するのは無理だろう。

人的被害

災害現場では、被災後ほどなくしてパニックが発生することもめずらしくない。ハリケーン・カトリーナがすぎさったあとは、数時間以内に店舗の略奪が始まり、その後またたくまに一般家庭への押しこみ強盗に発展した。状況が改善したのは、救難任務から警察がよびもどされて、略奪の取り締まりにかかってからだった。だがしばらくどこの公共機関も助けに来られないこともありえるので、すくなくとも人が多くて、表面上でも法の原則が守られている場所に移ったほうが安全だといえる。当然のことながら、バリケードで守られた地下シェルターにこもっているよりは、道路に出るほうが危険度は増す（町中を移動する際の自衛については、第5章が詳しい）。

避難の動機がなんであろうと、どうしても必要なことがひとつある。行き先を明確に決めておくことである。目的地は次のどれでもよい。

緊急避難計画ガイドライン
ロンドン市警

避難計画の作成

- 家のなかとすぐ近所での家族の集合場所を決める。
- 自動車があるなら、避難しなければならないときにそなえて、かならず燃料が半分以上ある状態を保つ。
- 住んでいる地域から出るための代替えルートやほかの方法についてよく知っておく。
- 自動車がない場合は、非常時にどのようにして移動するかを計画する。
- 非常持ち出し品が汚染されていると考えられる理由がなければ携帯する。
- 家を出る前に鍵をかける。
- ペットもいっしょに避難させる。動物のための施設も用意されている。

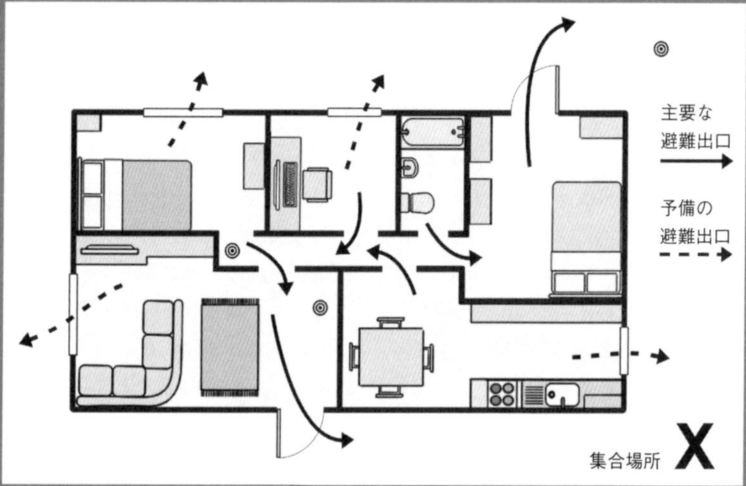

緊急時の立ち退き

状況によっては、警察や消防などによって家の立ち退きを求められることもあるだろう。その際は、できるだけおちついて、すみやかに退去すること。時間的余裕がある場合は、

- 電気とガス、水道を止め、コンセントからプラグを抜いて、全部の窓とドアに鍵をかける。
- リストにあげた品目を持参する。
- 自動車で避難するなら、密封ボトルの水と毛布を乗せる。
- ペットもいっしょに避難させる（適切なキャリーに入れるかリードにつなぐ）。
- 地元のラジオ局に波長を合わせて、緊急時のアドバイスや指示を得る。
- 警察や消防などに自分の移動先や連絡をとる手段を連絡する。

左：窓をふくめて、建物から出られるルートをすべて確認しておこう。

安全性の高いほかの地方にいる親戚。できれば、そこにも安全にサバイバルできる場所があればよい。

指定避難センター。政府機関によって、十分なスタッフが派遣され、救援物資が送られている場合にかぎる。

サバイバル共同体があるとわかっている場所。こうした共同体には、価値のある土産を持参すること。技能であっても食糧の備蓄でもよい。共同体のかぎられたストックをただ枯渇する以外に能のない者は、歓迎されにくいからである。

都会から遠く離れていて、だれにも見つからずに、自然の材料を使って最低限の機能を果たす家を建てられ、食料になるものを育てられる場所。

選択する目的地は、現実的に自分の能力に見あう場所でなければならない。たとえば荒野で快適な家を作るにしても、道具と建築の実技を要する。と同時に、目的地は交通手段に適合した場所でもなければならない。長距離を横断する行程なら、途中で夜をすごす中間地点をすべて計画する。その際はすべて安全と避難という条件を確実に満たす場所にする。社会機構が完全に崩壊しているなら、市街地や幹線道路網は待ち伏せや強盗の格好の場所になるので、避けて通りたい。むしろ目的地まで遠まわりになりすぎないかぎり、迂回ルートをとるのが賢明である。

移動の準備

避難はある場所に身をひそめることなので、移動と同じく準備も重要な要素となる。サバイバルの計画には、自分と家族、移動手段の車両の慎重な準備もくわえなければならない。そうした理由から、身体の鍛錬を怠ってはならない。はじめから、またはガソリンがなくなったら途中から、長い距離を歩くはめになるともかぎらないからだ。いまは車中心の時代なので、ふだんから歩く距離はせいぜい数分程度という人も多い。となるとバックパックを背負って毎日何キロも歩いて旅すれば、ケガや極度の疲労で苦しむ事態になりかねない。起伏の多い田舎道で、定期的に長時間ウォーキングをするようにしよう。どのような地形でもきびきびした歩き方を変えずに、安定した力強い呼吸を続けることを意識する。

避難民を写したニュース映画からもわかるとおり、徒歩での避難はいつも困難をともなう。家族全員がかならず、よいウォーキング・ブーツを履くようにしよう。よいブーツは、上部《アッパー》に防水性と通気性がある素材が使われている。また足首の周囲までしっかり編みあげられて、足首への負担が最大限に軽減されている。最近のゴムに似た軽いヴィブラムは耐摩耗性にすぐれており、この靴底材を使ったブーツは楽に歩ける。予備の中底（衝撃をよく吸収するスポーツ・タイプを購入したい）と、厚手のスポーツ用ソックスを多くもち歩けば、道中マメの呪いにとりつかれなくてすむだろう。

衣類とウォーキング・ポール

徒歩での避難に役立つ道具はほかにもある。両手でもって支えにするウォーキング・ポール（トレッキング・ポールともいう）は、長距離歩行に数々のメリットをもたらす。何時間も歩けば関節や靭《じん》帯、筋肉に文字どおりかかる何トンもの負荷を引き受け、手すりと同じ役割をして体を前におしすすめるほか、移動のスピードをあげる効果もある。身につける衣類はもちろん、野外では第一級の重要性をもつ。重ね着のルールは野外サバイバルの達人も採用しているので、とりいれるとよいだろう。基本的にこのルールは、暖かさをコントロールするためには、厚い衣服を少なく重ねるよりは薄い衣服を多く重ねたほうがよい、という原則にもとづいている。具体的には、服は3枚着ようと思えばよい（ちなみに厳冬仕様では、1枚の服にいくつもの素材が使われている）。

1枚目——速乾性と通気性のある肌着。汗を吸いとって空気中に逃がす素材の生地。

2枚目——体温を閉じこめて逃さない

重ね着

原則に従った重ね着をすると、体温のコントロールまたは保温をもっとも効果的に行なえる。たとえばイギリス陸軍のCS95ユニフォームは、保温性の高い基本の下着からゴアテックスのアウターのジャケットまで、７種類の服で構成されている。

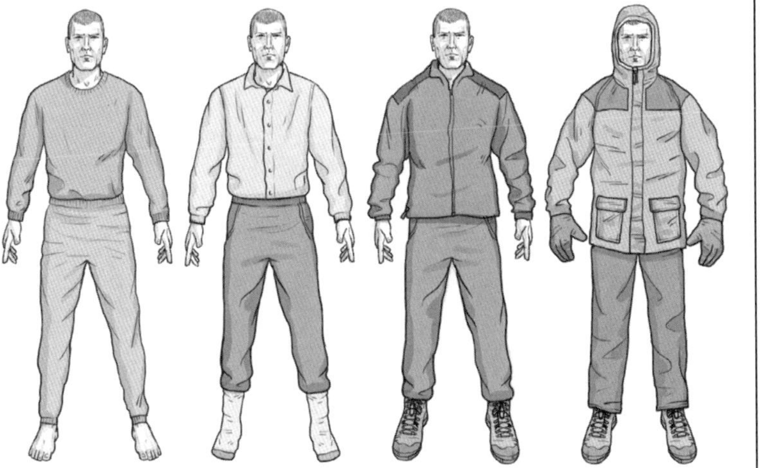

防寒着。フリースのように、必要なだけ暖かさを保ちながら、激しい運動をしても汗をかきすぎない素材でできている。

３枚目――軽いが防水・防風の効果があるアウター。ジャケット、オーバーパンツなどで、雨風で体温が奪われないようにする。

重ね着をする際には、綿やデニムを身につけてはならない。どちらも濡れてしまうと乾くまで時間がかかり、すぐに硬くて冷たく感じられるようになるからだ。また密着度の高い服は熱をすぐに逃す傾向があるので、避けたほうがよい。重ね着のコツは、ゆったりと服を重ねて、各層のあいだに暖かい

サバイバル用ブリキ缶

この飾り気はないが緊急時には欠かせないサバイバル用ブリキ缶には、マッチやろうそく、釣り道具（オモリ、釣り針、釣り糸）、ワイヤソー［木を切れるワイヤー］、スネアワイヤー［罠に使うワイヤー］、安全ピン、ビニールの保存袋が入っている。つまり、明かりを得て食料を探し（て保存し）、衣服を補修する道具が収納されているのだ。

サバイバル・ナイフ

特殊部隊のサバイバル・ナイフは、軍放出品店で手に入る。上級モデルには柄のなかにボタンコンパス、火打ち石、ストライカー、釣り糸、オモリが収納されている。また刃にもワイヤーカッターになるなどの付加機能がある。

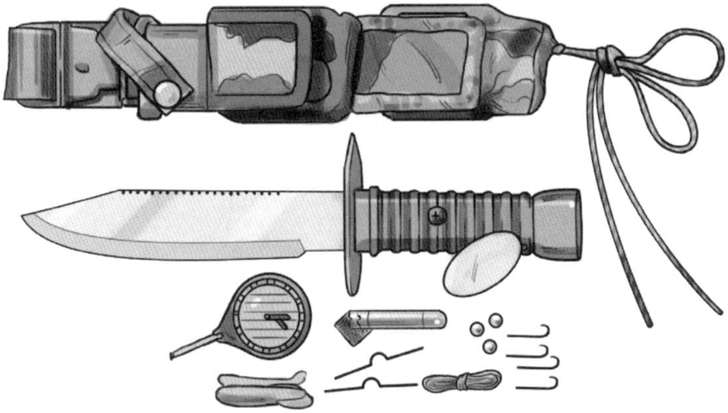

空気を閉じこめることにある。この空気の層が断熱効果を発揮する。

有益な装備品

徒歩での避難に必要な装備品なら、ベテランのハイカーや登山者が用いるような装備品を使うのがベストである。ナビゲーションには、レンズつきのオリエンテーリング・コンパス［透明なので地図に重ねて角度が出せる］を携帯し、レンズとコンパスを正確な測量図とともに使う方法を覚えるとよい。また、まずまずの性能の双眼鏡も用意する。実用的なレベルの倍率と視界（倍率×対物レンズ有効径 mm で 8 × 32、8 × 42、7 × 50、10 × 50 あたりがまちがいない）と、（反射防止）コーティングをほどこしたレンズをそなえたものがよい。高級モデルには曇り止め設計になっているタイプもある。火起こしには（マッチはもちろん）、市販のアウトドア用火打ち石（もしくはマグネシウムの着火棒）と金属製のストライカー（金属プレート、これで着火

装備品

氷点下になっている場所に出ていくとしたら、極寒環境のありとあらゆる脅威が降りかかってくると覚悟しなければならない。ピッケルとスパイクをつけたウォーキング・ポールがあれば、難所も突破しやすくなる。またブーツとバックパックは、完全な防水仕様になっていなければならない。保温性のあるブーツライナー［中敷き、靴下タイプもあり］を履けば、足もとはいっそう暖かくなる。

寝袋《シュラフ》の選び方

- 中綿を確かめる。寝袋には一般的に天然のダウンか合成繊維の中綿が入っている。ポーラガード3D、ライトロフト、ホロフィル、クォロフィルといったものは、みな合繊である。ダウンのほうがかさばらず軽く、またそのわりに保温性は高いが、合繊素材のほうが濡れても劣化しにくい。
- 快適睡眠温度域が、居住地域の3シーズンの最低気温に適合する寝袋を選ぶ。それより低温になる場所で使う予定なら、厳冬期用の寝袋にする。
- ダブルレイヤーオフセット構造［表裏からそれぞれ途中まで互い違いにキルティングした縫製］か、先進的なシングル構造［連続した繊維またはカットした繊維を斜めに重ねあわせて、表裏の生地に縫製］の寝袋を選びたい。
  どちらも、縫い目の長さのためにできる中綿のすきまを生じない。
- フードつきの寝袋を購入する。頭の後ろを包みこむのでさらに保温性が高まる。
- 選ぶサイズは、足を伸ばして20～25センチ程度余裕のあるものにする。この部分を収納スペースに利用できる。

棒をこする）を携帯する。このようなタイプの着火装置は悪気候でも使用が可能で、火打ち石をたたいたりこすったりすると大量の火花が出るので、乾燥した火口に火をつけられる。ポケットに入れて運ぶのに都合のよい大きさで、なかには交換が必要になるまで3000回の使用に耐えるものもある。

徒歩でも自動車に乗ったとしても、サバイバルを目的とするときに重宝するであろう装備品はまだまだある。信頼性の高い、最高の切れ味のサバイバル・ナイフは必需品である。刃渡り23～28センチの固定刃が1枚のフルタング（刃とタングが一体成形されているもの、タングは柄に隠される刃の部分）タイプを用意しよう。と同時に石または金属の砥石も携帯し、ナイフの完璧な切れ味を保つ研ぎ方を覚える。足もとを照らすための懐中電灯も必要だが、じゅうぶんな数の予備の電池をもつのも忘れてはならない。できるだ

テントの種類

テントは自分と装備類を収容できるだけの大きさが必要だが、どんなに天候が荒れ、何があっても耐えうる強度がなくてはならない。トンネル型とドーム型のテントは、雨風が中程度までなら問題ないが、ジオデシック型［三角形をつなぎあわせたジオデシック・ドームを応用した形状］になると、強風にも吹きとばされにくい安定性がある。

トンネル型

ジオデシック型

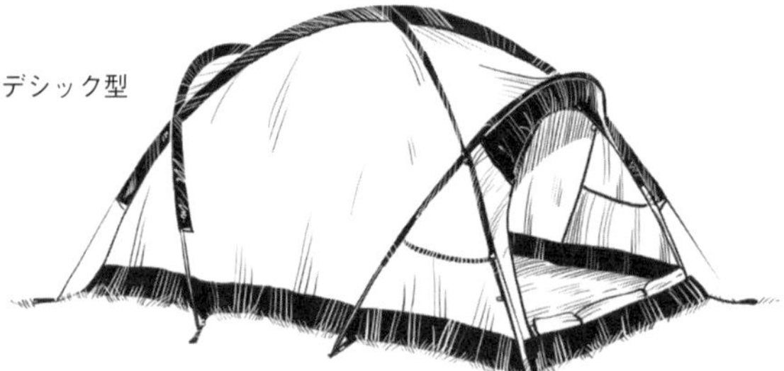

ドーム型

冬季旅行についてのCDCのアドバイス

- ラジオやテレビで米気象課の発表する旅行情報を確認する。
- 視界が不良なときは旅行を見あわせる。
- 可能であれば、凍結した道路、陸橋、橋を通らないようにする。
- 自動車で移動しなければならない場合は、タイヤチェーンを装着して携帯電話を持参する。
- どうしても旅行に出なければならないなら、だれかに目的地と到着予定の日時を知らせておく。遅れたときは公共機関に通報してもらうよう依頼する。
- 出かける前に、車に積んでおいた冬用の防災用品を確認して補充する。
- 氷や雪を融かすために、フロントガラスに水をかけてはならない。割れることがある。
- 車の暖房があると思って安心してはならない。車は故障することもある。
- 冬の条件にマッチした暖かい衣類をいつも余分にもち運ぶ。

出典：米疾病対策予防センター <www.cdc.gov>

け軽くてかさばらず、しかも強力な光を放つタイプを選ぶ。また懐中電灯が使えなくなったときのために、非常用照明として小型の手まわし充電式ライトもしくはケミカルライトをそなえておきたい。

シェルターの組み立て

避難の旅の終点では、自分用のシェルターを作ることもあるだろう。てっとりばやくすませたいなら、専用のテントがいちばん現実的な選択肢だろう。サバイバル用のテントには、豊富な種類の形、大きさ、値段のモデルがあるので、購入を決める前に信頼できるサバイバル・ショップのスタッフから、専門的な意見を聞くとまちがいない。

どのようなテントにするにしても、優先させるべきことはある。まずは（地面に敷く）グラウンドシートと（本体とは別に上にかける）フライシートの高水準の防水性である（ナイロンまたは合成繊維のテントには、防水性のレベルが「HH」を単位とする数字で示されている。2000～3000HHはほしい)。グラウンドシートがテントと一体型で組み立てが容易なこと。車で避難しているならかなり大型のファミリーテントを積めるが、徒歩で運ぶ場合は超軽量の「ビビィバッグ」を検討するとよいだろう。これは基本的に防水性のある保護ケースで、寝袋《シュラフ》をすっぽりおおう。「ビビィ・シェルター」になるとそれより空間に余裕ができて、屋根をフレームでもち上げるので、なかに入る人間にかぶさらない。

シェルターを補強するために、バンジーコード［両側に留め金があるゴムひも］やロープなどの結べる材料と強度のあるビニールシート、ターポーリン(どちらも防水性のある屋根になる)を持参するとよい。ちなみにターポーリンはタール、蝋などを塗った防水帆布である。

パッキングと計画

徒歩での避難は楽ではない。これまであげた全部の装備品に、備蓄分の食糧（第4章を参照）をくわえてもっていくとなると、体に相当な重量がかかることになる。機能性にすぐれたサバイバル・バックパックに理にかなったパッキングをすれば、そうした荷重にも対処できるだろう。防水性のある衣類やスナック類など、すぐに取り出したい品物はかならずメインの収納場所のいちばん上かサイドポケットに入れる。重いもので使用頻度が低いものは(食事用の食料など)バッグの底近くに入れる。さらに防水性のないものは、しっかりしたビニール袋に入れて、バックパックが不意に水に浸かったときにも被害を受けないようにする。

道路に出たら、段階に分けて旅程の計画をする。毎日現実的に可能な距離を歩き、中間地点と遠方の目的地の両

典型的なファミリーカー

典型的なファミリーカーであるセダンは、道路で走るためだけに設計されているため、サバイバル向きではない。オフロードの走りを向上させるためには、そのためのサスペンションにとり換えればよいが、足まわりのよい４輪駆動車に投資するほうが賢明だろう。

方を意識しながら進む。足は清潔で乾いた状態に保ち（ソックスをひんぱんに履きかえる）、定期的にブーツを脱いで足に風をあてる。難所にさしかかったときや、猛吹雪のように視界が悪いときは、グループのメンバーを登山ロープでくくって、はぐれる者が出ないようにするとよいだろう。

自動車による避難

徒歩の場合とくらべると自動車での避難には、いわずと知れたメリットがある。はるかに速いスピードで遠くまで到達できるし、歩いて疲れをつのらせることもなく自分と同乗者を移動できる。車両の構造そのものが外の人間や環境の脅威の侵入をはばみ、積載能

車両緊急対策キット

車両緊急対策キットとしてそろえておきたい品目は、視認性の高い安全ベスト、ジャンプコード、毛布、パイロン、タイヤの空気入れ（電動のボンベ式）、懐中電灯と乾電池、基本的な修理用工具、ショベル（折りたたみ式はトランクに収納しやすい）である。

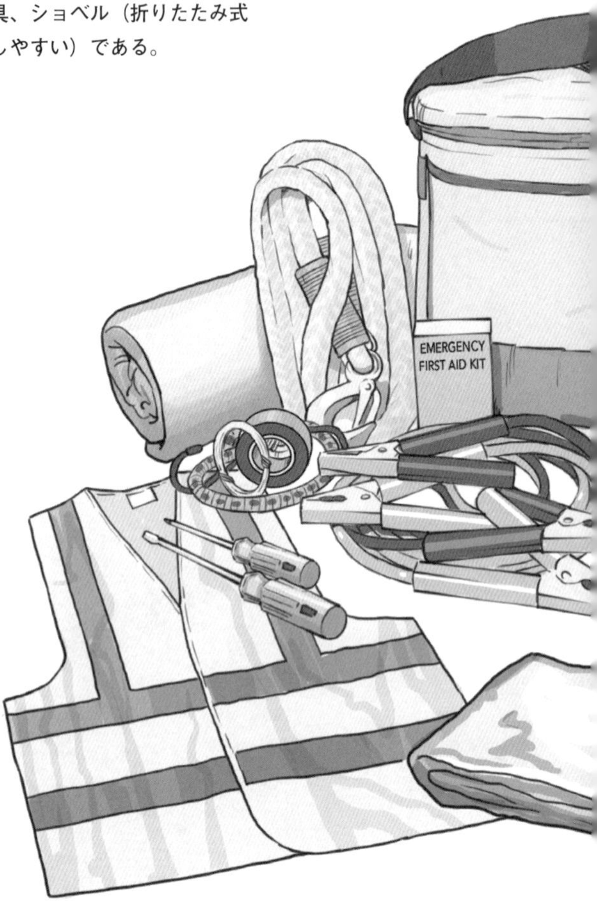

TIRE
INFLATOR

力があるので、移動中も大量の防災用品をそばに置いておける。

どのような車が災害時に最適かという問いは、なかなか答えが出ず、サバイバル専門家のあいだで議論をよびそうだ。直観的には古典的な4輪駆動のSUV（スポーツ用多目的車）がよさそうに思えるかもしれない。頑丈で耐久性があるのはまちがいなく、避難に向かう車両で幹線道路がつまっていてもオフロードを走行できる。バリケードをつき破り、障害物をのりこえる馬力もある。SUV車の大きな欠点は燃費がおそろしく悪く、災害時にはガソリンの供給が、ともすると砂金の発見と同じくらいまれになるということである。となるとかわりに勧められるのは、小型だが燃費が非常によく、タンクのガソリンで最大の距離を稼げる車になる。

結局は、居住地もしくは避難をしようとしている場所がどこにあるかで、適合する車種は決まってくる。僻地《へきち》で道路が舗装されておらず荒れているなら、当然のことながらSUVに軍配があがる。一方市街地を移動するなら、ふつうのファミリーカーのほうが合っている。ここで興味深い知識をひとつ。爆発的な電磁放射があると、高性能な電子機器は破壊されるか故障してしまう。ところが古い型式の車のなかでも、とくに1975年より前のガソリン車やそれより少し新しいディーゼル車の点火装置は、電磁パルス（EMP）の影響を受けないのだ。

緊急時への準備

使用する車がどのようなタイプでも、重大な緊急事態で目的をかなえられる態勢を整える必要はある。ガソリンは常時できるだけ満タンにしておく。予備の燃料缶を安全な場所に保管し、緊急時以外は絶対に使わないようにする（燃料をくみだすポンプにも投資したい。放棄された車から燃料を移せるほか、ガソリンスタンドで貯蔵タンクからくみだせるからだ）。車両のすべての部品を定期的に点検する。とくに重点的に見たいのは、ブレーキ（ディスクとパッド）、排気系、バッテリーと液体《フルード》のレベル（オイル、ブレーキ液、エンジン冷却水、ウォッシャー液）である。冬季には忘れずに、冷却水に使う不凍液の濃度を適正に調節し、ウォッシャー液も不凍成分をふくんだものにする。劣化したワイパーブレードは交換し、車のなかにつねにスペアを置いておく。またすべてのライトの点灯を確認する（ライトの電球1式もかならず入れておく）。

とりわけ重要なのがタイヤである。どのタイヤもじゅうぶんな溝の深さがなくてはならない（3ミリ以上）。タイヤの残溝計測で、安全基準を大きく

自動車のトランク

車には猛吹雪や嵐にそなえて、次のような品物を常備しておきたい。密封ボトルの水、毛布、冬物のコート、手袋、帽子、ショベル、ロープ、タイヤチェーン、懐中電灯。

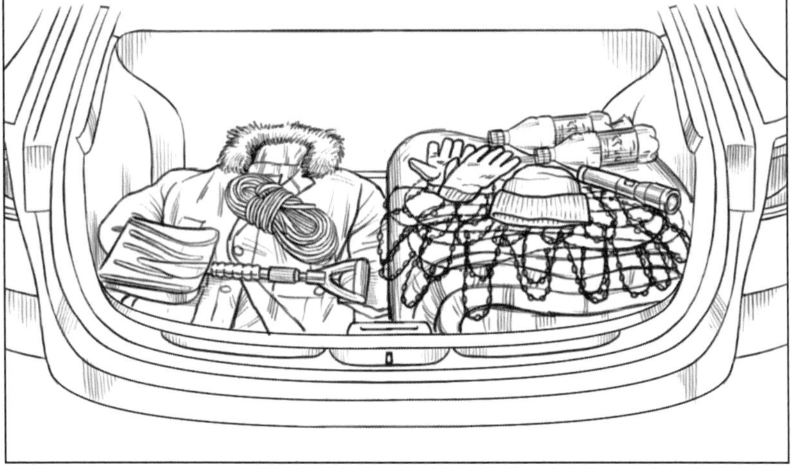

上まわっている必要があるのだ。また空気を充填《じゅうてん》して適切な空気圧にもしておきたい。シガレット・ライターのアダプターから電源をとれる空気入れがあったら、どのようなタイプでもかまわないので積み荷リストに入れておく。スペアタイヤにも異常がないかチェックし、できれば追加のスペアも積みこむ。

悪条件での運転

ふだんのラッシュアワーでも運転には相当苦労するが、災害前後の運転は悪夢にも似た体験になる。何万人もの人々が乗り物で道路に乗りこんでくるだろう。だれもが同じ方向をめざし、高速道路を渋滞させて、この際ならなんでもやってやると思いながらハンドルをにぎっている。こうした危険な状況に、猛吹雪や豪雨といった環境条件の悪化が重なることもあるのだ。

基本原則に従う

車が混みあっている状況で、とくに

タイヤチェーン

緊急事態になる前に、タイヤチェーンの装着の仕方を覚えておきたい。条件がよいときでも、チェーンをかけるにはコツがいるからだ。チェーンを装着したら、100 メートルほど車を走らせてから、いったん降りてチェーンを点検する。チェーンにたるみがあったら締めなおそう。

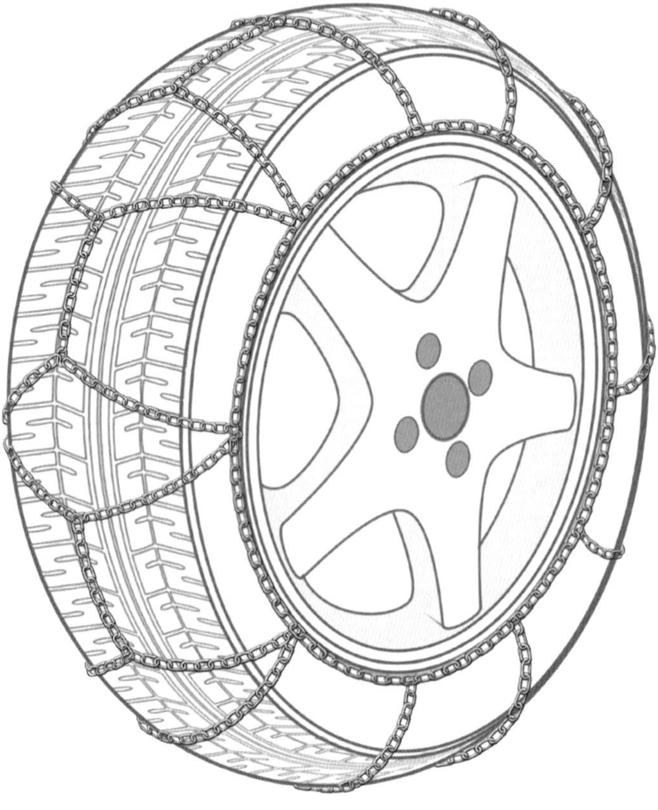

ペダルジャッキ

車両の防犯連携システムがあてにならないときは、仕組みは簡単でも機械的に車を守る装置を導入するとよいだろう。イラストのようにペダルジャッキをかませておけば、車泥棒はブレーキとクラッチを動かせなくなる。

悪天候のために運転がむずかしくなってきたら、すくなくとも慎重な運転の基本原則に従うべきである。ただちにスピードを落とすと同時に、先行車と安全な車間距離を保つようにしたい。

路面が乾いている高速道路なら、「３秒ルール」を思いだす。すぐ前にいる車が通過した地点を自分が通過するまでに３秒以上あけるのである。道路の状態が悪化するにつれて、この時間を延ばしていく。ブレーキをタイミングよくかけて、アクセルをせっかち

アメリカ政府による避難のガイドライン

必要事項

- 避難が予想されるときは、車の燃料を満タンにしておく。ガソリンスタンドは非常時には閉まるかもしれず、停電時には給油ポンプが止まるだろう。1家につき1台の車を使用して、渋滞やのろのろ運転の緩和に協力したい。
- 車がない場合は、友人か地方自治体に移動手段を手配してもらう。
- 乾電池式ラジオをよく聞いて、地元の避難指示に従う。
- 緊急の避難指示が出たら、家族を集めて避難する。
- 天候が悪化して身動きできなくならないように、早めに出発する。
- 指示されている避難ルートを利用する。近道をしてはならない。通行禁止になっていることもある。
- 道路や橋が水で流されているかもしれないので気をつける。冠水している場所に車を乗りいれてはならない。
- 切れた電線には近づかない。

時間が許せば、

- 防災用品を集める。
- 少しでも体を守れるように、しっかりとした靴と衣服を身につける。長ズボン、長袖のシャツ、帽子など。
- 家の安全対策をする
- ドアと窓を閉め、鍵をかける。
- ラジオやテレビなどの電気機器や、トースターや電子レンジなどの小型家電のプラグをコンセントから抜く。冷凍庫と冷蔵庫は、浸水の危険性がなければ電気を入れっぱなしにしておく。
- 避難先をだれかに知らせる。

出典：<http://www.fema.gov/plan/prepare/evacuation.shtm>

にならずにスムーズに踏むようにする。

数台前の車のブレーキランプが点いたら、自分でもブレーキを踏みはじめる。後ろの車になるほど、激しく急ブレーキをかけることになるからだ。

前の車が危ないブレーキのかけ方をしているなら、ハザード・ランプをオンにして、後続車にスピードを落とすことを知らせよう。

危険な状況

視界の明るさがたりなくなってきたら、ライトを点けたままにしてほかのドライバーから見えやすくする。また

CBラジオ

市民バンド（Citizen's Band = CB）やVHFラジオは、携帯電話の時代には古臭く思われるかもしれないが、車に設置しておくと、携帯のネットワークがダウンしたときでも、短距離通信の有効な手段になる。

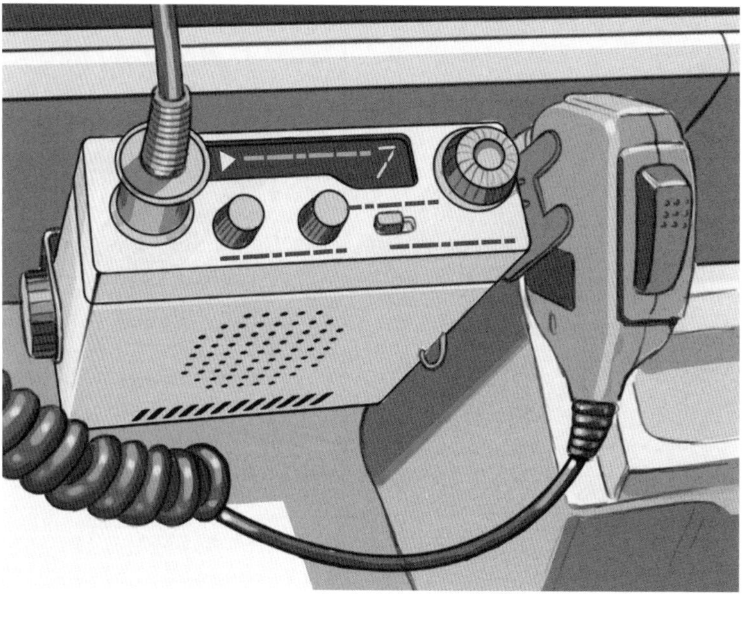

濃霧や土ぼこり、猛吹雪が視界をふさいでいる状況なら、下向きのロービームを点ける。ハイビームにすると、光はただ霧などのもやもやした壁に反射するだけなので、かえって視界は悪くなる。濃霧のなかでは、エアコンの風をフロントガラスの内側に吹きつけて曇らないようにするとよい。雨や雪の降りが（ついでに灰も）ただたんに激しすぎて、ワイパーの意味がなくなってきたら、道路脇に車をよせて停車し、安全になる瞬間を待って先を進むようにする。

性急さが災いして、路面のトラブルが深刻な事態に発展することもある。道路の陥没した場所に水がたまっていないかどうか注意して見ていよう。穴が深くてタイヤが破損したり、ホイールの整合性《アライメント》が狂ったりすることもある。となれば迂回するほうが賢明だろう。水が一面にたまっている場所に出たら、先にほかの車が通りぬけるのを待って、安全に渡れるのを確かめる。前の車が通った場所をゆっくりたどり、エンジンをふかしっぱなしにしてマフラーから水が入りこむのを防ぐ。道路上で水がたまっている場所ではスピードを落として、［タイヤが水に浮いてブレーキが効かなくなる］ハイドロプレーニング現象をまねかないようにしながら、直線的に通りぬける。

大雪のなかの立ち往生

猛吹雪のなかで車が立ち往生したら、車から離れないようにしたい。

- 新鮮な空気を入れるために、窓をほんの少しだけ開けておく。
- 腕と脚を動かして体を温め、血流を止めないようにする。
- 車が動きつづけられるように、エンジンを1時間に1回、ヒーターをかけながら10分間まわす。
- 排気ガスを車外に逃せるように、マフラーが雪でつまらないようにする。

洪水

洪水を警告する道路脇の標識を無視したり、流れの速い氾濫水のなかを車でつっきろうとしたりしてはならない。車が深みに流されて水没する、という悪夢のような展開にもなる。そうなってしまった場合は、これは図太い神経が必要なやり方だが、窓を少しだけ開けて車内が水でいっぱいになるのを待つ。そして水がもう少しで車の天井に達するというときに、大きく息を吸う。この間に車両の外と中の水圧が同じになり、ドアを開けられるようになるので泳いで出られる。車がひっくり返っているときは、方向感覚を失ってもいるだろう。口から空気を吐きだして、気泡がどこに行くのかを観察するとよい。その方向が上、つまり水面に出るルートである。

降雪

激しく降りしきる雪は、運転者が出会うもっとも過酷な試練になりうる。そのような状況が想定される場合車に常備すべきなのは、雪かき用ショベル、タイヤチェーン、ジャンプコード、懐中電灯である。またネコ用トイレの吸湿粘土かネコ砂があれば、雪にはまってもこれをまいて急場をしのげる。車のロックに防錆《ぼうせい》潤滑剤 WD-40 を吹きつけておけば、ガチガチに凍ることはない。車を発進するときはクラッチを踏みこむ（オートマティック車でない場合)。これで寒さで固くなったミッションオイルのためにセルモーターにかかる抵抗が減るので、セルを長まわししなくてもよくなり、バッテリーのもちがよくなる。

いよいよ雪のなかを運転するにあたっては、制動距離を通常の2倍に見積もる。3倍でもよいくらいだ。できるだけ高いギアに入れて回転数を低く保ち、タイヤがなるべく空転しないようにする。もし横滑りがはじまったら、両足をペダルから離してハンドル操作で難をのがれよう。猛吹雪で身動きできないときにやるべきことについては、次ページのコラムにある FEMA のアドバイスを参考にしてほしい。

また、災害時には車の重量が災いすることもあるので注意したい。地震の場合や暴風雨のあとは、橋や陸橋の構造が脆弱になっていたりするので、避けるのにこしたことはない。構造へのダメージを示す徴候が見えているときはなおさらである。

サバイバル中の危険

家や避難場所を出るとそのとたんに、たとえ車のなかにいるとしても、天候などの環境的影響に左右されやすい状況に身を置くことになる。避難するつもりでいるなら、現時点とその先の気

雪で車中遭難したときの対処法――米連邦緊急時管理庁

- 幹線道路を降りる。ハザード・ランプをオンにして、ラジオのアンテナか窓から遭難信号旗を下げる。
- 車のなかにいれば発見されやすいので、車内にとどまる。徒歩で車を離れないほうがよいが、避難できるとわかっている建物がすぐ近くに見えているなら別である。ただし地吹雪のために距離感が狂うので気をつけたい。近くに見える建物でも、深い雪のなかを歩いていくには遠すぎるかもしれない。
- 暖かさを保つために、１時間に10分間ほどエンジンとヒーターをかける。エンジンをかけているあいだに、換気のために風下の窓を少しだけ下げておき、定期的にマフラーから雪をはらう。これで一酸化炭素中毒にならないですむ。
- 体温を保つために運動するが、やりすぎは禁物である。寒さが厳しいときは、地図やシートカバー、フロアーマットを断熱に利用する。同乗者と体をよせあい、コートを毛布がわりにする。
- 交代で眠る。常時ひとりの人間が起きていて、救助隊員が来ていないかどうか見張っている。
- 規則正しく食事をし、じゅうぶんな水分をとって脱水症状にならないようにする。ただしカフェインとアルコールは口にしない。
- バッテリーをむだに消費しないよう気をつける。ライト、ヒーター、ラジオなどで必要とする電力エネルギーと、供給量のバランスをとる。
- 夜間は作業員や救助隊が見つけやすいように、車内灯をつける。
- 僻地で立ち往生しているなら、空地で雪を踏みかためて、「HELP」または「SOS」の大きな文字を描く。またその文字を岩や大きな木の枝で縁どりして、航空機でその地域を捜索しているであろう救助隊員の注意を引く。
- 猛吹雪がやんだら、必要な場合は車から出て徒歩で先に進む。

出典：米連邦緊急時管理庁（FEMA）　<www.fema.gov>

象状況をじゅうぶん把握して、たとえ温帯でも天気はほんの数時間で予想外に急変することを承知しておきたい。天気予報をこまめにチェックし、緊急事態に対する的確なそなえをして、天気が長続きすると決めこまないようにする。

車もほかの形のシェルターもなく、行くあてもないなら、できるだけ早く身を隠す場所を見つけるか自分で作る必要がある。シェルターの類いがなければ、生き残りのチャンスは激減する。悪天候にみまわれるとさらに分が悪くなる。気候が穏やかでも暑くても、夜間の気温は急激に下がる傾向があるので、夜どおしさまよいそうな予感がするなら、まだ宵の口に寝場所を探すか作ることを、なによりも優先させよう。

シェルター

シェルターを作るときは、できるだけ自然物を利用する。張りだした崖(ただし不安定な巨岩が落ちてこないような場所)、木の幹、大岩、自然の窪みなどをとりいれれば、雨風を防ぐのに役に立つ。

こうしたものをシェルターに変えるためには、大小の枝や茂った葉をおおいにする。またビニールシート、木の板、波状鉄板、ターポーリンなど、人工の素材をひろって使うと天候の影響に耐えられるような構造の補強ができる。できあがりは不格好かもしれないが、それで体を濡らさずにすみ風を避けられるなら、シェルターとしての役目は果たしている。

Aフレーム・シェルター

Aフレーム・シェルターは手早く簡単に組み立てられて、部材はすべて森の自然環境のなかで調達できる。まずは構造の背骨になる長さ約3.5メートルの棟木(つまり長くて頑丈な大枝)を用意する。さらに長さ約2メートルの二股になった枝を2本そろえて、シェルターの支柱兼出入り口にする。この2本の二股ポールを、枝分かれしている部分が目の高さにくるようにしてしばり[二股になっている枝は地面に接している]、その結果上で「V」の字に交差した部分に、棟木の片方の端を乗せる。これでAフレームの基本的構造はできあがる[棟木のもうひとつの端は地面についている]。次に棟木の端から端まで枝をすだれのようにかけて支えにする。枝は重なりあわせて構造に強度をもたせる。さらにこのささやかな城全体を、防水布もしくは水の浸透を防げる量の枝葉でできるだけうまくおおう。

枝葉を余分に集めると、シェルターの床の断熱材になり、冷たい地面に直接ふれずにすむ。出入り口になる場所を丸太やバックパック、枝葉でふさげ

波状鉄板のシェルター

波状鉄板は有用な建材で、半永久的なシェルターを作ることができる。このようなシェルターは、深い穴のなかにも設営できて、完成後に上から土を厚くかけると保温性と防爆性が高まる。

ばすきま風を防げるだろう。

その他のシェルター

材料がそろわない場合も、Aフレーム・シェルターに代わるものはいくらでもある。たとえば木を利用したシェルターを作るときは、木の根元の周囲で、なかで座れる大きさの穴を掘り、その上に防護布か枝葉の層を重ね、もとからある木の枝でも雨風をしのぐ。あるいは頑丈な倒木や大きな岩棚があったら、枝を斜めに立てかけてならべていくと、その下に体を入れられる小さな空間ができて、差しかけシェルターになる。これも布類や枝葉をおおいにする。

どのようなシェルターを作るにしても、かならず安全で設置に都合のよい場所を選びたい。水害を防ぐために雨水を放出する通り道になっていないことを確かめよう。また頭上に、強い風で折れて降ってきそうな枯れ枝がない

ターポーリンのシェルター

ただのターポーリンの布でも適度な長さのロープがあれば、さまざまな形態の防水シェルターを作れる。岩をターポーリンの端を押さえる重石にする。濡れたターポーリンはかならず乾かしてから、保護袋に注意深くしまおう。

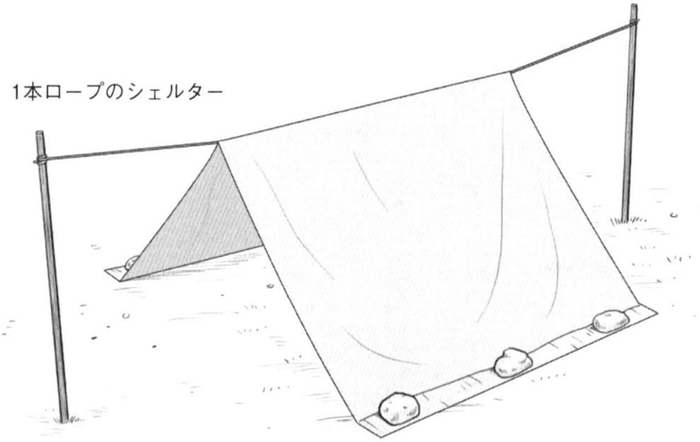

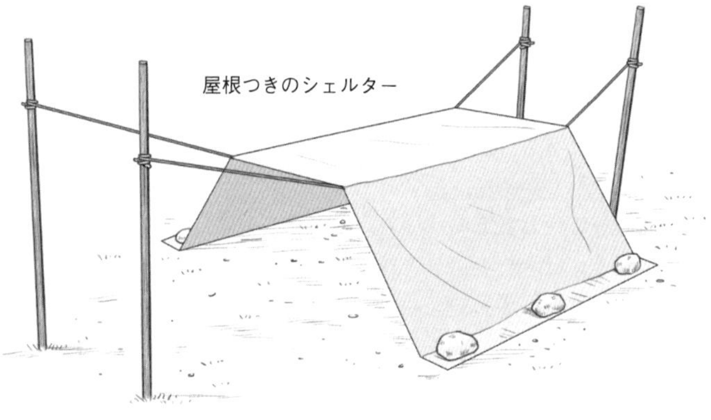

応用のきくＡフレーム

Ａフレーム・シェルターは、枝葉からビニールシートまで、さまざまな材料で作ることができる。雨水の侵入を防ぐ理想的な形状で、構造もしっかりしており、強風や大雪にも対応できる。

ティピー（円錐）型の焚き火

ティピー（円錐）型の焚き火は、焚き木が互い違いに組まれているので、いったん火がつくとあっというまに炎が燃えあがり、すぐに最高の火力に達する。組み方のコツは、それぞれの焚き木のあいだにたっぷりすきまを作ることにある。これで燃焼に必要な酸素が供給される。

かもチェックする。

竜巻

竜巻注意報に相当するような気象状況であるときは、地元の天気予報が注意をうながすだろう。つまりまだ竜巻は出現していないが、発生しやすい条件がそろっているということである。一方竜巻警報というのは、竜巻が発見された、またはレーダーで観測されたことを意味する。警報が発令されたり、竜巻が発生するのを肉眼で発見または音で感知したりしたら、身を隠す場所をただちに探して、危険が去るまで移動を中止する。ラジオで地元の最新の気象情報をチェックしつづけて、外に出ても安全かどうかを判断する。

自動車またはトレーラーハウスで竜巻に出くわしたときは、車から出て最寄りの建物か竜巻シェルターへの退避を試みる。一方、野外を徒歩で移動しているときに竜巻が迫ってきて、安全なシェルターにたどり着けないときは、最初に見つけた用水路やくぼ地に飛びこんで強風のピークをやりすごす。できるだけ姿勢を低くして身を伏せたら、手で頭をかばおう。竜巻による負傷の大多数が、飛散物にあたったり押しつぶされたりすることが原因になっている。だから頭を下げつづけながらも、できるなら近づく飛散物を警戒しつづけたい。

ハリケーン

ハリケーンの場合も、接近を知らせる警報は、天気予報から注意報または警報の名称で出されている。注意報（米国立ハリケーンセンターの略称ではHUA）は、48時間以内にハリケーンが到達する可能性があることを示している。警報（HUW）は、ハリケーンが通ると予想される36時間前に発令される。竜巻とハリケーンの注意報・警報は、どちらもはずれることはあるが、それでも絶対に無視するべきではない。

ハリケーンの最大風速は最低でも秒速33メートルある。そのためカテゴリー1のハリケーンでさえ、ものが飛散したり落下したりする危険があり、建物やライフラインへの被害が生じる。飛散物になるべくあたらないようにするためには、竜巻の場合と同じく、壊れやすいものや固定されていないものから遠ざかるようにする。

できるかぎり地面に身を伏せたままにして、確実に安全な場所にのみ避難する。びくともしそうにない樹木でさえもろい枝をつけているかもしれない。だから風からのがれるために、安易に林や森のなかに入るべきではないのだ。

暴風雨

暴風雨の真っただなかにいるなら、雷はいちばん高いものに落ちることを

身を隠す

野外で竜巻からのがれられなくなったとき、ベストの対応策は用水路に隠れるなどして伏せる姿勢をとることである。そうすれば飛散物は頭上を通過していく。余裕があったら服か重くて頭を保護できるものをかぶって、突然の直撃を防ぐとよい。

思いだしたい。張りだした絶壁、木、とがった山頂や尾根といったものは、みな雷の標的になるので遠ざかりたい。周囲に何もなくて高所にあるなら、なおさら落雷しやすい。中や下に逃げこめる安全で適切な構造物がないときは、雷に打たれる可能性をなるべく低くするために、身につけている金属製のものをはずし、しゃがみこんで頭を引っこめ手でかかえこむ。この格好なら低姿勢になり、頭や目、耳を守ることができる。あとは暴風雨が去るのを待つだけだ。竜巻やハリケーンと同じように、アメリカの天気予報は、暴風雨の注意報と警報を出している。注意報は暴風雨になりそうな気象条件が整っていることを意味する。一方警報は暴風雨が目撃されているか接近していることを示す（ほとんどの国が、暴風雨警報を出す独自の方式を定めている）。

地震

地震のためにシェルターが安定性や安全性を欠く状態になった、あるいはそうなるのが見えているときは、安全なうちにできるだけ早く退避したほうがよい。ただしゆれがはじまったら、建物から出ようとしてはならない（この場合は「しゃがんで隠れてつかめ」の原則を守る）。地震でケガをした人の大半は、やみくもに建物から逃げようとして、くずれてきた外壁や落下物にあたっている。

地震では負傷どころか命を落とすこともあるが、その確率は周辺がどの程度建てこんだ環境かで変わってくる。都会化された場所であればあるほど、瓦礫が落ちてくる可能性は高くなる。しかも、破損したガス管から出火したり、切れた電線のために感電死したりするリスクもあるのだ。戸外に出ているなら、外壁や電線、街灯、歩道橋、木からはできるだけ離れていよう。建物に逃げこむのも厳禁である。まわりに何もない場所でゆれがおさまるまで待っているのがよい。瓦礫の下敷きになっても、パニックにおちいらないようにする。できるだけ冷静に鼻と口をおおって、鼻や口、喉、肺を守る。ゆれが止まったら、大声をあげて自分の居場所を人に知らせるが、もうもうと立ちこめたほこりを吸わないよう気をつける。多くの場合有毒物質がふくまれているからである。

火山

火山が爆発すると、地上の半径32キロくらいは危険地域になる。野外でこの範囲内にいるときは、どこでもよいので避難場所を探して、火口とできるだけ距離を置くようにする。鼻と口をおおって火山灰を吸いこまないために、布を湿らせた即席のマスクを使う。専用の防塵マスクをかければさらによい。目は作業用の防塵ゴーグルで保護するが、水泳用のゴーグルでも代用になる。裸眼のままだと熱くて微細な火山灰で目に炎症を起こしたり、一時的に失明したりするおそれがあるからである。

できるなら火山の風上にとどまって、このような状況で車を運転するのは避ける。車のエンジンなどの可動部に火山灰が吸いこまれると、作動不良や金属の腐食を起こしたりするからだ。同じ理由から電子機器も保護したい。火山灰でショートが起こることもある。

また屋根のような構造物の表面に、灰が降り積もっているかどうかを注意して見ていたい。降灰も厚くなれば相当な重さになる（濡れた灰は２倍の重さになる）。見るからに頑丈そうな構造物も、大量の火山灰のためにもろくなり、ついにはつぶれることもある。

厳しい寒さ

実際に極地に行かなくとも、猛吹雪や季節的な降雪がどのようなものかは経験できる。たとえばアメリカ北部の冬の平均気温はマイナス５～10度といったところで、これより下がることもある。風の冷却効果を計算に入れると、体感温度はさらに下がるだろう（風の冷却効果で、無風状態よりはるかに早く体温が奪われる）。実際風速９メートルの風が吹けば、マイナス

寒冷時の服装

寒冷時の服装は、防水、防風、高度な保温性という、３つの基本特性を満たしていなければならない。最初のふたつの特性はおもに上に着る衣類から得られるが、保温性はその下に着るフリースなど、保温性の高い衣類によって確保される。

14度の気温がマイナス34度にまで下がる。そうすると外気にさらした人体組織は60秒もあれば凍ってしまう。このような状態ではいつ低体温症や凍傷になってもおかしくない。

極地なみの寒さにふさわしい服装をすることが、自分の身を守る第1歩となる。前にも出てきた重ね着のルールを最大限にとりいれて、暖かい空気の層をいくつも作る。むき出しの皮膚はつねにできるだけおおうようにしよう。ニットキャップや頭から肩までをおおうバラクラヴァ帽、スカーフ、手袋を着用するようにする。

ただしすぐれた防寒具を身につけたとしても、このような状況で野外にいたら、できるだけ早くシェルターになるものを作ることを考えねばならないだろう。

氷点下の環境で動けなくなったときは、シェルターから出るのはどうしても必要なときだけにする。食料や薪を集めに行くような場合である。進行方向を見定めるのには注意が必要だ。シェルターがすぐそばにあるのに、「ホワイトアウト」のために見つけられなくなるかもしれない。こうなると猛吹雪のなかで地表と空の境界が定かではなくなって、目印にしていたものがすべて消失してしまう。そのような状態のときは絶対にシェルターを離れてはならない。たとえ短い距離を進んだだけでも、あっというまに方向感覚を失って今来た道を戻れなくなる。雪と風が足跡を消し去ってしまうからである。

雪洞

雪洞は雪の深い寒冷地で、すぐ作れるサバイバル用シェルターである。まずは大きな吹き溜まりを見つけて、そこに直接横穴を掘り長いトンネルを作る（トンネルの入り口は、風向きと違う方向に設ける）。そうしてこの雪だまりのなかのトンネルから雪を削りとって、座れる程度まで空間を広げる。雪洞の居室にする場所で一段上に寝台をしつらえると、寝ているあいだに上昇した暖かい空気の恩恵にあずかれる。

この寝場所と雪洞の床を、手に入るもので断熱する。といってもマツの枝を厚く重ねられれば上々である。そうして何にもおおわれていない雪の上に絶対に寝たり座ったりしないようにする。トンネルの入り口はバックパックでふさぐ。あるいは手近にあって暖かさを最大限に保てるものならなんでもよい。ただし、雪洞の壁にすくなくとも2カ所の通気孔を貫通させて、自分の呼吸で酸素が少なくなって、窒息するようなことがないようにする。

雪洞はたしかに暖かいとはいいがたいが、外気温より数度高いだけでも貴重な暖かさになり、風を防いでもくれるだろう。

雪洞

雪洞は、深くてしっかりした雪の吹き溜まりに穴を掘って、居住空間を作ったもの。注意したいのは、寝場所を入り口よりかなり高い位置に設けることだ。これで暖かい空気が上にたまる性質を利用できる。寝台は植物でおおう必要がある。

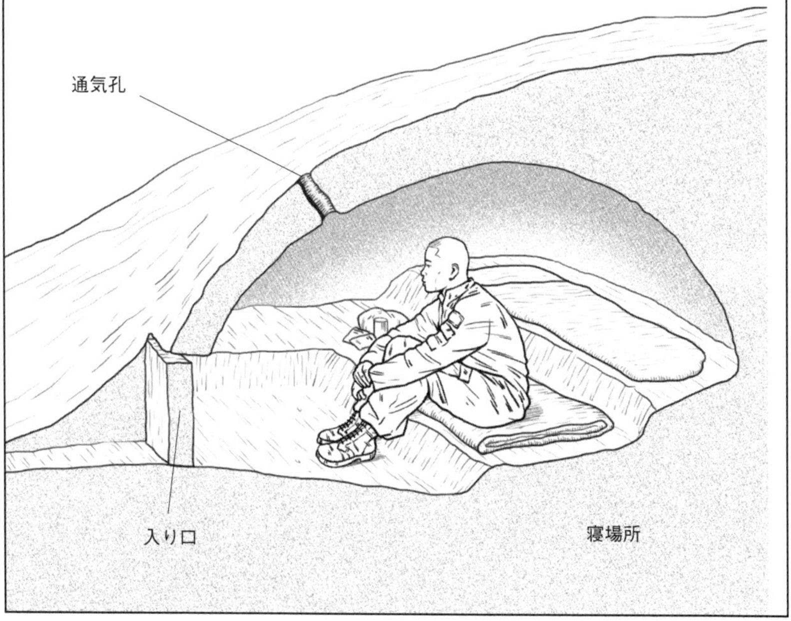

成形ドーム・シェルター

成形ドーム・シェルターも極地型のシェルターである。大きな防水素材（ビニールシートやターポーリンのようなもの）があれば、短時間で楽に仕上げられる。まずは樹皮や枝先や小枝を、自分の座ったときのサイズより大きくなるように、大量に積みあげる。次にこの山を防水素材のものでおおい、さらにその上に雪をのせる。厚さは45～60センチくらいがよいだろう。穴は自分が出入りできる大きさを確保する。雪が固まったら枝と防水素材をとりのぞけば、もうシェルターのなかに入れるようになる。また地面と出入り口には、できるだけ熱を逃がさないように断熱処理をほどこす。どのような種類のシェルターを作るにしても、大量の降雪には注意したい。時間とともにシェルターがつぶれる可能性が高くなるからだ。

厳しい暑さ

ここのところ世界では、ほとんど前例のない厳しい暑さが続いている。こ

成形ドーム・シェルター

成形ドーム・シェルターは、簡単に短時間でできるシェルターで、作り方は北極で活動する特殊部隊の兵士に教えられている。いちばん苦労するのは、成形の型になるだけの量の枝探しだろう。

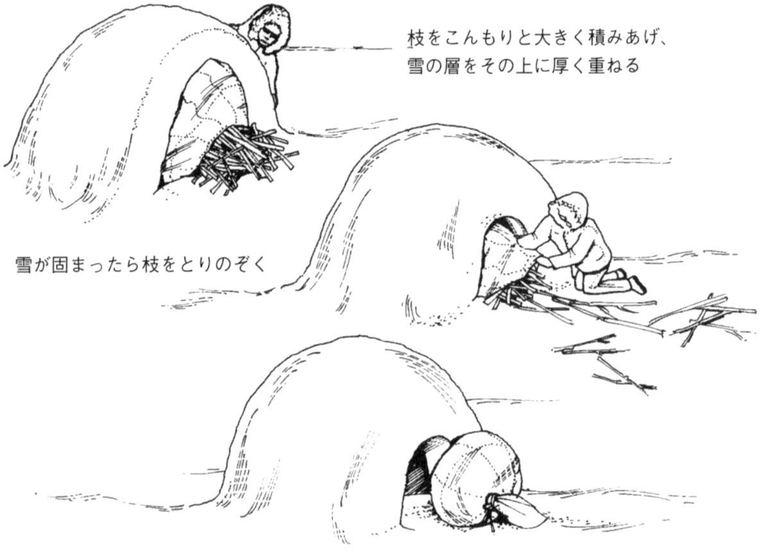
枝の束をシートでくるんでその端をしっかりしばり、
ドアがわりにする

脱水症状の予防

暑くても寒くても脱水症状にはなる。深刻な症状にならないように、定期的に水分補給するスケジュールを決めたい。また頭痛や気分の変調、見当識障害［方向や時間の感覚などを失うこと］が起こったときも、水を飲むようにする。

の気象条件の根本的な原因がなんであろうと、いずれ将来は干魃《かんばつ》や飢饉《ききん》、やけどまでもたらす暑さになり、津波やハリケーンにもならぶ大災害になるおそれがある。厳しい暑さでのサバイバルでカギとなるのは、直射日光を避けて失われた体の水分を補充し、適切な服装で体をおおうことである。できるだけ影のなかにとどまって、移動は早朝か夕方、あるいは夜間に限定し、太陽が空高く昇ったら中止する。衣類はゆったりしていて、明るい色の薄手の生地で、体をできるだけおおうデザインのものがよい。かぶり物は頭と首、顔を保護してくれる。

水分補給

酷暑のなかでは水分をじゅうぶんとることがきわめて重要になる。温帯地方でさえも、人間の体が基本的な機能を維持するためには、1日にだいたい数リットルの水を必要とする。つまり3日間水なしでいれば呆気なく死にいたるということである。それほどまで深刻にならないにしても、脱水症状は重大な健康上の問題をひき起こす。このような状況でも避難をせざるをえないなら、かならず必要と思ったより多く水を携帯したい。目標はひとりにつき最大で1日8リットルである。猛暑のなかでは高脂肪、高タンパクの食品は食べないようにする。こうしたものは消化の過程でさらに水分を必要とするからである。それよりはむしろ、もともと水分量が多い果物や野菜などをもちあるく。もっともそうなると大量の水と同じくらい重くて運ぶのに苦労するかもしれないが。

山火事

山火事は暑さが長引いたときによく起こる。カラカラに乾いた葉には簡単に火が移るので、とくに乾燥がはなはだしい場所で火をつけるのは避けたい。暑いところに強風が吹いているならなおさらである。火を起こさなければならないときは、すくなくとも直径2メートルの範囲の地面には何もない状態にする。さらに延焼を防ぐために、周囲に乾いた大きな石で防壁を高く築く。

山火事がまだ小さなうちなら、水かファイア・ビーターで消火できる（ポールの先についているターポーリンのはたきで、炎をたたき消す）。たっぷり緑の葉をつけた大枝も、後者のまにあわせバージョンになる。どのようなファイア・ビーターであっても、炎を押さえつけて空気を遮断するように消火し、バタバタと炎をたたかないこと。そうするとただあおいで火を長もちさせることになる。

森林や低木地域の火事のまっただなかで身動きできなくなったら、深刻な危機的状況におちいっている。強風に

石で囲んだ焚き火

石で囲ったなかで焚き火をすると、近くの枝葉に燃え移って森林火災になるのを予防できる。熱くなった石には、食べ物を石焼きする、ものを乾燥させるなどの活用法がある。

着衣への着火

服に火がついたら、「止まってしゃがんで転がる」で対処する。(A) すぐにその場で立ち止まり、(B) 床にしゃがんで、(C) 転げまわって炎を地面に押しつける。転がることで酸素がまわらなくなり、うまく行けば炎は弱まっていくだろう。だれかの服に火がついたときは、厚い敷物を炎に投げつけても同じ効果がある。

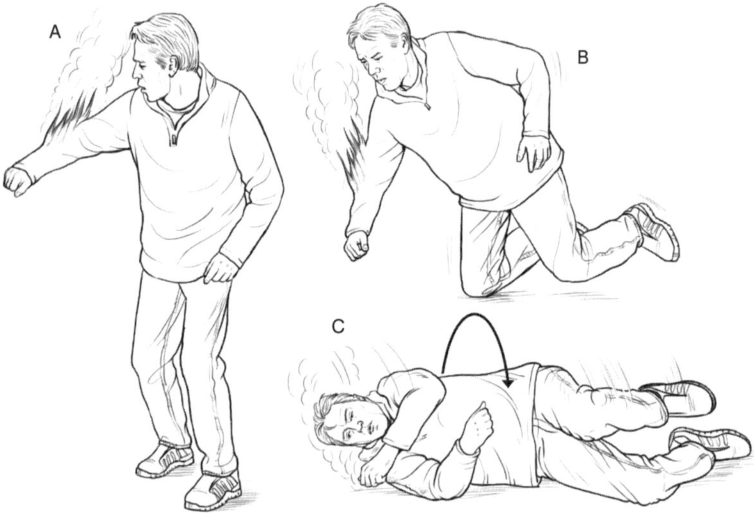

あおられた炎は、たいてい人間が走る速度よりも速く燃えひろがることを覚えておきたい。上昇する風に押されて、坂をのぼっていく際はますます速くなる。そのため炎からのがれるためには、風に向かって坂をかけおりるのが正解になる。その際には濡らした布を口と鼻に巻きつけて、煙を吸いこまないようにする。またできるなら頭にも巻いておくと、飛びちった燃えさしから髪の毛に火が燃え移るのを防ぐことができる。炎とのあいだに広い空地をはさむとよい。火はこのような空地をすぐには飛びこえられないからである。

いよいよ炎にとり囲まれてしまったら、伏せて地面近くの温度が低めの空気を吸うようにする。そしてタイミングをみはからい、炎の勢いが弱い場所をかけぬけて、安全な小区画もしくは川にのがれて避難する。炎のなかを走りぬけるあいだに呼吸をすると、煙や高温の空気を吸いこんで肺を痛めることになるので、息は止める。服に火がついたら、火がまわっていない地面で何度も転げまわり、空気を遮断して消火する。

津波

21世紀に入って10年もたたないうちに、有史以来最悪の自然災害が発生している。2004年12月のスマトラ沖津波では、およそ30万人が犠牲になった。この不幸な出来事の唯一の救いは、世界の多くの国がこれを教訓に、津波の発生を知らせる前兆に目を光らせるようになったことである。

沿岸地域の住民にとって津波発生の最初の徴候となるのは、大きな地震である。多くの地震は津波を発生させないが、発生させた場合は、水の壁が陸地を襲うまでは、何分も、いや何時間も間隔があくことになる。はるか沖合に震源があった場合はゆれが体感されないこともある。もっともメディアの緊急速報は流れるだろうが。

それゆえ規模の大きな地震が起こったらただちに避難行動をとるようにしたい。身のまわりの品物をまとめて遅れをとることがないように、一目散に内陸部の高い場所に向かう。ただし、津波が向かっていることを示すはっきりとした徴候もある。沿岸で潮が突然引いて、それまで海水におおわれていた広範囲が顔を出すのだ［引き潮をともなわない津波もある］。この沖に吸いよせられた水が、実質的におしよせる波にくわわり勢いを増す。そのような事態になったら、一瞬たりともむだにできない。この場合もとにかく一直線に内陸に向かって高いところにかけあがる。高い場所がなければ、入ることができるもっとも頑丈で大きな建物の最上階もしくは屋根にのぼる。背の高いしっかりした木にのぼるのを最後の手段にするのは、こうした木は、怒涛の波にかかったら呆気なく流されてしまうからである。

最悪の事態になって波にのまれたら、浮かんでいるものをつかんで死にもの狂いになってしがみつく。この場合は溺れる危険性があるだけでなく、浮遊している重い瓦礫にぶつかることもあるので、そのような瓦礫は腕や足で押しのける。なにかしっかりとしたものにつかまれたら水に押し流されなくなる。だから是が非でもそうしたい。そうしているうちに運がよければ津波は徐々に勢いを失うので、安全な場所まで泳いでいけるようになる。

核・生物・化学災害の脅威

戸外にいるなら核・生物・化学(NBC)災害は、安全を脅かす最悪の事態になりえる。というのも死をまねく脅威にもかかわらず、気づかれないことがあるからである。大気が汚染されたことを示す徴候には、鳥が木から落ちて死ぬ、異臭がただよう、呼吸困難や精神錯乱が起こる、などがある。また兵士や防疫官が化学・生物防護服で全身を包んでいたとしたら、これ以上明確な証拠はない(このような防護服は一般市場でも購入できる。入手できれば、脅威のなかで最高レベルの警戒を要するこのように環境でも、活動し生きのびる能力が大幅にアップする)。

NBCによる危機的状況では、いずれの場合も原則としてできるだけ早く屋内に入り、部屋や建物を目張りして外の有害物質の侵入を許さないようにする。米疾病対策予防センター(CDC)も、放射性降下物にじかに接したとき、とるべき行動について次のように公式なアドバイスを発表している。

1　**いまいる場所からただちに避難する**。最寄りの安全な建物に入るか、法執行機関もしくは防疫官に指定された地域に向かう。

2　**いちばん上に着ている服を脱ぐ**。放射性物質が服に付着しているなら、自分から遠ざけることで外部被爆が軽減され、内部被爆にいたるリスクも少なくなる。被爆の時間も短くなる。

3　できるなら**脱いだ服をビニール袋に入れるか、部屋のすみなど邪魔にならない場所に置いておく**。ほかの人の被爆を低減するために、そこには近づかせないようにする。汚染したものを扱うときは、切り傷やすり傷をおおって、放射性物質がそこから体内に入りこまないようにする。

4　**石鹸《せっけん》とぬるま湯をふんだんに使って、体の露出していた部分をすべて洗い**汚染物質を流す。この過程が除染になる。服に隠れるなどして被爆していないはずの体の部分に汚染が広がらないよう気をつける。

5　**内部被爆が起こっている**と公的機関が判断したら、体内の放射性物質を解毒する薬を服用できる場合もある。

このような措置をしても、絶対に放射性疾患からまぬがれると保証できるわけではないが、徹底して実施すれば命取りになる確率は少なくなるだろう。

危険地域の移動

生き残りをかけて避難するうちに、

NBC防護服

NBC防護服は現在、軍放出品の業者から販売されている。ただし何を買うにしても、最近の軍の仕様になっていること、ひどい破損がないこと、生地にすりきれ、縫い目にほころびがないことを確かめたい。

天候による脅威以外にも次々と危険な目にあうこともある。家や地下シェルターの外の世界は実際危険に満ちている。死にもの狂いになった人々がこの状況に乗じようとしている、あるいはただたんに生き残るためになんでもしようとしているのだからなおさらである（自衛の実践テクニックについては第5章を参照）。

警戒と脅威の回避は、死活的に重要である。徒歩で治安が悪い場所を通りぬけるときは、よからぬ集団にあまり近よらず目も合わせないようにする。逃げ道がない場所には徒歩でも車でも入りこんではならない。したがって先に何があるかわからない角を曲がるときは、進行方向を見渡せるように大まわりする。そうすれば角の向こう側に

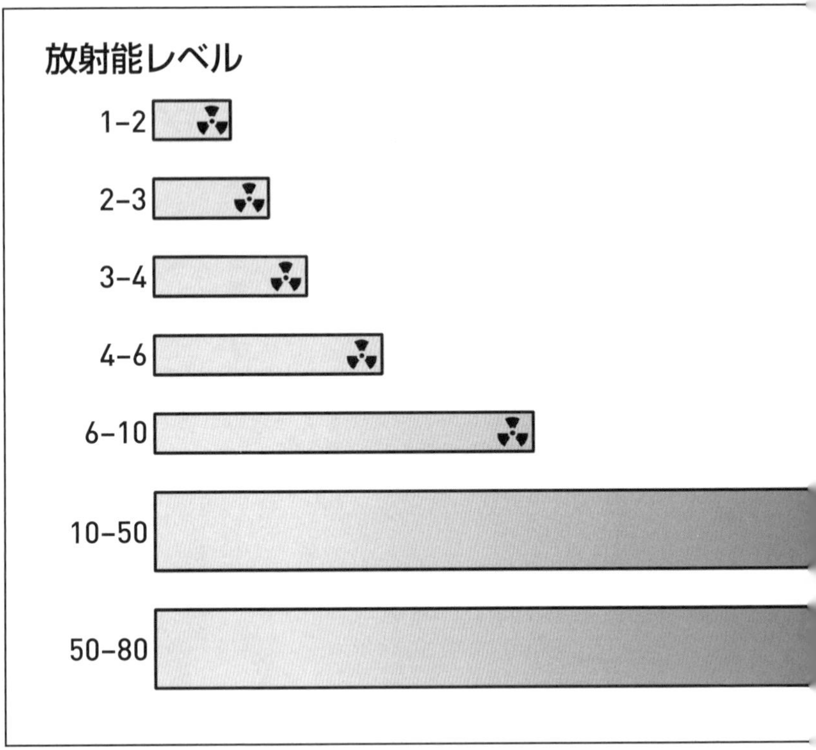

バリケードの類いがあっても事前に察知できるので、迂回行動をとる時間的余裕ができる。同様にまだ運行しているどのような公共交通機関を使う場合も、または公共の建物に入るときも、すべての出口の場所を抜け目なく確かめて、物騒な輩が入ってきたら、さっとそこに移動できるようにする。

カムフラージュと隠蔽

危険であるのがわかっている地域を通過するなら、軍で実践しているカムフラージュと隠蔽《いんぺい》の原則を少しでもとりいれるとよいだろう。障害物のない道路を横断する場合は、背の高い樹木や建物のようなものの影を利用しそのなかを通る。また自分を見ている者とのあいだに、人工の強い光源をはさまないようにたえず注意する。光源が低い位置にあり、人影が長くなればなるほど、注意を引きやすくなるからである。

被爆線量（シーベルト、1シーベルトは1000ミリシーベルト）
の人体への影響

1-2——30日後に10％が死亡
2-3——30日後に35％が死亡
3-4——30日後に50％が死亡
4-6——30日後に65％が死亡
6-10——14日後に100％が死亡
10-50——30分以内に重体化
50-80——数時間以内に死亡

夜間は、顔や露出している肌の部分を衣類かカムフラージュ用ペイントでおおい隠す（専用のカムフラージュ用ペイントが手に入らなければ、炭や泥でも十分である）。塗布する際は、べたっと塗りたくるよりは、不規則な縞模様にする。カムフラージュの目的は、姿を消すのではなく（土台できっこないのだが）、人間の体の輪郭に見えにくくすることにあるからだ。そうすると濃淡のついた縞模様のほうが、都市の景観や夜間の田舎でみられる光と影のパターンを忠実に再現していることになる。

人間による脅威

場合によっては、あからさまにつっかかってくる集団に遭遇することもあるだろう。食料や水、情報を強要したり、自分らの備蓄品を奪いにきたのだろうと言いがかりをつけてきたりもする。このような場合は、ただちにグル

人的脅威

運転中にけんか腰で向かってくる者がいたら、なだめるような態度を示しながらゆっくり車を前進させる。言い返すために車を止めて降りてはならない。窓やドアは絶対に閉めたままにする。

ープのリーダーを見つけて、冷静な話し方で、自分の意図とただ通過しようとしているだけであることを説明する。ただし、サバイバルの拠点と備蓄品のある場所についての手がかりをあたえてはならない。そこまで道案内をさせられそうになり、隠れ場所を知られることによって自分と同行者が危ない目にあいそうになったら、強引に逃げだすしかないだろう。

軍の出動

市民が危機にみまわれたとき、軍が突然出動するのはめずらしくないが、これは異常事態なればこそである。軍は秩序を回復しようとするだろうが、それだけ兵士の疲労度は高く脅威に対して過剰反応しがちになる。この傾向は、危機がテロや紛争の結果生じた場合はとくに強くなる。軍の検問所に接近するときは、用心しながらゆっくり動く。手をいきなり動かしてはならない。運転しているなら両手が見えるようにハンドルのいちばん上に置くようにする。どんな指示にも言われるがままに従うが、兵士に礼儀正しく、サバイバルに役立つような関連情報もたずねてもみよう。

状況によっては、暴動を抑制するために兵士が催涙ガスのような薬剤をまくこともある。催涙ガスの缶が街路を転がるような音がしたら、ただちに息

カムフラージュ

顔にほどこすカムフラージュでも「斑点」模様は、温帯の広葉（落葉）樹が多い地域、砂漠、荒地、降雪地帯に適している。黒っぽい部分ばかりにしてはならないのは、かえって目立ってしまうからである。

「縞」模様のカムフラージュは、針葉樹の多い地域、ジャングル、緑の多い地域用である。顔を縦長に走る濃淡差のある縞は、周囲の草木の縦の線とうまく溶けこむ。

を止めてガスのとどいていないところまで逃げこむ。ガスを吸いこんでしまったときも、同じようにする。きれいな空気を吸えば、呼吸困難の症状もやわらぐだろう。催涙ガスが目に入るようなことがあると、目が痛くてたまらなくなり、涙が出て一時的に目が見えなくなる。目をこすってはならない。むしろ安全な場所に移動して、きれいな水を目の周囲にかける。その際は水が顔を伝って流れ落ちるても、口にはかからないようにする。体に催涙ガスの成分が付着している場合は、全身にシャワーを浴びて洗い残しがないようにしたい。

過酷な世界で生き残りたいなら、知識と順応が必要だ。ここまでは災害後の世界で対処する実践的なステップを見てきた。次はサバイバルの状況が長期化したときの肝心な部分、食料と水の調達に目を向けていこう。

戒厳令

戒厳令が敷かれているときに、街路にむやみに出ようとするのは危険である。兵士は警官と違って戦闘訓練を受けている。過度の兵力はつねに危険をはらんでいる。

慎重な移動

危険な場所を移動せざるをえないときは、遮蔽物と隠蔽物を可能なかぎり利用して安全を確保する。影でもある程度、姿を見えにくくする効果はある。障害物のない地面や街路を横切るときは、影を暗い「通路」として使うとよい。

街路の状況

　市街地が騒然としているときは、イラストにあるような街路は避けて通る。車は道をふさぐバリケードとしてわざと置かれていることも、待ち伏せ地点になっていることもある。また無数にある中庭や路地には、どんな脅威がひそんでいるかもわからない。

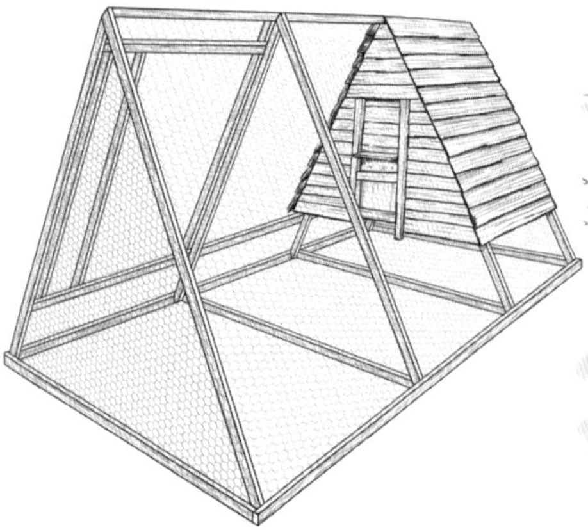

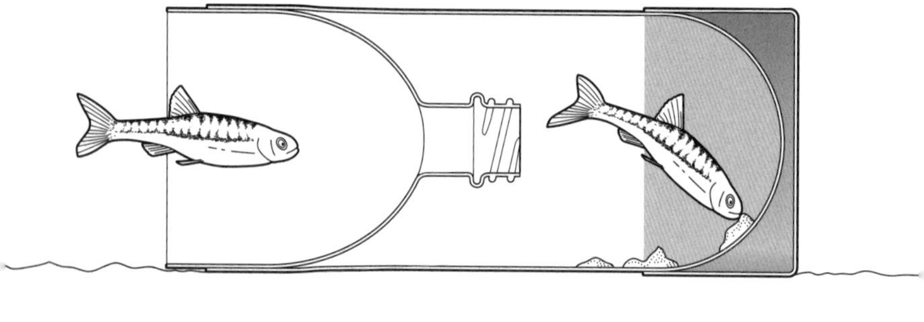

第4章

市民生活が危機におちいってとくに長期化すると、飲食物の入手は困難になることが多い。手元の備蓄品や大地から採取できるものに頼らざるをえなくなるのだ。

飲食物

当然ながらどのような状況の長期サバイバルでも、食料と水の調達には、さしせまった必要性がある。平穏な生活で慣れ親しんでいる豊かな世界では、体が必要とするだけ、しかも毎日食べられる食料がある。貯蔵している食料品がなくなってくると、それを補うためにはただ近所の店に行けばよい。水の供給はそれ以上に手間がかからない。蛇口をひねるだけで、きれいでそのまま飲める水が流れてくる。また水分は、市場にあふれている豊富な種類のボトルや缶入りの清涼飲料水でも補給される。ひと口でいえば、金をもっていさえいれば、十分な栄養と適度な水分を摂取するのに苦労はしないのである。

家畜の飼育や非常食の備蓄から、大自然のなかでの狩猟、釣りにいたるまで、自給自足のテクニックを身につけることが災害へのそなえになる。

栄養と健康

このような日々の環境では、栄養と水分、生存の切っても切れない関連性はいとも簡単に見失われてしまう。補給品は造作なく手に入るので、生存をかけた状況では飽食から飢餓に一気に転落することもありえるという現実が実感されにくくなっている。こうしたギャップが、大災害時には試練として立ちはだかる。それがどういう形になって現れるかは、緊急事態の性格や深刻さによって細部は変わってくるだろうが、本書の前の章にも出てきたようなロールプレイングをすれば、気づかされる点もあるはずである。

ではここでもまた、地域社会が突如として災害にみまわれたとしよう。住民がパニック状態になって近くの食料品店に殺到したために、ほんの数時間で商品棚が空になり、自分はそれに遅れをとってしまった（パニックによる買い占めは、大きな市民生活の危機でなくても起こる。2010年1月初旬には、イギリスの大手スーパーの大半で、食料など生活必需品が品切れになった。このときは、記録的な大雪が予想されただけだった）。それではここでキッチンもしくは食料品の保存場所に行って、この文章にさしかかった時点で家にある全食料の在庫を調べてみよう。冷凍庫の中身をくわえてもよいが、停電していると仮定すると24時間もすれば解凍するので、食べきれない分はゴミ箱行きになる。

ではいよいよ備蓄品から得られる総エネルギー量をざっと計算してみよう。通常なら各食品のカロリーはパッケージの栄養成分表を見ればわかるし、オンラインに数多く存在する無料カロリー計算サイトを利用する手もある。もしとくに充実した食料品貯蔵庫があり、高カロリーの食品を置いているなら、何万キロカロリーという驚異的な数字になったりもするだろう。ではこの辺で現実的要素をふりかえってみよう。成人女性が通常必要とするエネルギーを得るためには、1日に約1800キロカロリーをとらなくてはならない。一方成人男性は2500キロカロリーを必要とする（この数字は、活動量によって異なる。活動が激しければ座りっぱなしの場合より、カロリーは早く燃えるだろう）。家にいるすべてのメンバーが1日あたりに必要とするエネルギー量の平均を出してみよう。その結果に愕然とするかもしれない。成人男女ふたりずつでは、毎日9000キロカロリー近くを消費することになる。危機的状況が1週間続くという、実際の国レベルの緊急事態ではかなりひかえめな仮定をすると、合計で6万3000キロカロリーほどが必要になる。この数字と、家にある備蓄品の総カロリー数とをならべると、その食料がいかに早く姿を消すのかがわかるだろう。

むろんこの概算では、災害にともなって必要になるカロリー消費と活動量の調整や、人間がほんのわずかなエネルギー量でも生存できる能力は考慮されていない。それでもこの計算でおおざっぱでも、毎日カロリーの摂取を続けると、どれくらい早く危機的レベルになるのかがわかる。1日1200キロカロリーを下まわるのは心配なレベルである。

日常的なスポーツや活動の消費カロリー（1時間）

- サイクリング（平地）――440（キロカロリー）
- ダンス――370
- ガーデニング――324
- 楽な掃除――240
- きつい掃除――430
- ジョギング――670
- 荷物運び――500
- デスクワーク――40
- 座っている――80
- スキー――740
- 睡眠中――45
- サッカー――470
- 水泳――600
- 速足のウォーキング――297
- テレビ鑑賞――72

バランスのとれた食事

食事の量にくわえて戸棚に入っている食品の種類も、考慮すべきもうひとつの重要ポイントになる。人間は健康を保ってあらゆる身体機能を正常に維持するために、バランスのとれた食事をしなければならない。この原則の因果関係がわかりやすい形で現れたのが、壊血病である。この病気は15世紀から20世紀にかけて、長期航海に出る何千人という船乗りの健康をそこない、命を奪ってきた。ビタミンCの欠乏を原因とする壊血病は、1～3カ月で症状が現れるようになる。無気力、歯肉の出血からはじまり、進行すると黄

食品の種類

食品は乳製品、魚、肉、炭水化物、野菜といった食品群に分けることができる。食料品を備蓄する際に重要なのは、こうした異なる食品群からできるだけまんべんなく多様な食品をそろえることである。現代の貯蔵技術のおかげで、何年も保存できる食料品も登場している。

疸、神経障害を呈するようになり、そのまま放置すればついには死にいたる。実のところ壊血病患者の多くは、たいてい肉とパンという形で毎日大量のカロリーを摂取していた。ところがその食卓に果物と野菜がまったくのぼらなかったのが決定的要因となった。そうした食生活が、命を削っていったのである。

栄養の偏りを避けるために、以下の食品群をふくむ食事をするよう留意したい。

タンパク質——生物の重要な構成成分で、身体の成長と細胞レベルでの修復と維持を担う。肉、牛乳、魚、卵のほか、全粒穀物、乾燥した豆類《パルス》、鞘入りの豆《レギューム》、大豆、ナッツ、種子類などの植物にもふくまれている。

炭水化物——人間の体の貴重なエネルギー源になる。パン、パスタ、米、ジャガイモ、麺類、シリアル、砂糖、全粒の穀物製品はみな炭水化物の宝庫である。菓子類のような精製炭水化物は、エネルギーがすぐに燃える傾向があり、精製されていない全粒食品は、エネルギーがゆっくり燃えて一般的にヘルシーである。全粒の炭水化物にくわえて果物と野菜をうまく摂取すると、整腸作用のおかげで消化が助けられることを覚えておきたい。

ビタミンとミネラル——体の特定の機能を維持するのに役立つ。たとえばビタミンCは、体の細胞の成長と修復、および正常な免疫システムの維持を助ける。鉄は体中に酸素を運ぶほか、肝機能、無数の代謝反応、細胞の成長の調節など、さまざまな機能に欠かせないミネラルである。体のなかで鉄が極端に欠乏すると貧血になり、細胞に十分な酸素が行きわたらなくなる。人はビタミンとミネラルの一部を食事以外から得ているが、大半は食物を経由して体内に入る。しかも、その役割をきちんと果たすのに実際に必要なのは、ほんの微量なのである。適正な量のビタミンとミネラルを得るために重要なのは果物と野菜を食べることだが、一般的に栄養バランスがよくて偏りのない食事なら、体が必要とするすべての栄養素をとりいれているはずである。

脂肪——最近とみに悪者扱いされているのは、おもに過剰摂取になりがちで肥満をまねくからである。それでも脂肪が、エネルギーと栄養の供給源として食事の重要な部分を占めるのは変わりない。重要なのは飽和脂肪酸と不飽和脂肪酸を区別することである。飽和脂肪酸を多くふくむのは、脂肪分の多い肉製品（ソーセージやパイなど）、バター、ギー［水牛またはウシの乳から作るバター］、ラード、チーズ、生クリーム、菓子類、ケーキなどで、このタイプの脂肪がおもに肥満や高コレステロールをまねいている。一方、不飽和脂肪酸は逆に、コレステロールを下げる働きをする。一般的に多くふくまれるのは、脂の多い魚（鮭、マグロ、サバ、イワシ）、アヴォカド、ナッツ、種子類、ヒマワリとオリーヴのオイルなどである。

忘れてならないのは、たとえサバイバルの状況でも、こうした栄養素をすべて食事でとらねばならないということである。食品の供給が豊富なときは、極端に異常な嗜好《しこう》に傾いていないかぎり、栄養失調になろうとしてもなれるものではない。ある時点になると、あまり内容はよくないにしても、いつのまにかすべての栄養素を摂取していることになるからである。ところが危機的状況になったとたんに、いつものようにバランスのとれた食事を維持することが高いハードルになる。食料の長距離輸送が麻痺するので、新鮮な果物や野菜、肉はたいてい供給不足になる（地元のスーパーにならぶ地物以外の食物がすべてなくなる状況を想像してほしい）。また数日後には、行き場を失った生産物は腐りはじめてしまう。

危機的状態でも、次ページにあげたCDCによる食品群リストのそれぞれの分類から、できるならなにかしら食べられればよい。唯一の違いは、このリストに平時の健康的な食事を推進する目的があるのに対して、生き残りをかけた状況では往々にして、良心の呵《か》責《しゃく》を感じずに高カロリーで脂肪分の多い食物を口に放りこめることである。サバイバルの食事でカロリーのとりすぎにはなりそうもないからだ。もうひとつ覚えておきたいのは、この世のどんな食物も十分な水分をとらないと体に悪いということである。それどころか水が1滴もなくなったら、備蓄食料の山に囲まれながら、3日もたたないうちに息を引きとることになるだろう。

備蓄

生死にかかわる危機のためにできる努力でなによりも報いられるのは、食料と水の備蓄の管理を行きとどかせることである。ここでは「管理を行きとどかせる」ことがテーマとなる。防災用の備蓄は、かき集めたら忘れていいものではない。備蓄された食料はむしろ、定期的にチェックして品質を守り、補充すべきなのである。そうしなければあっても意味のないものになるだろう。

まず備蓄は、自分と避難場所に入る人間が毎日食べる量という、基本的な計算からはじめる。そこに予想される滞在日数をかける。ギリギリ最低限のところで、3カ月はもつだけの食料と水を用意すべきだが、1年以上持ちこたえることを目標とするなら申し分ない。幸い、缶詰やフリーズドライのよ

米疾病対策予防センター（CDC）による食品群の一覧と推奨される食品の具体例

食品群	例
穀類	全粒小麦粉の食パンとロールパン、全粒小麦粉のパスタ、イングリッシュ・マフィン、ピタパン、ベーグル、シリアル、グリッツ［ひき割りトウモロコシ］、オートミール、玄米、塩をふっていないプレッツェルとポップコーン。
果物	リンゴ、アンズ、バナナ、ナツメヤシの実、ブドウ、オレンジ、グレープフルーツ、グレープフルーツ・ジュース、マンゴ、メロン、モモ、パイナップル、レーズン、イチゴ、ミカンと100パーセントのフルーツジュース。
野菜	ブロッコリー、ニンジン、コラード［ケールの変種］、インゲン、グリーンピース、ケール、ライマメ、ジャガイモ、ホウレンソウ、カボチャ、サツマイモ、トマト。
無脂肪・低脂肪牛乳と乳製品	無脂肪（スキム）か低脂肪（1％）の牛乳もしくはバターミルク［牛乳からバターをとった残り］、無脂肪・低脂肪（2％と1％がある）のチーズ、無脂肪・低脂肪のヨーグルトかフローズン・ヨーグルト。
赤身の肉、家禽類（ニワトリ）の肉と魚	牛肉、家禽類の肉、豚肉、猟獣肉、魚、貝。赤肉のみを選び、見えている脂身を除く。グリルで焼く（網焼き）か、ローストするかゆでる。家禽類から皮を除く。
ナッツ、種子類とマメ	アーモンド、ヘーゼルナッツ、ミックス・ナッツ、ピーナッツ、クルミ、ヒマワリの種、ピーナッツバター、インゲンマメ、レンズマメ、スプリットピー［皮をむき干して割ったサヤエンドウ］。

備蓄

非常用の貯蔵庫に何があるかを明確に把握して、災害時に食料を一定の方針にしたがって配分するためには、備蓄品の整理は避けては通れない。棚の上の品物をつねにきちんと整理して、賞味期限がいちばん近い食品を棚の手前にならべ、直前（後ではない）になったら入れ替えをする。

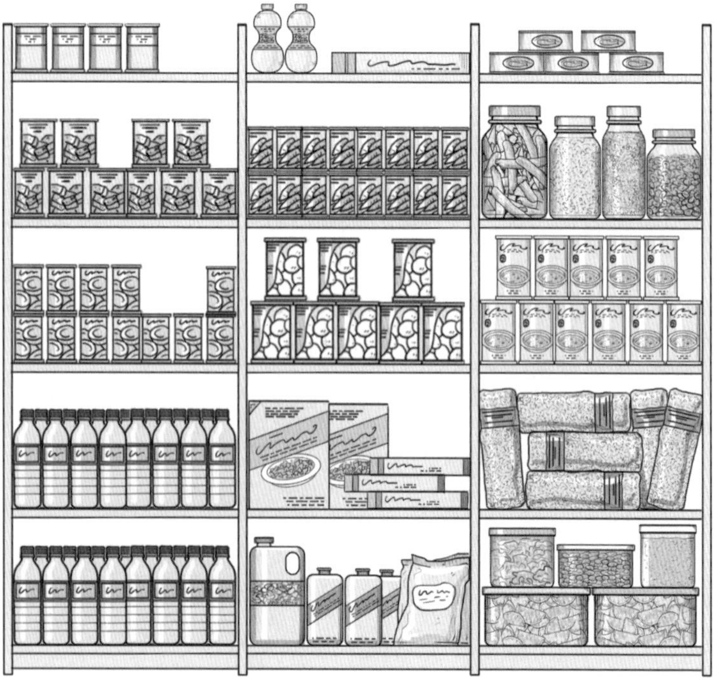

うな長期保存製法の恩恵にあずかれるので、これほど長い耐乏生活も100パーセント実現可能なのである。

缶詰類

缶に入った食料品は、中身にもよるが、交換が必要になるまで数年はもつ。缶詰類を購入する際には、先にあげた食品群のすべてをカバーするよう気をつけたい。ただ好きな食べ物ばかりに偏ってはならない。一つひとつの缶の賞味期限を確かめて、いちばん古い缶を棚の手前に置き、次に古い順に後ろにならべていく。賞味期限が近づいたら中身を消費して（または寄付するなどして）新しいものと交換する。そうなると結局は、ストックを次から次へと回転させることになる。また、サバイバル用の隠れ場所には、いうまでもないが手動の缶切りをかならずいくつか用意する。さらに缶詰製造機への投資も検討すべきだろう。そうすれば、あまった食物が出て保存したいと思ったときに、手製の缶詰を作れるようになる。

乾燥食品と長期保存食品

なかにはもともと保存可能期間が長い食料もあるので、大量に買いつけるとサバイバル備蓄品のベースにできる。米や乾燥パスタは炭水化物のよい供給源になるし、密封容器に保存すれば何年も傷まない。できるならたとえ好みでなくても、全量粉を使用したブラウンパスタと玄米を手に入れたい。白い米やパスタより栄養が豊富だからである。どちらの食品も料理するとかさが増えるので、収納場所は小さくてすむ。米は大袋入りのものを売っている（特大サイズの米袋は、たいていインドや中国の食料卸売店に置いてある）。貯蔵の目安は、成人ひとりあたり1年分で14キロ程度である。

小麦の殻粒、トウモロコシ、オート麦

そのほかにも重点的に買いつけたいものに、大袋入りの小麦の殻粒とトウモロコシ、オート麦がある。こうした食品の保存期間は、信じられないほど長い。小麦の殻粒は30年保存したあとでも食用が可能だし、トウモロコシは12年、オート麦は8年もつ。ただし乾燥した冷暗所に置くという条件つきではあるが。こうした食材はすべて栄養豊富で、簡単な調理方法を工夫できる。また小麦もトウモロコシもすりつぶして粉にすれば、パン、トルティーヤ、ポリッジ［水や牛乳で煮こんだ粥］、フリッターができる。ここで覚えておきたいのは、小麦やトウモロコシは果皮がついたままで保存するのがいちばんだということである。穀粒に少しでもヒビが入ると、そのとたんに栄養価は大幅に減少する。ただし小麦

粉を備蓄できないというのではない。むしろ備蓄は推奨されているほどである。そのかわり保存期間が２年以下になるため、こまめな回転を心がける必要はある。

戦闘用糧食

米やパスタ、小麦、トウモロコシ、オート麦は、かなり昔から長期保存されてきた食品だが、サバイバルに最近開発された食品を取り入れることもできる。とくに軍事の世界で食べられているものは非常食向きである。現在兵士に支給されている「調理ずみ糧食」（MRE）のパックは、非常食にするのに都合がよく、通信販売でも軍放出品店でも手に入る。こうした軽量パックには、味はイマイチでもすくなくとも栄養豊富な食事が、重さを考慮したコンパクトな形状で入っている。実をいうとMREは、おもに戦場で活動している兵士のために考案されているので、サバイバル中に真価を発揮するのはたいてい避難の途中になる。１カ所でおちつくサバイバルでは、備蓄の中心になりえないのだ。

どの食品も同じだが、こうしたパック食品の賞味期限も保存温度によってかなりの幅がある。低温で保存した場合は10年以上もつことがあるが、高温多湿の気候ではわずか１カ月あまりが限度である。

粉末食品と基本食品

粉末食品もまた、非常食にくわえるのに適している。粉末卵やドライミルクは１、２年のあいだは食用が可能だろう（窒素充填パックのドライミルクは、最長でその４倍はもつ）。UHT（超高温殺菌）処理をした牛乳は液体だが、常温で半年間は新鮮さを保つ。

それ以外にも、どのような食事でも必要なふたつの基本食品、塩と砂糖を忘れずにたっぷり用意しておきたい。塩は、密封容器に入れて湿らないようにすれば、使えなくなることはまずない。特大袋かドラム缶入りのものを購入すれば、食品の保存にも使えるし（塩漬けにして細菌の繁殖を防ぐ）、食品に添加してもちをよくすることもできる。砂糖については一般的な顆粒状の砂糖のほかにも、自然界に存在する甘味であるハチミツや、ジャムなどをビン入りで大量に補充する。

最後に、備蓄品のなかに十分な量の脂肪を入れておくようにしたい。密封ボトル入りの植物性、動物性の油脂が中心になるが、オリーヴ・オイルは冷凍すると保存期間を延長できる。

栽培と飼育

真のサバイバルをめざす者は、ただ膨大な量の食品をたくわえるだけでな

食品の保存可能期間

次の非常食にかんする指標は、米連邦緊急時管理庁（FEMA）の資料を転載したもので、備蓄した食料品の点検や入れ替えのタイミングを示している。

備蓄食品の貯蔵寿命

以下は、よく非常用として保存されている食品の一般的な交換時期である。**半年以内に消費する食品**

- ドライミルク――箱入り
- ドライフルーツ
- 湿気を嫌うクラッカー
- ジャガイモ

1年以内か、ラベルに示されている日付の前に使用する食品

- 肉と野菜の濃縮缶スープ
- 果物、フルーツジュース、野菜の缶詰
- インスタントのシリアルと非インスタントのシリアル［調理を要するタイプ］
- ピーナッツバター
- ゼリー
- ハードキャンディー（飴玉）とナッツの缶詰
- ビタミン剤

適切な容器で保存し、条件がよければ半永久的にもつ食品

- 小麦穀粒
- 植物油
- 乾燥トウモロコシ
- ベーキングパウダー
- 大豆
- インスタント・コーヒー、紅茶、ココア
- 塩
- 非炭酸飲料
- 白米
- 固形ブイヨン
- 乾燥パスタ
- ドライミルク――窒素充填パック

く、長期の自給自足をめざして努力しなければならない。備蓄品の量がどれほどあっても、災害が長引くなら、いつかは消えてなくなるという事実は変わらない。そうした理由からまだ何も起こらないうちに、作物の育て方と家畜の飼育方法について、基本的な知識を仕入れておくとよい。このテーマを

ここで徹底的に掘りさげるのはむずかしいが、関連する基本原理を多少とも見ることはできるだろう。

都会での栽培

都市の中心部に住んでいて庭がないなら、そう簡単に大量の食物を育てられるものではない。それでも日あたりがよければネコの額ほどの中庭や平屋根でも、長方形の基本的な家庭菜園を作ることができる。菜園の大きさや形に決まりはないので、用意できる場所に合わせて初心者向きの野菜を栽培できる。ニンジン、トマト、タマネギ、ジャガイモ、ニンニク、キャベツ、ビートといったところだが、巷で見かけるほとんどの野菜は栽培が可能である（もちろん気候にもよる）。選んだ作物がじゅうぶん成長したときにスペースに余裕がある広さを確保し、成長したときに野菜の葉が、隣の株の葉とすれすれの間隔になるように植える。培地全体によい汎用培養土を使うこと。必要なら、培養土のもともと入っているビニール袋のなかに、直接苗を植えつけてもよい。

菜園レイアウト

イラストは、野菜の基本的な割りつけ配置を俯瞰《ふかん》的に図式化したもの。それぞれの栽培区画に１種類の野菜だけを割りあて、カボチャ、ナス、ブロッコリー、タマネギ、ジャガイモなどを育てている。きちんと世話をすれば、このようなレイアウトで毎年新鮮な野菜を収穫できる。

収穫量をあげる工夫

かぎられたスペースで作物を育てるときにカギとなるのは、創意工夫である。適切な土を使い、きちんと水やりをして世話をすれば、どんな植物もバケツから窓辺の植木箱まで場所を選ばずに育てられる。培地をどの程度の広さにするにせよ、最大限の効率で成長させる栽培（と水やり）法はあるので研究してみたい。「コンパニオンプランツ」の混植は実験する価値がある。これはすなわち、さまざまな種類の植物を隣あわせに植えて生態系の縮小版を作り、植物同士がおよぼす影響で、成長や病害虫への抵抗力、受粉といった好ましい現象を促進する栽培法である（コンパニオンプランツの栽培法は、升目のひとつに１種類の作物を割りあてる「スクエア・フット・ガーデン」や、従来より狭い場所で水やりを少なくして植物を活性化する「フランス風集約ガーデニング」にも応用できる）。このような方法をとりいれれば、収穫量があがり不作のリスクも低減するだろう。

あまった作物

当然のことながら庭があれば、いやそれ以上に数ヘクタールの土地があれば、その広さに比例して自給自足できる見こみが立ってくる。またそうなると植えつけられる作物の量が増え、余剰生産物が出る可能性が高くなる。被災した社会であまった作物があれば、物々交換にまわすことができる。季節ごとの果物や野菜だけでなく、大麦や小麦などの穀類も植えられるほか、土地が湿地に近い条件ならワイルドライスも育てられる。

種子を買うなら適切な種類にしよう。とくに穀類は注意したい。「在来」種のほうが交配種より望ましい。結局は毎年続けて収穫できるようになるからである。

道具

生産量をあげるのに欠かせないのが、作業にふさわしい道具である。次のような農機具を用意しておきたい。

草刈り鎌——少量の作物を収穫する片手用草刈り鎌にくわえて、収穫量に欲が出たときのために枠つき鎌も用意したい。

種まき機——ごく単純な小型の手まわしで動く装置もあるが、車輪がついていて手押し車のように押す「ウォークビハインド型」のほうが、広範囲で効率のよい種まきができる。

脱穀機——殻粒を茎や穂からとりのぞくために使用する。もっとも簡単な形式のものには、昔ながらの殻ざおがある。手まわし式の脱穀機も購入できる。骨董《こっとう》品の脱穀機が売りに出されていないかどうか、目を光らせて見ていたい。そうしたものはたいてい少し手をくわえれば、問題なく使えるようになるからである。

鋤《すき》と鍬《くわ》——鋤と鍬は可能なかぎり最高品質のものを手に入れたい。「お買い得」のシールが貼られているものは避けよう。過酷な使い方に向いていそうもないからだ。こうした道具類は、使用後にきちんと油を塗って錆びないようにしておく。

害獣の防除

作物を害獣から守るための態勢も整えなくてはならない。ときには、22口径リムファイア［金属薬莢の最下部の出《リ》っぱ《ム》りにしこまれている起爆薬から発射薬に点火する方式］・ライフルか、同口径の空気銃でカタがつくかもしれない。作物の上でショットガンを発射するときは気をつけよう。鳥射ち用の何百というバードショット（弾）で、新聞紙1枚分の作物を台無しにしたくはないだろう（ただし鳥の羽を狙うとしたら、あきらかにショットガンのほうが向いている）。耕地の周囲に目の細かいしっかりとした金網の柵を立てると、ウサギやシカなど、作物をかじる陸生動物の侵入をさまたげられる。大事なのは、金網を地中15センチ程度の深さまで埋めることである。それで害獣が下に穴を掘って入るのを防止できる。

鳥に作物をついばまれないようにするためには、防鳥ネットを張ってもよいが、威嚇するしかけを設置することもできる。猛禽《もうきん》類のプラスティック製の作り物（造園業者から手に入る）を柵の支柱にのせる、針金を張ってキラキラ光るもの（CD、アルミ箔《はく》のリボンなど）をならべてつり下げる、などの手がある。

ハツカネズミやドブネズミ、地リス、モグラといったさまざまな齧歯《げっし》類の対策には、しかるべき罠と駆除剤を大量に購入する。駆除剤の保管と設置には気をつけよう。子どもやペットがいるならなおさらである。駆除剤をしこんだ肉や穀類は、殺したくない生き物にもうまそうに見えるかもしれない。そのため、駆除剤をしかけた場所には、飼っている動物が入りこまないようにする必要がある。

家畜類

ここで家畜について考えてみよう。ニワトリは肉も卵も利用できるので、当然貴重な食料源となる（3羽のメンドリだけで、大人ひとりの1年分の卵がまかなえる）。ニワトリの飼い方のコツを学んだら、生後4、5カ月の、ちょうど卵を産みはじめる時期の若鶏を購入する。また選ぶなら羽にツヤと目に輝きがあり、とさかが赤く、さらに全体的に警戒はしていても好奇心が

イギリスの公式な電子政府 DirectGov による、ニワトリの飼育ガイドライン

ニワトリの飼育場所

　ニワトリは屋外の鶏舎か鶏小屋で飼育する。鶏舎はホームセンターかオンラインで購入できるが、自作もできる。鶏舎に必要なのは、

- 1羽につき2.5メートル四方以上の広さ。
- 寝るときにのる止まり木。
- 運動できるスペース、すなわち「放し飼いスペース」。
- 巣箱。オガクズをたっぷり入れメンドリが卵を産めるようにする。
- 週に一度鶏舎の掃除をして、新しいオガクズを敷きつめてやる。

ニワトリの天敵からの保護

　ニワトリを飼っている人の大半は、たいていキツネなどの天敵に鶏舎に侵入される被害にあっている。キツネは柵をのりこえまたその下に穴を掘り、ごく狭いすきまを強引に通りぬけることができる。ニワトリの安全を守るためのヒントは、

- 鶏舎の周囲と上部を金網ですきまなく囲む。
- フェンスの基部に木の板をめぐらす。
- 鶏舎を定期的に見まわって安全を確認する。
- 夜間はニワトリを鶏舎に閉じこめる。

ニワトリの餌と水

　配合飼料を購入すれば、そのなかにニワトリが健康を保つために必要なものがすべて入っている。グリット（小石）もまたニワトリの飼料に欠かせない。餌といっしょに飲みこまれた小石は、餌を砕いて消化を助ける。グリットをいつでも食べられるように置いておくと、ニワトリが必要なだけ自分で飲みこむだろう。

　ニワトリがいつもきれいな水を飲める状態にする必要がある。水の容器は、ニワトリが足をつっこんだり、蹴とばしたりしないものを選びたい。

鶏小屋

鶏小屋にはニワトリが運動できる大きさが必要なので、１羽につき少なくても2.5メートル四方の広さを用意したい。また、周囲に防獣用の金網をすきまなくめぐらせて、ニワトリがキツネや野ネズミなどに食われるのを防がなくてはならない。

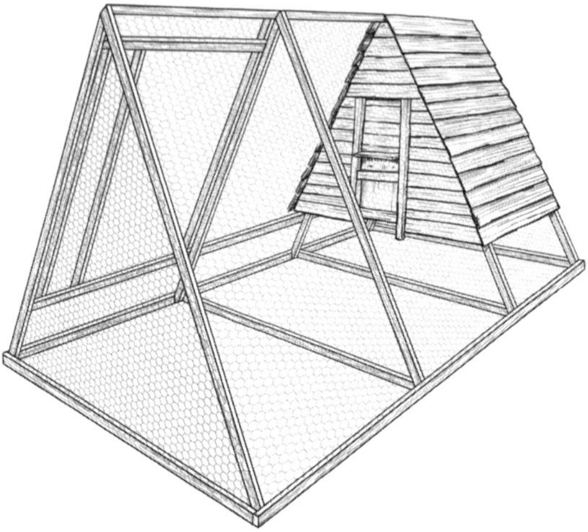

強そうなニワトリにする。

ウシとヒツジ

畜産の腕前によりいっそう自信がもてるようになったら、ウシかヒツジを何頭か飼いたくなるかもしれない。うまく育てれば、ウシもヒツジも２倍、いや何倍ものメリットをもたらす。ヒツジは肉と羊毛がとれ、ウシは肉と牛乳、皮革がとれる。選ぶときは、こうした自然の産物を多く収穫できて丈夫な品種にするとよい。そのためには調査や専門家の親身なアドバイスが必要になるだろう。その際にはアドバイスをくれる者が、販売者のまわし者でないことを確かめる。家畜購入の初心者には、多くの落とし穴があるのだ。

ブタ

ブタを飼うとなると、ニワトリの場合よりもはるかに多くの労力をそそがなくてはならなくなる。また飼育場の土地も広げて頑丈な柵で囲いこまなくてはならない（ブタは脱出の名人であることで有名）。具体的には、２頭のブタが必要とする飼育場の広さは約20アールだが、場所がないならそれより狭くても耐えられる。現代のブタの交雑種は、豊富な肉がとれて育ちやすいまずまずの大きさの仔を生み、生ゴミをふくめて、あらゆる収穫物を餌にする（ただしドブネズミが餌入れに引きよせられて群がらないよう気をつけたい）。ブタはひっきりなしに水をほしがる動物で、毎日大量の水を消費する。そのため水桶は頑丈な作りにして定期的に水を補充するようにしたい。

保存

さて、自分と家族が災害をのりこえるのに必要な食物はかき集めた。ところがこうした食物を最適な条件で保存するのは別問題で、中身の入れ替えを要することもある。商品の包装に使われている耐久性の低い布やビニールの大袋は、空気や水、害虫といった、外部的要素にふれると劣化しやすい。そのために食品の腐敗が進み使えなくなったりもする。そこでプラスティックの食品保存用バケツに入れ替えて、缶詰になっていない備蓄品を守り、最大

ブタの飼育

このような「ピッグアーク」[「ブタの隠れ家」の意]は、比較的安く設置できて、その名のごとく１、２頭のブタのシェルターとなる。ブタもいつも水桶からきれいな水を飲めるようにしておきたい。

限もつように工夫する。亜鉛めっきされた金属製のゴミ箱でもかまわない。亜鉛めっきは防錆性のあるコーティングなので、ネズミがどんなにかじっても穴を開けてなかの食品まではたどり着けない。どのようなタイプの容器にせよ、蓋《ふた》つきを選びたい。これで密封すれば、空気や湿気、日光といった、細菌やカビの繁殖をうながすものをよせつけないだろう。この容器を冷暗所に置き、人工の熱源から遠ざけておく。

大量の米、小麦といった穀類は、19～23リットルの積み重ねができる容器に保存すると都合がよい。このサイズは大量の食品を保存できるが、この量なら蓋を開けてもすぐに消費できる。かならず食品の保存に適している容器を集めよう。たとえば「food grade（食品用）」のマークがあり、米食品医薬品局（FDA）もしくは同等の権威のある組織が認定しているプラスティック容器は、食品に溶出する染料や

保存容器

食品が害虫や有害な小動物に耐久性のある容器に入っていないときは、プラスティックかガラスの容器に移し替える。密封性のある容器を用意して、なるべく空気が入らないように、口いっぱいまで食品をつめる。

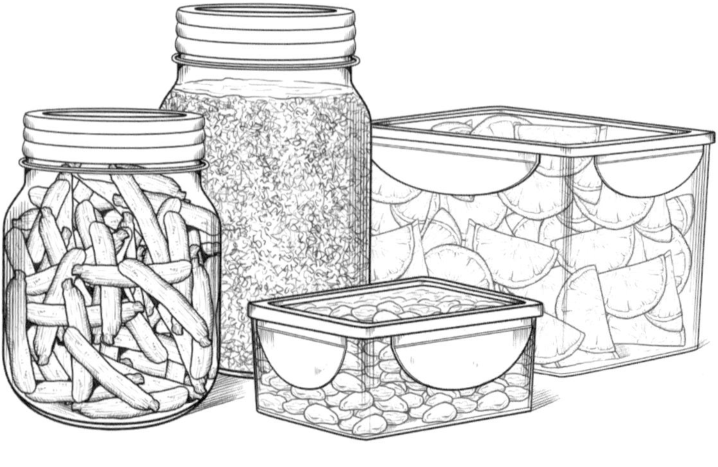

食品の入れ替え

備蓄用の食品を、購入時の入れものから自分で用意した長期保存可能な容器に移し替えるとき、覚えておきたいのは、

- 容器の口から2、3センチ下までつめる。
- 食品を入れる途中で容器をふって、できるだけ空気を追いだすようにする。
- 容器のなかの酸素を減らすために、脱酸素剤を入れる。
- 中蓋を使うなら密封する（プロ仕様のシーラーを購入しても、衣料用のアイロンを利用してもよいが、先に試してからにする）。
- 高気密の蓋で容器を密閉する（蓋をしっかり閉めて、密封性をそこなわないように注意する）。
- ラベルに食品名と保存開始日と賞味期限を書いて、容器に貼っておく。

薬品が使われていない［日本の場合は、ポリオレフィン等衛生協議会認定のPLマークなど］。購入するときに販売元に問いあわせるか、容器をリサイクルするなら、これまで食品しか保存していなかったと確認できる容器を使用するようにする。

マイラー［強化ポリエステルフィルム］のライナーを容器のなかに敷けば、保存する食品の貯蔵寿命をさらに延ばせる。プラスティックは時間がたつにつれて、ガスや酸素を透過してしまうが、マイラーの袋を使うとさらに空気を遮断できる。家庭用の真空パック器は市販されていて、とくに自分で食物を生産しようとするなら購入を検討する価値がある。食品を保存する機械を買うときは、最初に自分で使えるかどうか確かめ、電気が通じていない状態でどのように使用するかも考える。

くりかえすようだが、小麦とトウモロコシを穀粒のまま備蓄すると、栄養価は非常に長い期間そこなわれずにすむ。ところが、いざ使うとなると自分で粉にする手間が必要になる。気をつけたいのは、製粉手段として電動ミルだけに頼ってしまうことだ。何度もいうようだが、電気がいつも通じていると決めてかかってはならない。ミルが発電機で動くかどうか確かめたい。一度に大量の粉を挽くつもりなら、それを保存する空容器もかならず用意した

い。

水の確保

どのような災害後でも、食料の十分な備蓄は生きぬくために欠かせない。唯一それ以上に重要なのは、きれいな水をふんだんに使えるようにすることである。体から排出された水分を補わないと、たとえ激しい運動や猛暑のために水分の損失が加速されなくても、数日以内にさまざまな症状を呈し脱水症状にいたる。ひとりが1日に必要とする水の量は3リットルだと覚えておきたい。蛇口をひねっても水が出なくなったら、備蓄しておいた水や、ためた雨水など利用可能な自然界のオープンソースに頼ることになる。

水の確保

多くの気候帯では、水を余分にためたいときは雨水の効果的な利用が手っとりばやい解決方法になる。食品保存用の安全性の高い容器は、大量の雨水をためるときにも使用できる。ただ縦《たて》樋《どい》か屋根の雨樋の下に容器を置いておけば、指1本あげずに水をためられる。樽や天水桶に呑み口のあるタイプを購入すると、栓をひねっただけでたまった水が出てくる。天水桶は満杯になると非常に重くなる（たいてい100リットル以上のサイズになる）のでしっかりとした土台の上に置くようにする。幸運にも地所内に井戸があるなら、そこに手動または発電機で動き、効率よくくみ上げられるポンプをとりつけたい。居住地によっては、井戸用のソーラーポンプというのも賢い選択になる。どのような方法をとろうと、ためた水を飲むためには浄化が必要であることを忘れてはならない（詳細は後述）。それ以外にも洗濯や植物の栽培のために、水の量を増やしたいとも考えるようになるだろう。作物を育てているなら切実である。水がありあまっているのではないなら、使った水をただすててはならない。たとえば皿洗いのためにシンクいっぱいにためた水は、作物への水やりに再利用できる。

水の発見と集め方

自分の敷地内で安定した水を確保することは重要だが、必要に迫られれば、それ以外にも水を手に入れる手段を探さなくてはならなくなるだろう。ではいまから家や隠れ場所から歩いていける距離に、予備の水源があるかどうか確かめにいこう。発見できれば、水源の一部が干上がってもまた使用できなくなっても、あるいは近よるのが危険になっても、あてにできる水源があるので安心していられる。雨水と同様に、川や湖、沼、雪、氷といった自然界の水源からは、豊富な量の水を得られる。

家庭用雨水タンク

　イラストは大量の雨水をためられるタンク。とりつけた接続用ホースを通って縦樋から雨水タンクに雨水が流れこむ。ためた水には常時蓋をしておき、飲む前に沸騰させるか浄化する。

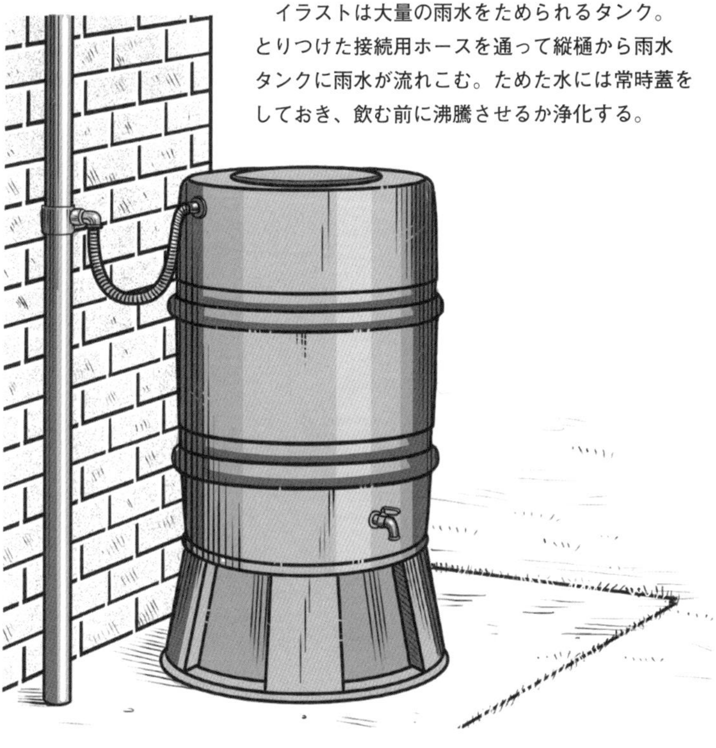

気をつけたいのはよどんで黒くなっていたり、強烈な臭いを放っていたりする水である。浄化しても絶対に飲んではならない。可能なときはかならず流れの速い水源を選ぶようにする。

　水を確保する場所とともに、運搬の問題が浮上する。水源まで歩いていって、大量の水を隠れ場所まで運んで戻ることになるかもしれない。水1リットルの重さは約1キロなので、出発前に自分が何リットル運べるか見当をつけたい。水をもって歩く距離や安全に運ぶ方法を考慮するとともに、悪天候などペースを落としそうなほかの要素にも配慮したい。手押し一輪車やトレーラー、自転車、リヤカー（そしても

水の効率的な保存

家や隠れ場所の周囲で、水をためて保存できそうな方法があったら、手あたりしだいにやってみよう。庭に置きっぱなしになっている蓋なしの容器でも水をためるのに役に立つ。その水は菜園や庭で作物への水やりに使うことができる。

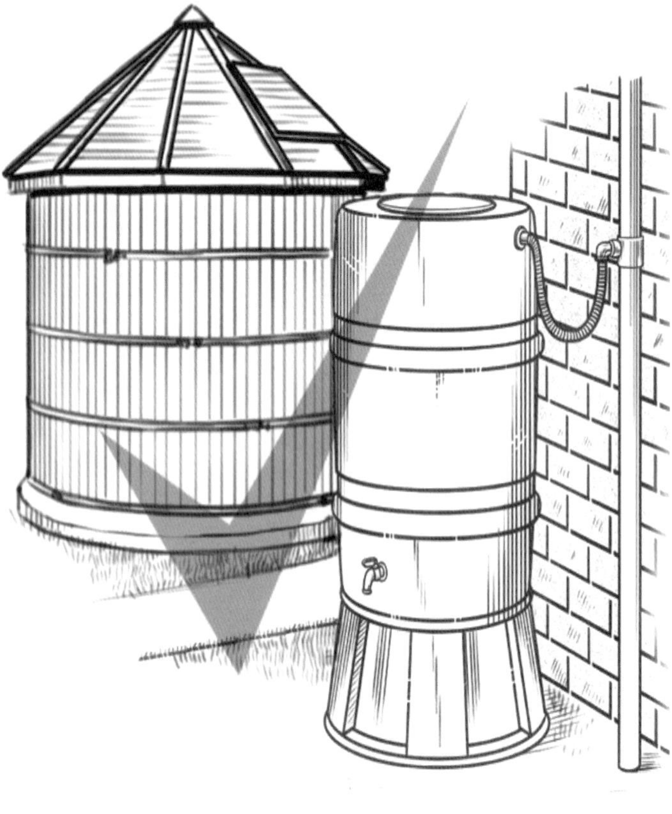

ちろん車も）などは、運搬できる水の量を増やすし、市販品の大型のブラダー［飲料水を入れて運ぶ水袋］にショルダーストラップをつければ背負って運ぶこともできる。

非常事態の水の確保

自然界の水源や降雨がほとんどない場合や、野外にいて水が不足しているときは、ほかの方法を考えなくてはならないだろう。植物と動物は、目立たない水源の存在を示すよい目印になる。どこかに水面があれば、近づくにつれて蚊が群がるようになるし、アリが列になって木の穴に出入りしているのは、なかに水がある証拠かもしれない。草原に降りる朝露は、布で吸いとって容器のなかでしぼれば簡単に集められる（足首のところで布をしばってくさむらのなかを歩けば時間の短縮になる）。

太陽蒸留器

太陽蒸留器を作ると、空気中の水分を非常に効率的に集められる。必要となるのは、1メートル以上の、できるなら透明なビニールシート1枚、容器1個、石1個、そして手もとにあるならチューブ1本である。このチューブは蒸留器のなかに降りずにたまった水を飲むために使う。地面に大きな穴を掘るが、深さは穴のなかに上向きに置いた容器が地面より下になって、穴の上に広げたビニールシートが石の重みで垂れ下がれるだけのスペースがあればよい。ビニールシートは、穴をおおったとき、5、6センチ程度端が出る必要がある。穴の周囲で端を岩や石、土で押さえて飛ばないようにし、またできるかぎり密封状態を作るためである。すきまが空かないようにしないと、蒸留器の内部で結露させたい水分が大気中にのがれてしまう。チューブを容器に入れるなら、チューブの上にかぶせたシートの端もぴったりふさぐようにする。シートの端が固定されたら、その中央に石を置いて容器の真上に沈むようにする。

時間の経過とともに（すくなくとも24時間）、地中から水蒸気がたち昇って、ビニールシートの表面で結露し、その内側を伝って容器のなかに滴り落ちる。たまった水はチューブから飲めるが、蒸留器はそのままの形で翌日も使うことができる。空気中から蒸留させた水は、1日以内なら飲んでも安全である。ただ、ビニールシートと容器はできるだけ清潔にしたい。

水の浄化

くりかえすようだが、集めた水は飲む前にかならず浄化しなければならない。ためたままの状態で3日以上経過しているならいわずもがなである。細菌などの微生物が水のなかで繁殖しているので、すぐに感染症にかかってしまう。さらさらと流れる清流のように見えても、自然界の水には、動物の尿など排泄物がたいてい混じっているのを覚えておきたい。どんなときも生水を飲んではならないのだ。

水を完全に沸騰させるのは、手間もかからず安全な殺菌方法だが、かならず3～5分は沸騰させる必要がある。塩素を浄化剤として使っても水のなかの細菌は死滅するだろう。錠剤になっている次亜塩素酸カルシウムを購入しよう。ホームセンターではよくプール用として売っている。安価で使いやすいが、漂白剤なので扱ったり溶液を作ったりする際は、手が荒れないように手袋をするのを忘れないようにしたい。

塩素の溶液を作る際には、7グラム(小さじに山盛り1杯)の次亜塩素酸カルシウムを9リットルの水に入れる。この溶液はこのまま保存が効き、いつでも浄化が可能で、水の1パーセントの量をくわえると30分後には安全な飲料水ができる。市販品の浄水器や浄化ポンプも飲料水作りに使える。ただしフィルターだけでは細菌を除去できないこともあるため、それだけで水処理をすませてはならない。可能ならいつも安全策をとるようにしたい。安全な飲料水を確実に作りたいなら、こうしたやり方をすべて組みあわせるのが最適の方法である。

自然の恵み

隠れ場所や家に備蓄した食料品にくわえて、自然環境で得られる食物、つまり植物や動物で食事を補う必要も出てくるはずである。市街地に住んでいるなら、自然物を採集できる望みは薄いだろうが、どうしてすてたものではない。近くの緑地公園などにはリスやウサギ、ハト、カモなど食用になる動物がいる。食べられる野生の植物も豊富で、イラクサ、タンポポ、ハラタケ、ブラックベリー、果樹、スイバなどが自生している。

まだ平穏なうちに近隣地域を徹底的に調査して、自然のままの土地でも管理地でも、どのような食用可能な植物や動物が生息しているのかを記録しておきたい。自分の家の庭も見すごさないようにしよう。空気銃をかまえて警戒していれば、テーブルにさまざまな種類の動物の料理をならべられる。食べ物のかけらやきれ端を外に出して、どんな動物が庭に侵入してくるか観察してみよう。

隠れ場所が手つかずの自然のなかにある場合は、当然ながら狩猟や植物の採集のチャンスは大幅に広がる。ところが温帯のみで食用可能な植物だけでも膨大な数にのぼるので、本書の紙面ではその代表例を紹介するのもむずか

雨水のため方

防水性のあるターポーリンが、杭４本に結わえつけられて雨水をためている。石が置かれているためにターポーリンは樋の役割をして、雨水を容器に集めている。このようなタイプの集水装置は、ほんの数分間で大量の水を集められる。

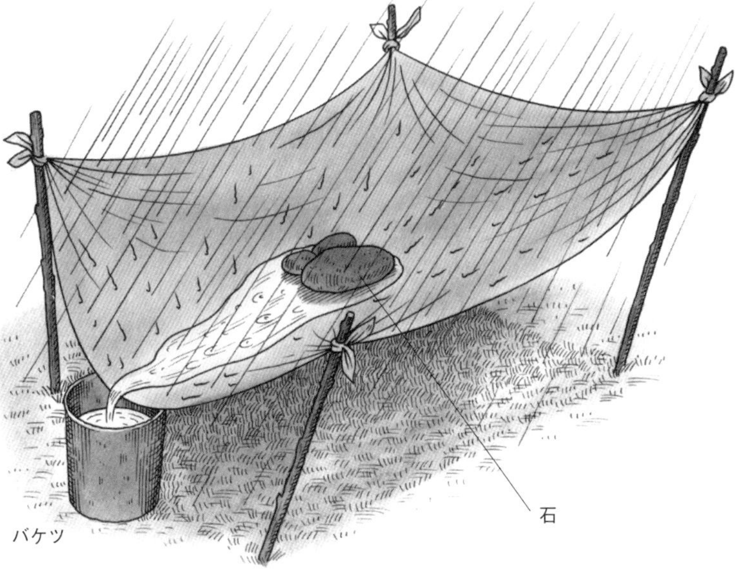

しい。そこで地元地域にかんする評判のよい野外観察図鑑を手に入れることを勧めたい。それで食用可能な種類の見分け方を覚えてこう。とはいっても、絶対まちがいなく見分けられるようになる必要はあるのだが。キノコの場合は食べると死ぬような猛毒の種類があるので、とくにそれが重要になる。それどころか、よほど追いつめられた状況にならないかぎり、キノコには手をつけないのにこしたことはないのだ。いよいよせっぱつまったら、米陸軍の万能食用テストを実施して、その植物（キノコは不可）が食べられるかどう

家庭内の水源

緊急に水のある場所を探さなくてはならないときは、違った角度からも考えてみよう。水槽やトイレの貯水槽には、飲める水がたまっているかもしれない。もっともそれは、薬剤が添加されていない場合にかぎるが。でなければ断水になりそうな徴候があったらすぐに、水をためられるものにできるかぎり水を満たしておく。

かを判定することは可能である。ただしその際にはテストの手順に厳密に従わなくてはならない。

狩猟と釣り

人の手が入っていない地域には、たいてい自然の貯蔵庫に充実した動物性食物がたくわえられており、その種類もシカなどの大型獣から近くの小川に住む小魚まで豊富である。温帯をはじめとする世界の多くの地域では、一般的に次のような動物が食料源になる。

- ウサギ
- リス
- シカ
- 野生のヤギ
- 野生のシチメンチョウ
- イノシシ
- ハリネズミ
- 野鳥（カモ、ガチョウなど）

ただしこのリストになくても、毒性のない獣肉はほぼすべて食用になる。たとえばコオロギ、バッタ、キリギリスなどの飛ぶ昆虫もタンパク質が豊富で、生のままや直火焼き、オーブン焼きで美味なスナックになる（ただし食べる前に脚と羽はとる）。ヘビの肉も食べられるが、捕獲するのは毒のない種類だけにする。二股になっている木の枝で頭を押さえつけて、棍棒《こんぼう》か山刀で頭を殴れば息の根を止められる。

追跡

追跡をするときは、断片的な「手がかり」を結びつける必要がある。地面や周囲のほかの場所の乱れなどから、動物や人の向かっている方向が割りだせる。うまい具合に関連性のある手がかりが3カ所見つかれば、明確な移動ルートが見えてくるはずである。

食用可能な植物

食用可能な植物を探すときは、栄養のバランスをとるためにできるだけ多くの種類を採取する。植物の食べられる部位は、葉、根、花、樹皮、果実、ベリー（液果）、ナッツなどだが、こうしたものが手に入るかどうかは場所や季節、気候しだいである。

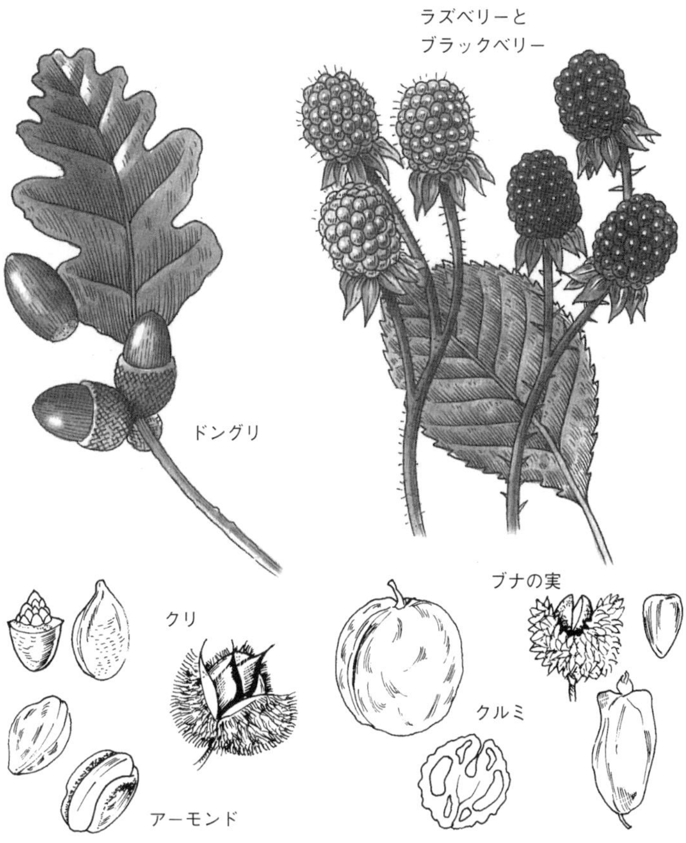

米陸軍万能食用テスト

1　１度のテストで口にする植物の部位はひとつだけ。
2　植物を葉、茎、根、芽、花などの基本的な部位に分ける。
3　強い臭いやすっぱい臭いがするかどうか、臭いをかいでみる。ただし植物が食用できるかどうかは、臭いだけでは判断できない。
4　８時間絶食してから、このテストを開始する。
5　この絶食しているあいだに、テストする植物の部位を肘または手首の内側に乗せて、かぶれのパッチテストをする。通常は15分もあれば反応が表れる。
6　このテスト中は、浄化した水と実験中の植物の部位しか口から摂取しない。
7　ひとつの部位の小片を分けて、実際に食べるときと同じ方法で調理する。
8　口に入れる前に植物の小片（ひとつまみ）を唇の外側にあてて、ヒリヒリしたりかゆくなったりしないか確かめる。
9　３分たっても唇に刺激を感じなければ、その小片を15分間舌にのせたままにする。
10　それでまったく異常がなければ、小片をよくかんで口にふくんだまま15分待つ。飲みこんではならない。
11　その15分間にヒリヒリする痛みやかゆみ、しびれ、刺すような痛みといった不快な刺激を感じなければ、その植物を飲みこむ。
12　８時間ようすを見る。この間に具合が悪くなったら、その植物を吐きだして大量の水を飲む。
13　ここまででまったく異常がなければ、同じように調理した植物の部位を４分の１カップ食べる。さらに８時間待つ。それでも具合が悪くならなかったら、同じ調理法でその植物の部位を食べても安全だと判断できる。

注意

食用に適している部位があっても、ほかは食べられない場合もあるため、すべての部位で食用テストを実施する。また調理して食べられるとわかった部位も、生食で安全かどうかはわからない。食べる前にまた生でその部位の食用テストをして、安全性を確かめたい。同じ植物または部位でテストしたとしても、結果の出方には個人差がある。

スイバ

武器

重要なのは仕事にふさわしい武器をもつことである。国の法律が許すなら、もちろん一般的な狩猟で銃にかなう武器はない。狩猟用の基本的な銃器には次のようなものがある。

- 22（22口径）エア・ライフル。ウサギぐらいの大きさまでの小動物用。構造的に許容できる最大限の空気圧を充填できて、射程が30～50メートルのものを選ぶ。
- 12番径のショットガン。装弾は軽量なバードショットからシカ射ち用のダブルオー・バックまでさまざま

ウサギの始末

傷ついたウサギを後ろ脚でもって逆さに吊す。あとは空いている手を手刀にし、ウサギの首に強くふりおろす。鋭い一撃になれば、ウサギはこれで絶命する。

なサイズをそろえたい。この多用途の火器は、動きの速い動物をとらえて殺すことができる。鳥の羽を狙って撃ち落とすことも可能である。

- ボルトアクション・ライフル。シカやクマなどの大型獣向き。口径が重要だが、.30–06 スプリングフィールド弾か .308 ウィンチェスター弾のような弾丸であれば、数百メートル離れた大物でも、確実に倒せるだろう。

この３挺があれば、ほとんどの哺乳動物と鳥は食用に供される。それでも国の銃規制のためにこうした銃の入手が困難なら、合法的に取得できるあらゆる武器を集めて準備しなければならない。そのリストは驚くほど長く、弓、クロスボウ、カタパルト、スリングショット（パチンコ）、槍、投げナイフ、ブーメラン（とくに動物を昏倒《こんとう》させせられる重量のあるタイプ）、スネアワイヤーなどの動物用の罠と、多くの種類にわたっている。本番で使うことになる前に、全部ひと通り使用方法をのみ

リスの捕獲罠

リスは生息環境が広いおなじみの動物で、都会でも見かけるので、緊急時には手のとどく食用の肉となる。イラストのようなリスの捕獲罠は、リスをなかの餌で引きよせて生け捕りにする。エア・ライフルで頭を撃って最後の始末をする。

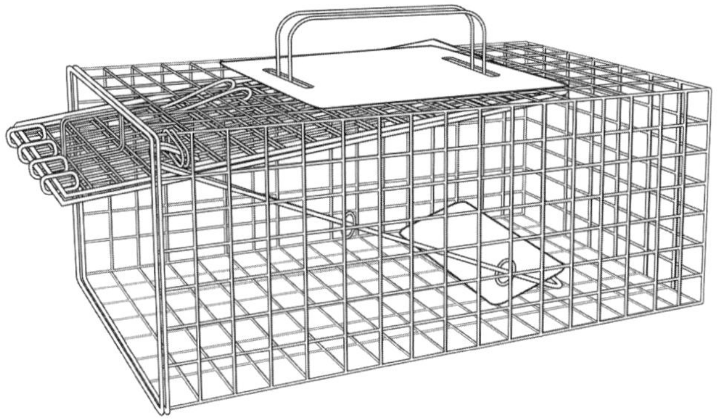

鳥の捕獲罠

鳥の飛ぶルートか止まり木の周辺に針金を張り、そこに釣り糸で作った絞め縄を下げると、簡単な鳥の捕獲罠ができあがる。

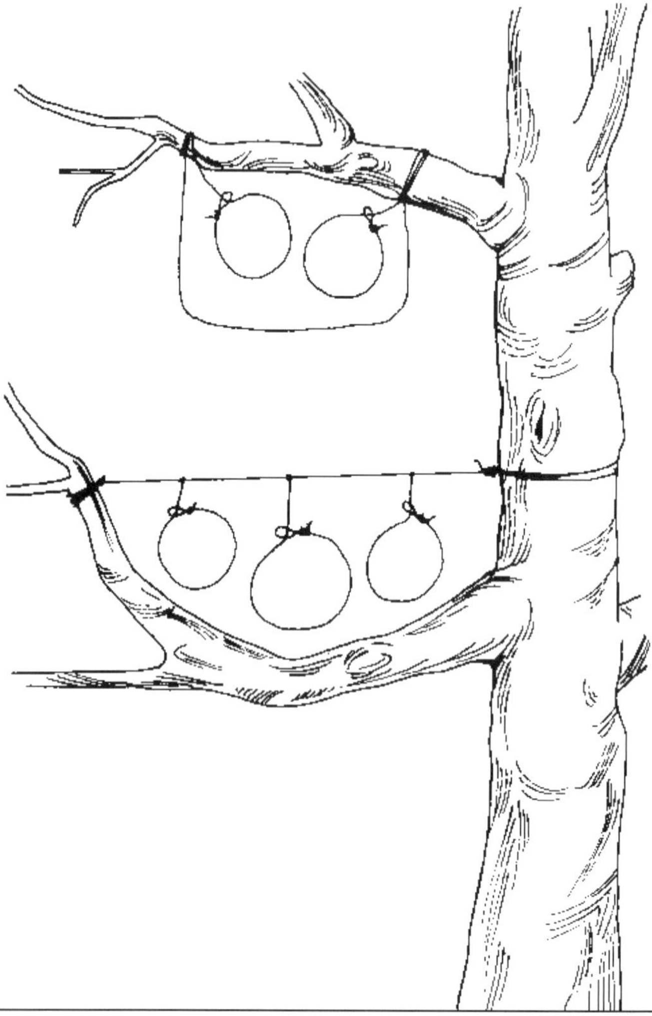

跳ねあげ式スネア

この罠は、頭上の大枝が切れこみに引っかかっている棒（トリガー）を引っぱっていて、動物が下の輪につっこむとトリガーがはずれ、スネアの輪が締まる仕組みになっている。と同時に上の大枝が動物を空中に跳ねあげるので、回収に行くまで動物はそのまま宙吊りになっている。

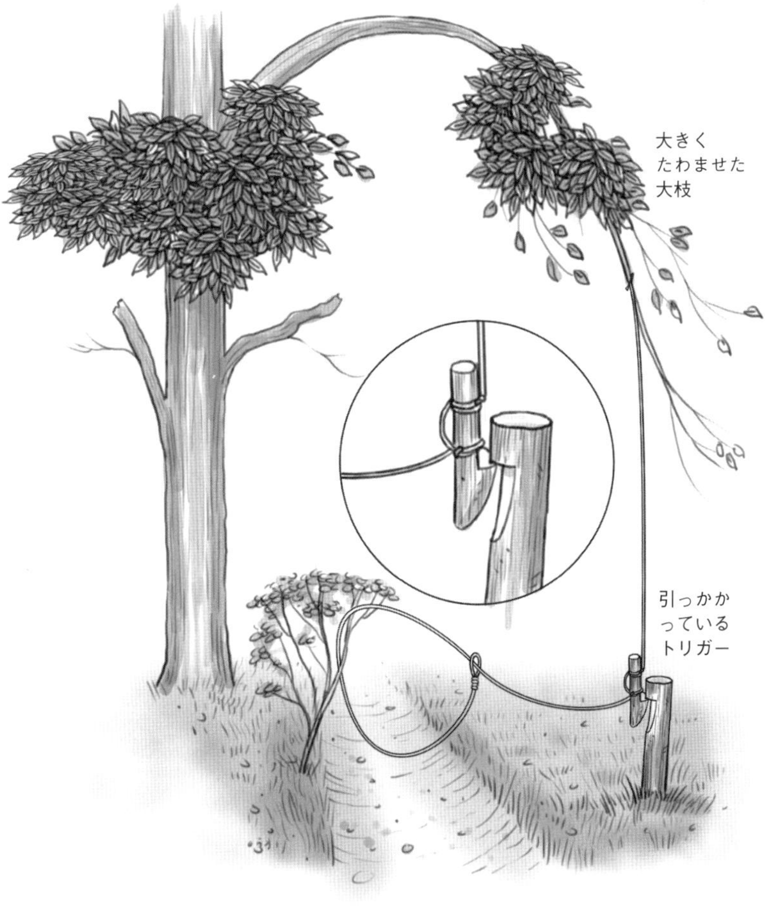

スプリング・スピアトラップ

イラストのようなスプリング・スピアトラップは、ベトナム戦争中にベトコンによって対人ブービートラップとして使用されていた。狩猟に用いるなら、イノシシやシカなどの大型哺乳類をしとめるのに最適である。

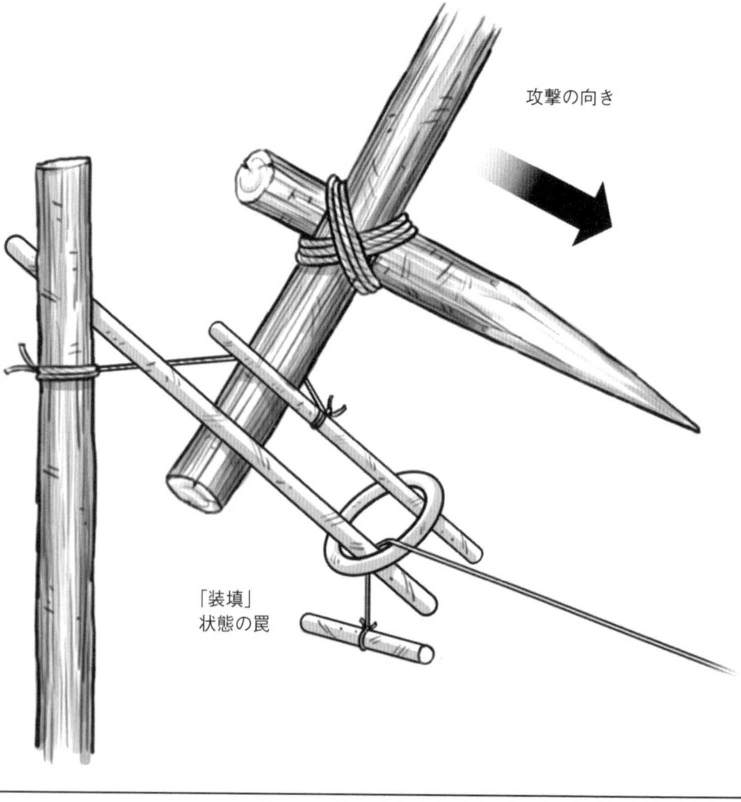

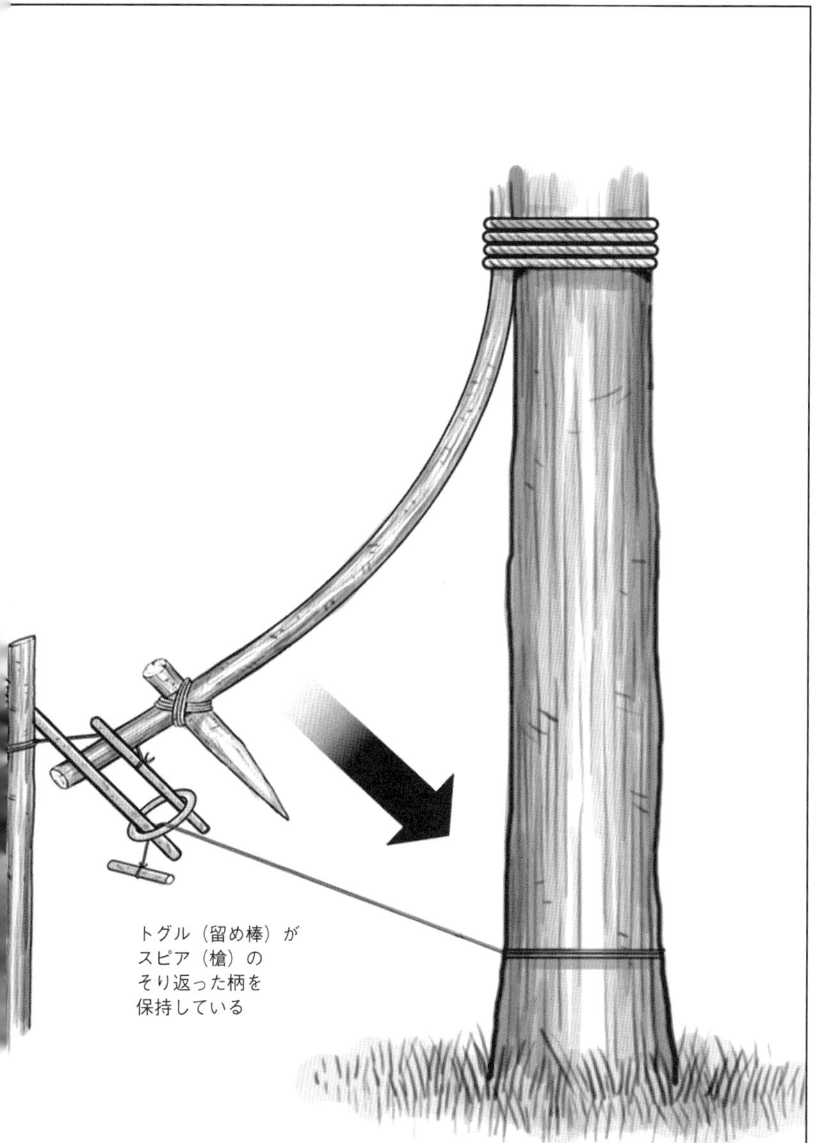
トグル（留め棒）が
スピア（槍）の
そり返った柄を
保持している

こんでおこう。弓などは何千年ものあいだ狩りの主要な武器だったが、数十メートル離れた生き物に命中できるほどの腕になるまでは数年間を要することもある。

獲物についてもよく理解して、武器はそれに正確に合うものにしなければならない。たとえば12番径ショットガンの5号弾は、50メートルの距離にいるウサギやカモならしとめるが、70メートル離れている大型のシカには、深手を負わせても致命傷にはいたらないだろう。逆に.30-06弾は300メートル以内のクマを倒せるが、ウサギに向けた場合はボロきれのようになるので、食べられる肉はほぼ確実に残らないだろう。大部分の政府や州が法にのっとって出しているガイドラインには、特定の動物の狩猟に許されている正しい銃と弾丸の組み合わせが示されている。銃の性能と威力について有益な情報が得られるので、読んで研究しておくとよい。さらに、殺した動物を解体する方法もかならず覚えておきたい。貴重な食料になる動物をむだにしたくはないだろう。まったくの門外漢は、地元の肉屋かハンターから手ほどきしてもらうとよいかもしれない。

釣り

魚は非常に重要な動物性のタンパク源になり、塩水からも淡水からも収穫

射撃姿勢

ライフルで狩猟ができるなら、かならずしっかり安定した姿勢をとってから、引き金をしぼるようにする。ただの二股になっている枝も前方の支えにすれば、銃の前床を固定するのに役に立つ。

狩猟用クロスボウ

現代のクロスボウはすぐれた狩猟道具で、ほぼ無音で動作しながら 100 メートル内外の有効射程がある。ただしクロスボウでの狩猟が禁止されている国は多い。

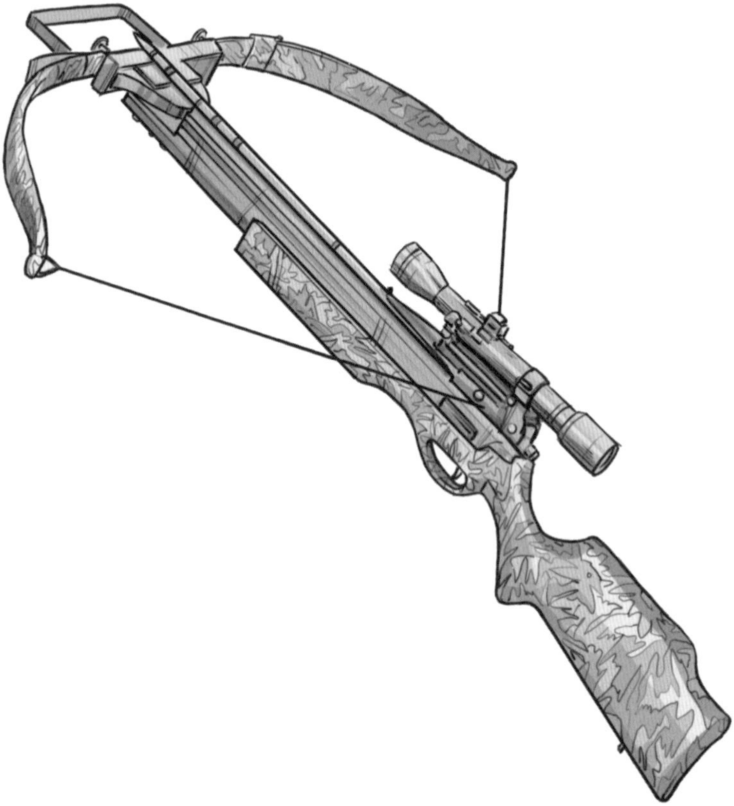

スリングショット（パチンコ）

スリングショットには、30メートルの距離から鳥など小型の獲物を殺す威力がある。ただしこれほどの射程になると、放たれた弾は大きくカーブを描きながら飛んでゆくので、遠方の標的に命中させるためには相当な練習を積まなくてはならない。スリングショットを購入するときは、ゴムひものかわりになる外科用チューブも多めに用意しておきたい。

グラウンド・ブラインドを作る

グラウンド・ブラインドは、猟で使用するためにカムフラージュをほどこした隠れ場所である。この拠点を計算した場所に設けて周囲と自然に溶けこむようにすれば、近くの動物も慣れて、弓やライフル、ショットガンの射程内に無防備に入ってくるようになるだろう。最近市販されているテント式のブラインドには、写真のようなリアルなカムフラージュが印刷されている。

が可能である。もし釣り具がないなら、フルスターター・キットの類いを購入したい。ふつうこうしたセットには伸縮式釣り竿、スプールリール、釣り糸（引っぱり強度が1.5キロ、長さが100メートル以上あるとよい）、各種サイズの釣り針と浮き、非毒性のオモリ、それにこれらをもち運ぶためのバッグが入っている。これにくわえて軽量で折りたたみができる魚網を購入したい。これを川の狭まっているところに渡し、重しで網が底につくようにしておくと、ほんの数分で大量の魚がかかる。

自然を育む

最後になるが、自然界から食物を得るときは、そこで野生動物が根絶やしになるほど乱獲すべきではない、ということをつけくわえておく。できるなら、妊娠している生き物は手にかけるべきではない（お腹に仔がいる動物は、いずれにせよホルモンの作用で不味くなっていたりする）。そして生命と健康を維持するために必要としている分を越えて捕獲するのもつつしみたい。自然を大事にしたら自然に大事にされる、という古いことわざは、危機的状況でもやはりあてはまるのである。

釣り竿

売られている釣り竿は安価で、サバイバルをめざす者にとっては後悔しない投資になる。はじめて購入するなら、長さが３〜４メートルの竿を選ぶとよい。川の土手から港の岸壁まで、釣りの多様な条件に対処できる柔軟性がある。

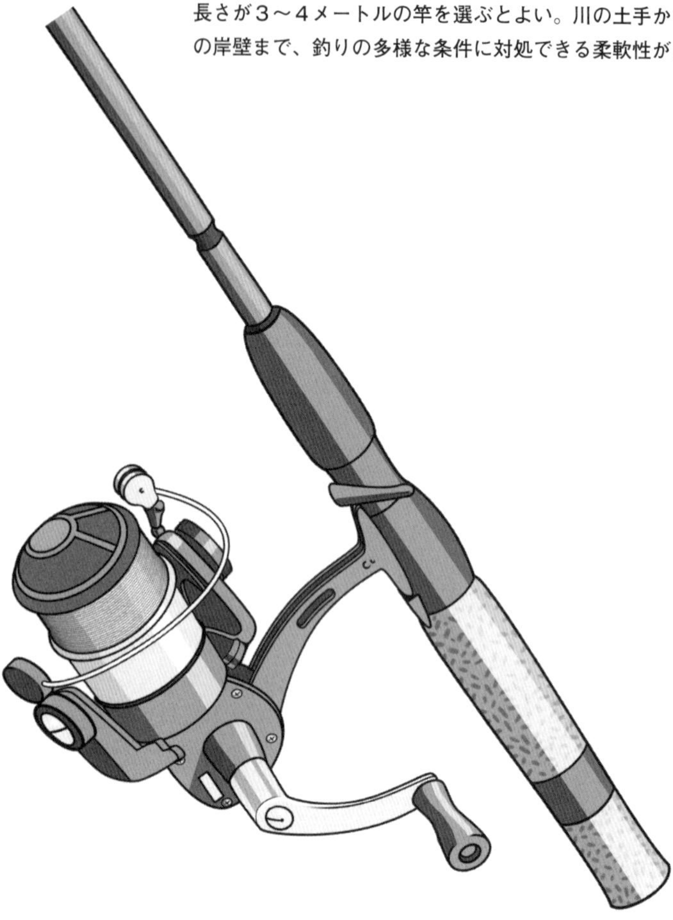

ペットボトルのびんどう

ペットボトルのびんどうは、米陸軍のサバイバル訓練で教えられているなかでもっとも簡単な魚獲りのしかけで、必要な材料は空のペットボトル１本だけである。魚は逆向きについたボトルの首から餌をめざして入ってくるが、あとはそこから出られなくなる。

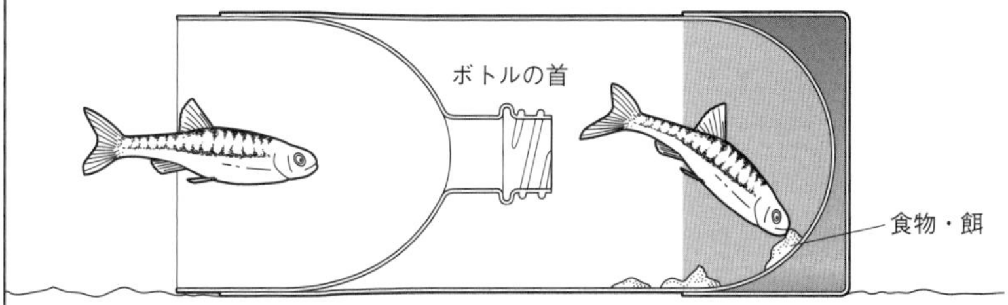

フィッシング・キット

イラストは非常時に役立つフィッシング・キット。さまざまな種類の釣り糸や釣り針、オモリ、餌が、もち運びに便利な筒の容器に入っている。こうしたポケットサイズのサバイバル・キットをいつも携帯し、車に積んでおく習慣をつけたい。非常時にはそれが生存のカギをにぎることもある。

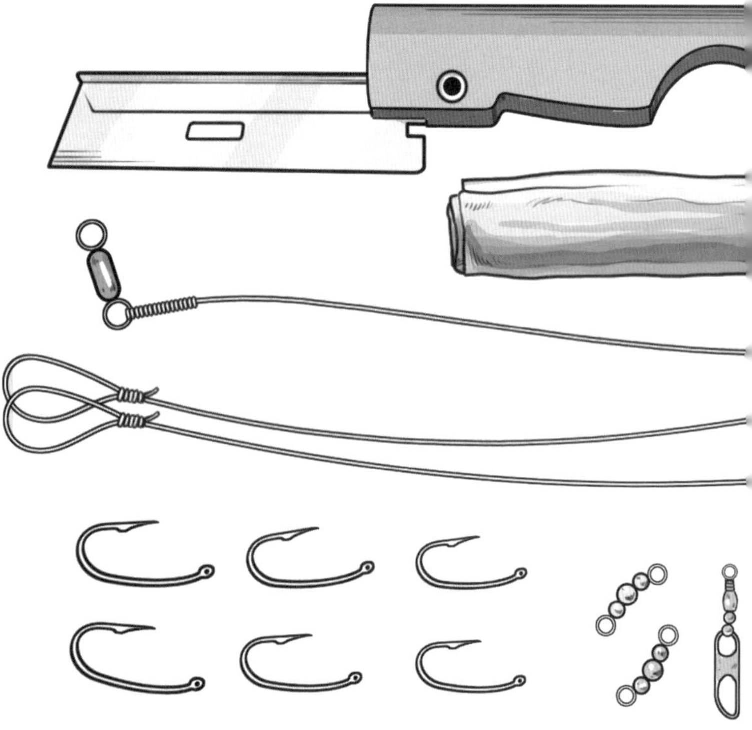

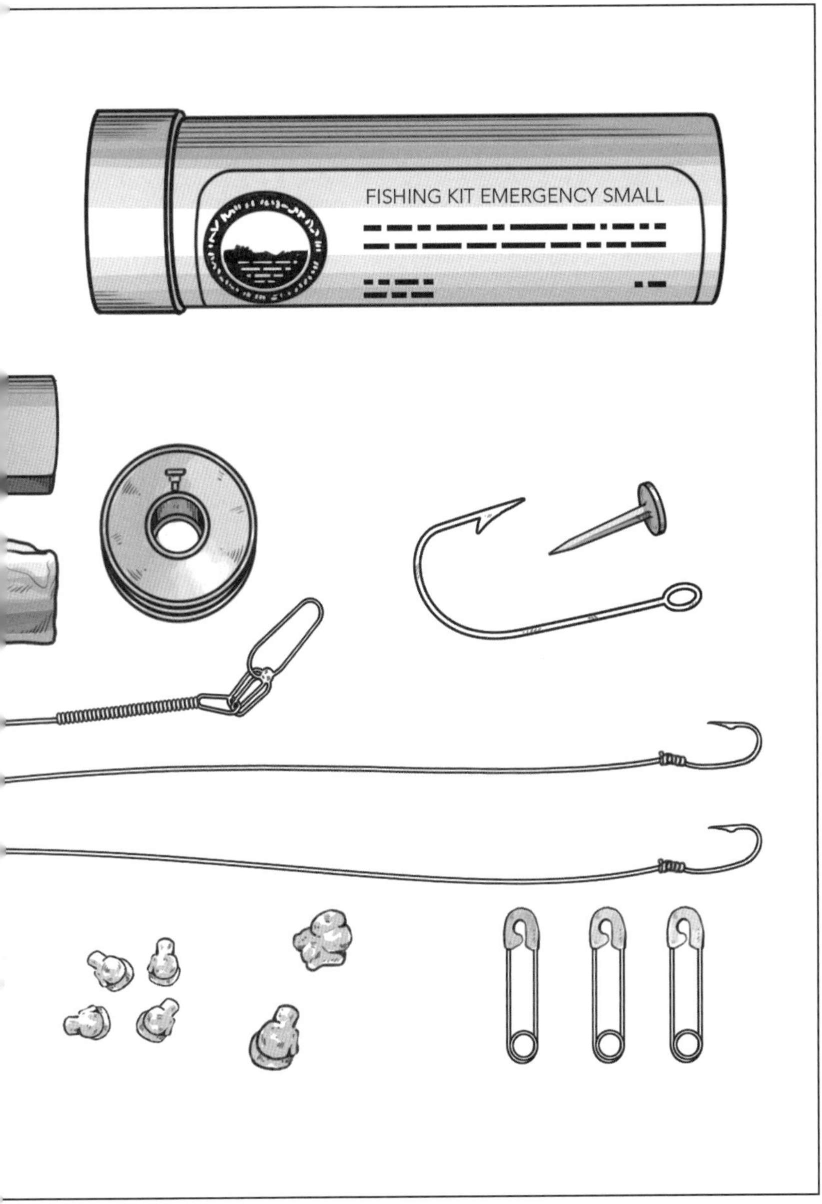
FISHING KIT EMERGENCY SMALL

竿釣り

サバイバルの状況になったら、竿釣りはただの枝と長い糸、針だけでも行なえる（トゲや曲がったピンをうまく使えば針のかわりになる)。この釣り人が沼の淵で身を低くしているのに注目したい。魚からできるだけ見えないようにしているのだ。

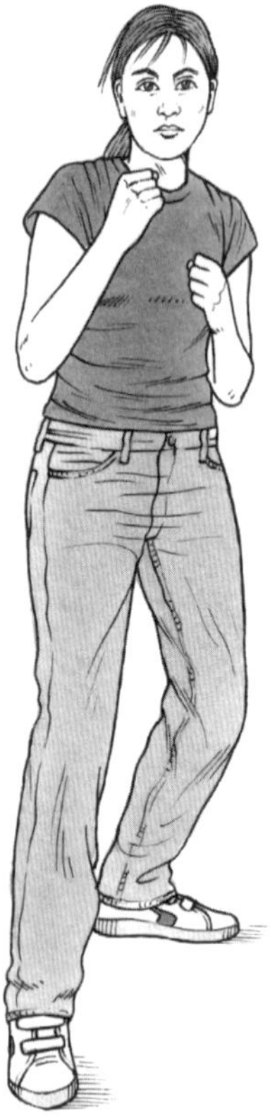
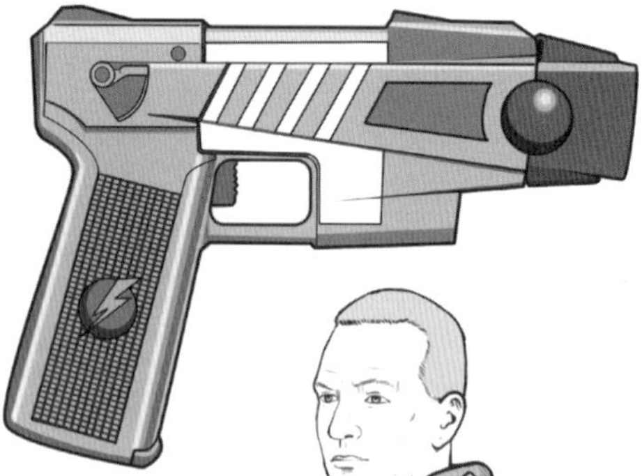

第5章

人的脅威に対する自己防衛には、たんなる回避行動から暴力的な身体的行為まで、さまざまな対応の仕方がある。

自分を守る

危機にみまわれた社会がどのような反応を示すかは予測がつくものではない。ときには、逆境のもとで人々が一致団結して、直面する問題に肩をならべて立ち向かうこともある。このような行動は1940～41年のロンドン大空襲時のイギリスでも見られたし、また第1章でふれたように、2011年に津波の被害を受けた日本でも見受けられた。だがすさまじい被害をもたらす災害が長引けば、それとは逆にある時点で、社会はみずからに牙をむきはじめるかもしれない。それまで社会に逆らうことなど考えもしなかった人々も、飢餓と恐怖のために理性を失い攻撃的になる。世界大戦下の多くの地域の先例のように、犯罪や暴力行為を働くようになるのだ。

旧ユーゴスラヴィアなどは、文化的な近代国家とみなされていたが（1984年の冬季オリンピックの開催国だった）、1990年代の内戦では、第2次世界大戦以来最悪となる民族間の暴力行為がくり広げられ、大量殺戮やレイプが政策として公然と行なわれていた。

アフリカでも同様にシエラレオネやコンゴのような国は、ここ数十年間、社会が崩壊して完全な無法状態になったときに起こりえる真の恐怖に支配さ

護身のためのそなえは、徒手格闘術のトレーニングにとどまらない。低致死性の武器から多様な火器まで、法的に所持を許されている武器をそろえることもふくまれる。

れている。たとえばコンゴでは、1998年以降、虐殺もしくは紛争の影響で起こった飢餓などのせいで、およそ540万人が命を失った。

法の支配が維持されている国であっても、ギャングの腕ずくの支配はそれをうまくかいくぐっている。メキシコでは人を人と思わない麻薬密売組織がはばをきかせており、2006～2011年には3万4000人以上が殺害されるにいたった。年間の犠牲者数は2010年だけで1万5273人にのぼり、当時のアメリカ国務長官ヒラリー・クリントンをして、この国は事実上の内乱状態にある、といわしめた。

つまりは文明社会とは、ひどく原始的な本能や行動の上にかぶせた薄いベニア板にすぎないのである。そのベニア板が社会的災害によってこなごなにうち砕かれたとき、いつまでも修復されないなら、自衛の問題を自分の手で解決せざるをえなくなるだろう。

察知と回避

本章は自衛をテーマにしているが、まずはその意味することについてのある種の誤解を払拭しなければならない。一般的に自衛というと、パンチや蹴り、組み技や投げ、そして射撃をもふくむ実力行使が連想される。だが実のところ身体的暴力は、手を出さずにあの手この手の防御を試みて、それでもダメだったときに最終手段にすべきなのである。というのもいくら訓練を積んで武器で身を固めても、暴力に訴えるとなると結果がどうなるかはわからないからだ。格闘家が戦いの展開をほぼ完璧に支配するハリウッド映画は、路上の醜悪な真実とはかけ離れている。路上の戦いはフィクションより残酷で単純で、カッコいい終わり方などしない。対決にいたるはるか前に、自衛の基礎を押さえておかねばならないのはそのためである。

予防的自衛のふたつの柱は、警戒と回避である。これはひと言でいえば、さしせまった脅威を敏感に察知できるようにして、実際に暴力がふるわれる前に脅威を回避できる行動をとる、ということである。被災地では、危険因子の数も危険度も大幅に上昇するので、むずかしくなるだろう。こうした状況では、ただ玄関から出て市街地に行くだけでも、危険にさらされることがある。しかしたとえどんなに不穏な状況にあっても、気をつけるべき前兆というのはあるのだ。

群衆と暴動

心理学者の観察から、人はひとりのときと大きな集団にくわわったときとは、まるで違った行動を示すことがわかっている。そのメカニズムを説明す

警戒

平時のうち警戒能力をあげる訓練をはじめたい。自分に注目を集めるような行動やものをもち歩くことをつつしみ、人影の少ない場所や危ないと噂を聞いている場所は大きく迂回する。なによりも重要なのは、ほかの人間の動向をたえず意識することである。自分の動きと関連する動きを示している者がいたら要注意である。

脅威への対処

敵意をむき出しにした人間が向かってきたら、何をおいても怖がっているようすを見せてはならない。そのような態度をとれば、攻撃を思いとどまらせるどころか、誘発することにもなりかねない。イラストの左手の人物は、攻撃的人物を前にして冷静さを保っている。相手がこれ以上近づいてくるようだったら、防御のためにガードのかまえに移らなければならないだろう。

社会の崩壊

緊急事態にみまわれた市民は、しばしば反社会的行為におよぶ。その最たる例が略奪である。略奪にうつつを抜かしている集団には近づかないほうがよい。法執行機関や軍事機関が強引な実力行使に出るときに、まきこまれるかもしれないからだ。

る理論や議論は複雑だが、集団がそれ自体の人格と勢いをもっているのは疑いようのない事実のようだ。人はそうした集団に入ると、自分の道義的責任を多少放棄しても集団に従えるようになる。集団はひとりかふたりのリーダーによって牛耳られるケースもあるが、共通の不満やただひたすら協調したいという気持ちでまとまって、ほとんど集団自体の意志で行動しているようなケースもある。いずれの場合でも、極度の興奮状態にある集団が、不満や帰属意識の危機を訴えているような場合はとくに、その集団に出くわした者にとって現実的な危険であるのはまちがいない。

ストレス反応

生理的変化

- 心拍数の増加
- 呼吸数の増加
- 四肢先端の血流量の減少
- 一時的な難聴
- 1分間の心拍数が115で、細かい運動のスキルを喪失
- 心拍数145で複雑な運動のスキルを喪失
- 作業心拍数が150を超えると総合的な運動のスキルが向上
- 筋力とスピードの増加（短時間）
- 激しいぶつかりあいをしているときは、心拍数が急上昇して200をゆうに超えることもある

見え方の変化

- 両眼視が強くなる。両目が開いたままになり、片目だけをつぶるのが非常にむずかしくなる。
- 周辺視力と奥行きの感覚の喪失（視野狭窄《きょうさく》）。
- 近見視力の喪失。射撃をする警官のほとんどが、火器の照準を見ない理由のひとつは、生理的に目の焦点を合わせるのがほぼ不可能だからである。

認知機能の変化

- 心拍数145で、論理的に思考し計画する認知脳が機能を停止しはじめる。
- 意思決定の水平性が抑制される。選択肢が広がるほど、決断をくだすのが遅くなる。
- 反応時間の増加。あまりにも多くの刺激を短時間で処理するためか、暴力的な対決が実際に起こっていることを否定したいためかのどちらかが原因と考えられる。

出典：フロリダ州法執行局 刑事司法基準・訓練委員会の2004～15年テクニカル・レポート（2004年9月10日）にもとづく

危険な群衆を避けたいなら、大勢が集まっている街の区画を避けて通る。集団がそこで縄張りを主張しているならなおさらである。こうした縄張りの境界は、落書きのような目に見える形で示されていることもある。そうでなければ、街角に見張り役が立っていて、近づく者に警告をあたえてくるかもしれない。いずれにせよ、このような地域は敬遠するのにこしたことはない。

期せずして攻撃してきそうな集団や群衆とはちあわせになったときは、狼狽や恐怖を顔に出さないようにする。いうほど簡単ではないが、次のようなアドレナリンを抑えるテクニックを使うとよい。

ゆっくり深い腹式呼吸をする。

息をいっぱい吸いこんだ状態でしゃべらないこと。声がうわずって、トゲトゲしく聞こえる。かえって息を半分吐いてから話すと、おちついた低い声になる。

神経が高ぶるあまり、体のどこかを動かしたい衝動を感じたら、靴のなかで爪先を細かく動かすとよい。それでほかの人間には見えないところで、興奮を鎮められる。

ゆっくり静かな口調で周囲の人間に話しかける。自然にしてとりつくろわないようにするのは、怪しまれないためである。ただ自分がやろうとしていることと行き先を告げて、無害な人間であることをアピールする。やっかいな相手や集団とやりとりするときは、その前にサングラスをはずすのが鉄則である。人は目を見た相手を信じやすいが、サングラスをかけると非情で威嚇的にさえ見えてしまうからである。

暴動をのりきる

大勢の人間にとり囲まれたときに、いちばん危険度が高い状況が暴動である。暴徒はとてつもない感情エネルギーをともなっていて、外見が違っているというつまらない理由だけで、ほかの人間に暴力を向けることもある。そのため、どのように見えるかが死活的に重要になる。可能なかぎり目立たないようにしよう。派手ではなくできるだけ肌をおおう服を着て、どこにでもあるような帽子をかぶって顔を隠し、暴徒とは目を合わせないようにする。服装の色調を暴徒に最大限近づけて、知的職業階級や警察・軍の関係者を思わせる服装は極力避けるようにする。

ルートを慎重に検討して暴徒を迂回し、出口がどこにもない街路には入らないようにする（暴動が起こっているときは、地域の市街地図を携帯するとよい。安全なルート探しに重宝する）。大規模な暴動は、目抜き通りや往来の多い道を進路にする傾向があるので、騒乱が起こりそうな気配があったら、こうした道は避けるようにする。

暴徒に囲まれて車が動けなくなったときの対処法

群衆の横を通過しようとした自動車などの車両が、怒れる暴徒の注意を引くことはよくある。自分の車が暴徒の標的になったら、次のような手順に従おう。

- 群衆のあいだをすり抜けながら動きつづける。止まってはならない。
- 出口を確認できる逃げ道が見えたら、すぐに群衆からそれる方向にハンドルを切り、できるかぎり離れようとする。
- 脇道を走るようにして、大勢の暴徒の関心を引きにくくする。
- 暴徒に車を囲まれても、車を止めずに低速で前進しつづける。これで群衆は、自然に車の前方で道を空けるようになる。
- 軍や警察の検問所にスピードを出して向かってはならない。保護を求めていたとしても、当局はただ脅威とまちがえて発砲してくるだけである。
- 暴徒に腹をたてたようすを見せないこと。目が合ったときは、にっこり笑って励ましの言葉をかける。怒りにまかせて怒鳴りつけてはならない。

バリケードの横やトンネルのような狭い空間にはいないようにしよう。大人数が通過しようとするときに押しつぶされるおそれがある。また向かってくる群衆のなかに割って入っていくのも考えものだ。人の流れを押し戻そうとする行動が反発をかいかねない。むしろ逆らわずにしばらく歩くほうがよい。群衆に目立たないように溶けこんで、タイミングをみはからってこっそり列を離れる。集団の中央では先に先に進もうとする猛烈な勢いに押されるので、流れがゆっくりになっている端にずれてからひそかに離脱する。どのようなやり方をするにしても、いきなり走りだして離れるのは愚行である。それで注目を集めるばかりでなく、オオカミが獲物の追跡を楽しむように、群衆もそのエネルギーをよそ者狩りに向けるかもしれないからだ。

人の群れから離れたら隠れ場所にひき返す。あるいはその周辺がまだ騒然としているなら、安全な場所を探して沈静化するまで身をひそめている。町や都市のあちこちに知人がいるなら、事前に申しあわせをして避難できる家のネットワークを作っておくと、そうした家のいずれかにかけこめる。それ

唐辛子スプレー

唐辛子スプレー缶は、有益な護身ツールだが人の命は奪わない。攻撃者の顔面に直接スプレーをかけたら、相手が強烈な不快感で混乱しているうちにさっさと逃げだす。攻撃者が武器をもっている場合は、パニックになって目が見えないままめちゃくちゃな攻撃をしてくることもあるので注意したい。

ぞれの家の住人に、入りたがっているのは自分だとわかってもらえるように、合図を決めておきたい。

軍の出動

暴徒の近くにいると危険がおよぶことがある。軍や法執行機関が群衆を追いちらせようとして、なんらかの手段を行使すると、そのとばっちりを受ける可能性があるのだ。第3章ではすでに、災害現場で神経過敏になった軍関係者がもたらす危険についてふれた。ところが暴動が起こった場合は、どの兵士も対峙《たいじ》するとらえどころのない集

市街地への軍の出動

非常時に軍が市街地に配備されるとき、その交戦規定（RoE）には、職務質問から射撃命令までさまざまなパターンがある。外出禁止令が実施されたらおとなしく従い、部隊からよく見えるところで火器や火器らしき武器を携帯してはならない。そのようなことをしたら、即刻弾丸が飛んでくるだろう。

団を、自分らと地域社会の安全を脅かす敵とみなすため、緊張の度合いはそれ以上に高まることになる。兵士が有能な指揮官に率いられていて、明確な交戦規定（RoE）が定められている場合は、おそらく群衆に対して武力行使のレベルをあげていくだろう。たとえばRoEは、次のような段階をふんでいく。

1　**口頭での警告**——全員への解散指示。
2　**実力行使**——盾で押し戻す、または場合によっては警棒で殴るまでして、群衆の移動もしくは抑制を強行。
3　**非致死的手段1**——催涙（CS）ガスの発射器を使用。
4　**非致死的手段2**——ゴム弾を発射。
5　**非暴力的手段3**——実弾を群衆の頭上に威嚇射撃。
6　**致死的手段**——群衆に向かって実弾を発砲して暴徒を殺傷。

まきこまれた者はだれでも、この対抗手段のできるだけ早い段階で抜けだしたいと思うはずである。兵士や警官がなんらかの武器をもって現れたら、躊躇《ちゅうちょ》せずにその場を離れて屋内に入り、催涙ガスから身を守ろう。前もって催涙ガスの使用が予測されたら、ビニール袋いっぱいのバンダナをもち歩く。このバンダナは水に浸し、顔と目をおおうのに使う。巻いたバンダナには、ほんの2、3分でガスの成分がしみこむため、一定の間隔で交換したい。水泳用のゴーグルを携帯すれば、目をおおってヒリヒリ痛むガスから守ることができる。

唐辛子スプレーなど、非致死的な化学薬品を浴びたとしてもパニックにな

特殊警棒

伸縮式の特殊警棒は、金属製の柄に収納されている鋼鉄の棒が、ばねで飛びだす仕組みになっている。ふりだしただけで伸び、関節や側頭部にふり落とすと痛烈な打撃になる。

スタンガン

スタンガンの神経を麻痺させる電気ショックを受けると、一瞬で体が動かなくなる。装置の操作スイッチを押すとショックの追い打ちができる。

らないようにしよう。ガスが広がっている場所から抜けだして、手で目をこすりたくなる誘惑にうち勝つ。こすったら、痛さがますますひどくなるだけだ。炎症を起こしている体の部分に、きれいな水をかける。目を洗うときは、汚れた水をかならず顔の横から流すようにする。口を伝うようにしてはならない。また口をきれいな水でゆすぐときは、最後に水を吐きだして飲みこまないようにする。服には化学薬品がしみついているので、できるなら着替えをする。汚れたものは洗うまでビニール袋に入れ、その口をしばって保管する。

兵士や警官が発砲しはじめ、さらには暴徒が応射しだしたら、状況は急速に悪化する。こうなったら、本章最後の銃についての項目で、遮蔽物の利用について説明しているので、そのステップに逐一従おう。

強盗と個人攻撃

暴徒は本質的に個人を標的にしてはいない。だがそうした脅威にくわえて、盗みだけでなく殺人までもいとわない輩もしくは小グループに出会うリスクはある。貴重品をじゃらじゃら身にまとって街に繰りだしてはならない。人の気を引くような食べ物や品物を見せびらかしながら、人通りの少ない街角を歩きまわるのもつつしむべきである。周囲にいる一人ひとりの行動に敏感になりたい。とくに注意すべきなのは、少人数だがさまざまな方向からそれとなく目をつけてくる連中である。あるいは通りの向こう側ですれ違ったのに、道路を横断してわざわざ後ろから追いかけてくる人物も要注意だ。歩くスピードをあげたり下げたりする、違う道に入るなどして、ほんとうにつけられているかどうか確かめよう。そして怪

強盗に襲われたとき

武装した強盗にあったら、一般的には相手に従うのがベストの対応である。保険として、失ってもおしくない貴重品を携帯するのもよいだろう。貴重品をわたせば強盗は満足するので、それより重要なものは保持できるかもしれない。

フェンスのかまえ

手を広げた姿勢は、襲いかかってくることを示す典型的な徴候である。この女性は、男性が暴力をふるってくるかどうか確信できない。そのため「フェンス」のかまえをして、相手を近づけないようにしている。

しいとわかったら、見通しの悪い曲がり角を曲がったとたんに、すばやく逃げだして追っ手を巻く。それでもついてこられたら、次項で説明する対抗手段の身体的テクニックを用いなければならないだろう。

とりわけそこら辺をうろつきまわっている連中がいるなら、トンネルのような狭くて孤立した場所に入る道路を進むのは避けたい。また建物の正面から数メートル離れて歩くようにするのは、だれかがドアやロビーから飛びだしてきたときに、対応する時間を稼ぐためである。

なにかたくらんでいるのではないかと思われる者が近づいてきたなら、なによりもその手の動きに注目する。とくに手が深いポケットに隠れて見えないなら目を離してはならない。どんなときも人はなにかしらの武器をもっていると思っていたほうがよい。また自分でも「対抗手段《イコライザー》」をもっていたら（本章のこの後にある武器の項目を参照）使える状態にするか、通りを移動しながらなんとかして武器になるものを手に入れる。その人物が接近してきたら、それ以上近づくなと言葉で伝える。この警告を無視する相手であれば、暴力で決着をつけざるをえなくなるだろう。

ボディ・ランゲージ

相手にどのような態度を示すかが、防御的思考の重要な要素になる。攻撃者はたいてい自分が優位になれる相手を捕まえようとする。弱さを示す徴候を目を皿のようにして探すのは、それがいいカモであることを示すからである。では発想を転換してみよう。自分が強盗だったら、どんな者を襲いたいと思うだろうか。肩を丸めうつむきながら、おどおどと不安そうな表情で、目を合わせないようにしながら足早に歩いている者か、それとも背筋を伸ばして胸を張り、頭を高々とあげて力強く自信ありげなまなざしで、おそれるようすもなくこちらを見返してくる者か。後者のほうは弱さよりも強さを態度で示しているので、襲撃を受けにくい。危険地帯を歩くときはこの姿勢をとりいれよう。そうすればカモを物色しているごろつきも見すごして、もっと御しやすそうな者をターゲットにするかもしれない。

攻撃的な人物をよせつけないために使える心理トリックは、そのほかにもいくつかある。なかでも効果的なのが、スゴまれたときにまるで発狂したかのようにふるまうことである。声をかぎりに奇声をあげて支離滅裂な言葉をならべ、口からよだれを垂らして両腕を大きくバタバタとふりまわす。突飛な戦術のように思えるかもしれないが、このようなようすを見せれば、襲撃者はやりにくい相手だと思うだろう。ならず者が求めているのは犠牲者であって、必死になってやり返してくる相手でないことを覚えておこう。

身体的防御

人間に対する身体的暴力のテーマを、平時に議論するのはむずかしいだろう。法を遵守する社会は当然のことながら、暴力によって生きる人間を犯罪者として位置づけている。だから災害時でもどんなときでも、可能ならルールを守ろうとして、仲間の生存者と協力すべきなのだ。力を合わせれば独力のときよりはるかに多くをなしとげられる。周囲で崩壊してしまった社会を再建する際には、それがとくに必要になる。したがって危機的状況でも、いきなり心を閉ざして周囲の人間をすべて敵扱いするのは得策ではない。友情と人間的なふれあいを保ちつづけて、どんな議論や脅威、軋轢《あつれき》にもできるかぎり平和的なアプローチを試みる。暴力がさらなる暴力をよぶというのはまぎれのない真実である。だから身体的防御に出るのは、あらゆる手をつくしてからにするべきなのだ。

とはいうものの、暴力の本質に現実的に向きあう必要性もある。互いに手を出すような状況になったら、どう決着をつけるかをつねに意識する。反撃が困難な状況になるまで、敵にダメージや苦痛をあたえなければならない。これはできそうでなかなかできないことだ。とくに現代武道の道場にありがちな、演武に近いセミコンタクト（寸止め）のスパーリングに慣れているならなおさらである。人体は驚くほど弾力性があり、広い範囲をおおう筋肉の塊と強い骨が強烈な打撃を跳ねかえす。そのうえ、殴った相手がアルコールや麻薬を摂取していたりすると、酩酊しているおかげで苦痛や負傷に対する感覚が鈍っていることが多々ある。ナイトクラブの客引きは、千鳥足の人間が頭にクラクラするほどの打撃を受けながら、何事もなかったかのように立ちさる場面によく遭遇しているはずである。戦いのバランスを自分に有利に傾けるためには、ふたつのカギとなる要素を理解しなければならない。自分に自然にそなわっている武器と、その武器で攻撃する人間の体の部位である。

急所

武器になる体の部位とその使い方に移る前に、人体でもとくに攻撃に弱い場所を確認する必要があるだろう。そうした場所を狙えば、敵を倒し二度と起きあがれないようにするチャンスは最大になる。ところが、なんとなく筋肉におおわれた場所を殴打しても、ひ

人体の急所

イラストの黒い影は、強打に非常に弱い部分である。とくに脆弱なのは頭部と首だ。またここでは示されていない性器と手足の関節は、攻撃されても、急所と違って命にかかわるような事態にはならない。

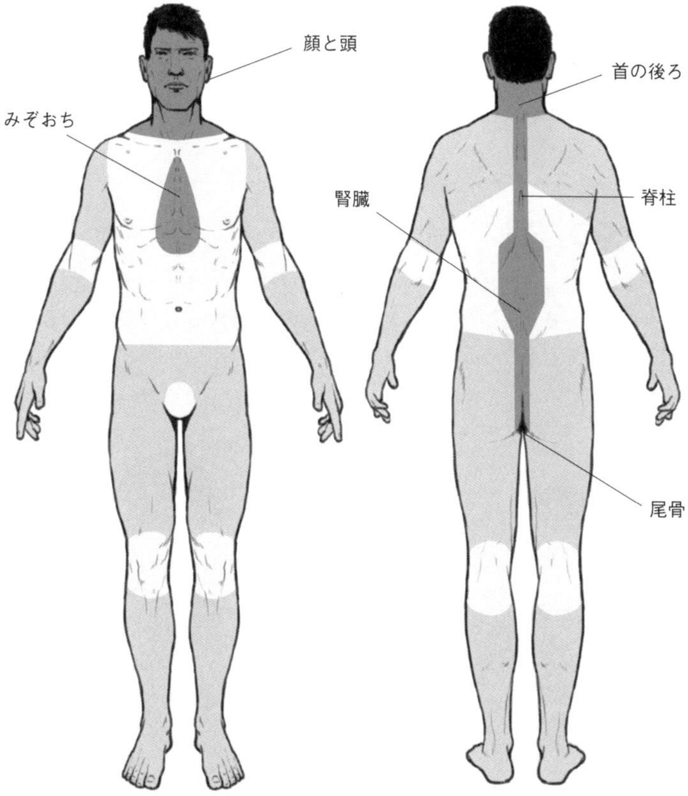

どいアザを作るぐらいが関の山になる。ただし、気をつけることもある。急所への攻撃は内臓を激しく損傷するおそれがあるので、極限状態に追いつめられないかぎり、次にあげるテクニックは使用するべきではないのだ。とはいうものの、いったん戦わねばならないと決断したら、出しおしみはいっさい禁物である。基本の格言に従うなら、「先制、強打、連打」である。

先制——卑怯な戦法に思えるかもしれないが、戦いに勝つのは先に殴打を命中させたほうになる確率が高い、というのは純然たる事実である。実際世界中で毎年何十人という人が、ただ頭部に一発くらっただけで絶命している。先制を許してしょっぱなから有利にさせてはならない。相手がかかってきそうな気配を察知したら、いち早く切っ先をとらえて攻撃する。

強打——人間の体がどれほど頑丈にできているかは、先に説明したとおりである。ただボクシングの試合を観れば、その正しさを確認できる。何ラウ

あごへの打撃

あご先やその左右に強烈なパンチをくらわせれば、敵をあっさり KO できる。パンチの威力を最大限に高めるためには、敵の顔を勢いよく横に向けるようにあごに「沿って」拳をふるう。

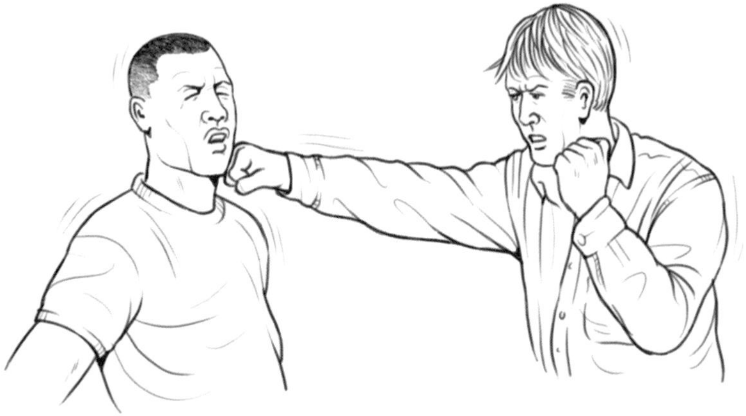

ンドも戦う男女は、ボクサーとして鍛えられた選手のパンチを何度も浴びながらも、マットにくずれ落ちることはない。攻撃技を通用させるためには、思いっきり打ちこむ必要がある。だからよほど確かな根拠がないかぎり、手加減してはならないのだ。

連打——相手の状態に関係なくただめった打ちにしろ、という意味ではない。敵がもはや危険ではなくなり、戦闘不能になるか屈服するまで、戦いをやめてはならないということである。たった1発のパンチで、対決の攻防はガラリと逆転する。だから文字どおりまた比喩的にも絶対に、最後までガードをおろさないことを肝に銘じたい。急所を狙い打ちすれば、最大限のダメージになるのを忘れてはならない。それ以外の場所への打撃は敵をじわじわと弱らせるだけだが、とんでもなく威力のある打撃技を繰りだせるのなら、決定打にもなるだろう。急所は次のようなところにある。

あご——人間の体に殴打して、もっとも効率よくダメージをあたえられる部位。あご先から左右に続く部分には無数の神経末端部が分布しているので、ここに強烈な横殴りを浴びせれば相手は立っていられなくなり、ボクシングでおなじみのKOにいたる。

こめかみ——目の外側の柔らかい部分は、横からのパンチに弱い。ただし敵も頭を動かしているので、ここに正確に命中させるのはなかなかむずかしい。

目——顔でいかにも急所とわかる場所。目を引っかく、えぐる、土などを目に投げつけるといった攻撃で、敵は即座に戦闘不能になる。ただそれは一時的なこともあれば、永久に視力を奪うこともある。したがって相手の目を攻撃するのは、状況が深刻でやむをえないときのみにする。

鼻——鼻を上向きに殴打すると鼻の骨が脳にめりこんで死にいたる、という都市伝説がある。これはまったくのでたらめである。もし本当なら、ボクシング会場は死人だらけになってしまう。ただし鼻に鋭い打撃を浴びせると、激痛のあまり敵は涙目になるので、おそらくはとどめの一撃を繰りだすチャンスにはなるだろう。

首——首には気管があるだけでなく、頸動脈が通っていて、頭部とその下の器官に酸素の豊富な血液を送っている。また心拍数を調整する迷走神経も走っている。そのため喉への攻撃は、致命的になるおそれがある。喉へのチョークをかけて頸動脈を圧迫すれば、ほんの数秒で気を失わせることもある（気管だけを圧迫した場合は、数分程度ともっと時間がかかる）。喉への強力なパンチで気管がつぶれれば、命取りになることもある。

はさみ絞め（シザー・チョーク）

敵がなにかによりかかって立っているか、仰向けに寝ている場合にかける。腕を交差させて敵の襟の内側を強くにぎり、肘を張って敵の同じ側の手に押しつける。肘同士をくっつけられるとこの技は破れるが、それならばチョークが固定する前に封じなければならない。

後頭部と頸椎——頭蓋骨は脳への衝撃をもののみごとに吸収するが、後頭部と頸椎《けいつい》（首の後ろ）は打撃にきわめて弱い。脊椎《せきつい》は脊柱のいちばん上の部分で、この脊柱部分にはむろん、重要な身体的機能を調節する脊髄が通っている。また後頭部には、呼吸や循環といった、重要な身体機能をつかさどる脳の部分がある。したがってこの部分を攻撃した場合も、死にいたることがある。

関節——腕や肩、手首の関節は、もともと可動域が決まっているので、関節技でそれ以上に曲げてやると、手や腕を動かせなくなるか（それにより攻撃者を抑制できる）、関節を破壊できる。

みぞおち——胸部中央の胸骨のすぐ下にある柔らかい部分。みぞおちを強打すると横隔膜が痙攣《けいれん》を起こすので呼吸困難におちいり、吐き気をもよおす。

腎臓付近——背中の柔らかい部分で、脊柱下部の両サイドにあたる。筋肉にほとんどおおわれていないので、このあたりを殴打すると腎臓を直撃することになる。ボクシングでは、敵を弱らせるためによくここにパンチを入れる。

股間・性器——男女とも股間を打撃されると激痛を感じるが、男の場合はのたうちまわるほどの痛さになる。男性性器へのパンチやにぎりつぶす技、つきあげる蹴りで、相手は完全に身動きできなくなり、苦痛のあまり失神することもある。

すね・足——爪先の固い靴ですねを強くつくと、激痛をもたらす。足はかかとで踏みつければ、痛めつけたり粉砕したりすることができる。

知識は実践とは違う

人体の急所を知っていることと、深刻な対決の最中に闘争本能に火がつく

爪先蹴り

爪先や足の甲での蹴りがタイミングよく股間で炸裂すれば、敵の動きを止められる。ただし股間蹴りは、一部の武道の流派の主張とは違い、万能の決定打にはならない。狙いをはずして脚や腹にあたることはよくあるので、蹴りの一撃にすべてを賭けないほうがよい。

ストレス反応から、そこを狙うのとはまったく話が違う。そうした理由から護身術の訓練では、こうした急所をほとんど本能的に狙えるまで、ひたすら練習をくりかえす。胸の上部や上腕といった、人体でもしっかり保護されている場所をただ乱打するのではない。たしかに体のどこでも強打をくらえば痛める可能性はある。だが護身術で求めるのは、対決をてっとりばやく終わらせる決定的な手段であって、どちらかが精根つきるまでただ殴打を応酬する方法ではない。ではこうした決定打を繰りだせるようになるために、身体にそなわる自然の武器についても、理解を深めていこう。

身体の武器

自然の「武器」がそなわっているなどというとおかしな感じがするかもしれないが、人間の体には、正確な使い方をすれば戦いの最終手段となる部位がいくつかある。主武器となる手は、上腕の二頭筋と三頭筋を主働筋としている。そのため手を武器として使う攻撃法は多様になる。

開いた手は、つかんで組みつくのに使える。これは人間が乳児の頃から本能的にしている動きである。一方で指は目や喉をつくのに適している。掌底は拳より丈夫で、手のなかでも骨が折れにくい部位である。

あごを狙って大振りもしくはアッパーカットの掌底打ちを炸裂させると、相手を昏倒させる威力がある。実のところ、強い拳をにぎれてそれを安全に使える（つまり自分にとって）自信がないかぎり、掌底を使うほうが無難なのである。小指の下の肉厚の端の部分で手刀打ち《チョップ》もできるが、精密な攻撃でなければ敵にダメージをあたえられない。その際に狙うのは喉か首の後ろである（ただし、こうした攻撃が致命的になることもある）。

拳

パンチの動作で繰りだされる拳は、護身術の主武器にされることが多い。効率的で威力のあるパンチの打ち方をマスターするのは並大抵ではない。スピードと威力という重要な要素をかねそなえた打撃を繰りだすためには、練習を重ねる必要がある。

そのため、これから紹介するどのパンチを練習する際も、かならず重量のあるサンドバッグを使用することを勧める。トレーニングのメニューにふくまれるのは、まずパンチ力の増強である。サンドバッグにできるだけ強く打ちこんで、インパクトを強くする。次が持久力のトレーニングで、一定の時間内にできるだけ多くのパンチをサンドバッグに連打する。

掌底打ち

このイラストでは、右の人物が敵の手をふりはらおうとして、上向きの強力な掌底打ちを放っている。掌底、つまり手のつけ根の肉厚の部分は、とくに衝撃に強い攻撃部位で、パンチをしても骨折する心配がない。

手はじめに30秒間全力でパンチを打ち（これだけで結構ヘロヘロになるので驚くだろう）、数分間続けられるまで鍛えていく。両手に鉄アレイなどをもってシャドーボクシングをしてもよい。負荷は0.5キロから2、3キロまで増やしていく。

重りを使わずにパンチをすると、前より速さと威力が増しているのを感じるだろう。

効果的なパンチ

パンチをする前に、力をこめて打っても手を痛めないように、かならず正しい拳のにぎり方をすること。具体的には、指先が掌にあたるように小指から人差し指までをきつくまきこんで、親指を人差し指の横にぴったりにぎりつけ、人差し指を押さえるようにする。これで親指だけが拳からはみ出すこと

打撃の使用部位

打撃でおもに用いる部位は、にぎり拳と掌底である。にぎり拳は、腎臓付近やみぞおちなど体の柔らかい部分への攻撃に、掌底はあごなどの固い部分への攻撃に用いられる。手刀やそろえた指は、喉や首の横への攻撃に使用される。

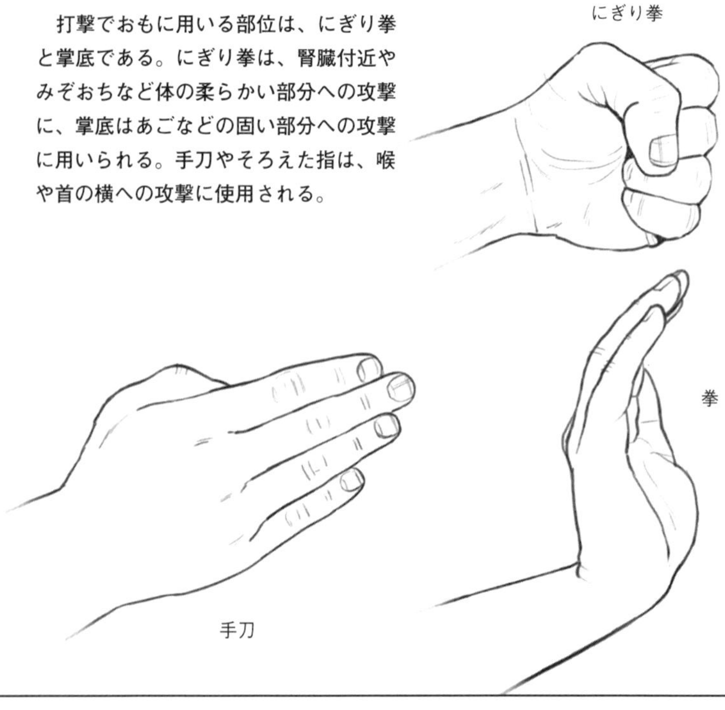

ガードのかまえ

ガードのかまえは、パンチなどの殴打から頭部や胴体を守る姿勢である。ガードをつねにあげたままにし、技を繰りだしたあとはかならずこの形に戻る。イラストの女性は右手をもう少しあげて、右あごを守るようにしなくてはならない。

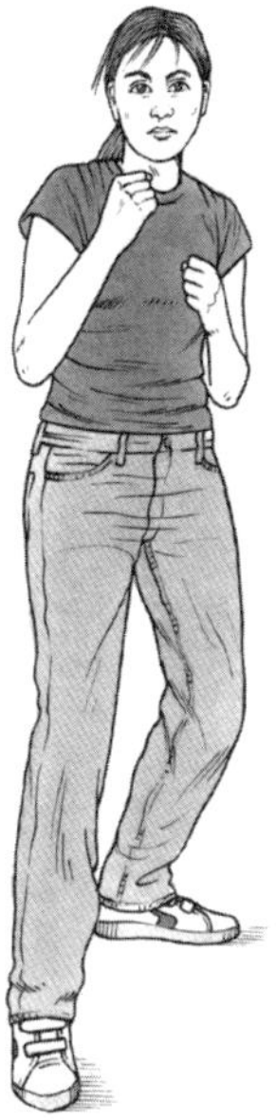

はなくなる。小指から親指まで力をこめるようにして拳をしっかりにぎりしめる。拳の使用部位は人差し指と中指の根元の関節で、手首が上下や左右に折れ曲がらないように、拳と腕をまっすぐつきだして拳をあてる。このような形にすれば標的にあたったとき、手の指が折れる危険性は最小限になる。

ガードのかまえ

実際にパンチを打つとしたら、覚える打ち方は4種類ある。そのどれもがガードのかまえから繰りだされる。ここでは、右ききに適している左側が前になるかまえについて説明しよう。左ききの場合は、ただ左右を逆転させればよい。

ガードのかまえをするときは、正面を向いて足を肩幅に広げたら、左足を30センチくらい前に出す。これで、敵に対して斜めにかまえることになるので、打撃がヒットしにくい標的になる。両手の拳を自然に正面にあげたら、左手を右手よりも大きく前に出して、左右の拳と腕で互い違いになる防御の盾を作り、顔の下部と胴体を守る。このようなかまえだと、腕で殴打をはらいのけられ、両腕をとっさに引っこめ

左ストレート

かまえたときに前に出すリード・ハンドで、強い打撃を放てるようになるまでは、練習を積まなくてはならないが、それだけの価値はある。速くて強烈な左ストレートは、敵が何をしていようが中断させるので、さらに威力のある右クロスを入れやすくなる。

るだけでも打撃から身を守れる。しかもすばやく威力のあるパンチを繰りだすことも可能である（伝統的な戦い方が巧いボクサーの動きを見るとよくわかる）。あごを引いて胸につけ、この大事な部分を守る。移動するときは足を左右交互に出すのではなく、前後の足を変えずに進むシャッフル移動をすばやく行なう。交互に足を出すとバランスをくずす瞬間があるが、シャッフル移動の場合は安定しているので地面に押し倒されにくい。ガードのかまえを始終くずさないようにすること。単発もしくは連続でパンチを放ったあとは、かならずこのかまえに戻る。

4種類のパンチ

ガードのかまえから、ボクシングの基本的なパンチを4種類繰りだせる。狙うのは先にあげた急所だが、集中的に攻めるのはあごである。ここではその4種類のパンチについて説明するが、覚えておきたいのは、有効なパンチにはスピードと威力がそろっているということである。筋肉をガチガチに緊張させているとスピードは出ないので、拳が標的に向かっているあいだは、筋肉を脱力させたままにする（拳を敵に投げつけた石のつもりでいるとよい）。そうして拳があたる瞬間に全身の筋肉を緊張させ、肩と胴体を回転させてパンチに勢いをつける。パンチにできるだけ体重をのせるようにして、拳を標的に深くめりこませる。皮膚の上っつらで殴打を止めるのではなく、それより５センチくらいは沈ませたい。

４種類の基本的なパンチは、次のようにして打つ（左ききなら、ここでも左右を逆にする）。

ジャブ――ガードのかまえから、ただ左の拳をまっすぐ標的に向かってつきだすが、同時に左の肩を前方にひねる。このパンチは火を噴くような連打にすることもできる。すると腰砕けになった敵は反撃を封じられて、さらに威力のある打撃を打ちこみやすくなる。

アッパーカット

アッパーカットは敵のガードを破るために考えられたパンチで、あご下を狙い、腕のあいだをすり抜けながらふりあげる。体重をじゅうぶん乗せたアッパーカットには、ノックアウトも可能な威力がある。

クロス——このパンチは右手から標的に繰りだされるストレートで、胴体のひねりから威力が増すというメリットがある（パンチがあたる瞬間に右の腰を前に押しだす）。何回かのジャブに続く重いクロスのコンビネーションで、戦いの決着をつけられることもある。

アッパーカット——敵のあごを狙い、弧を描くように拳をふりあげる。このとき掌は自分の側に向けている（この打ち方は敵のガードもすり抜ける）。パンチに威力をくわえるためには、インパクトの瞬間に両足をつきあげる。この動作を一気に行なえば、放たれたアッパーカットは、敵の視界にすら入らずに命中するだろう。

フック——大きな弧を描き、文字どおり敵のガードをまわりこんで、側頭部か体の側面を打撃する。このパンチを打つときは、打つほうの掌を自分に向けたままにし、胴体を強く回転させてパンチの威力を増す。

蹴り

実のところ蹴りは、実戦レベルにな

フック・パンチ

技能のあるボクサーもフック・パンチを放つが、そうした場合は大振りせずにコンパクトな弧を描いている。フックにはほかのパンチにはおよびもつかない威力がある。最大の効果をあげるためには、コンパクトでやたらとふりまわさないフックにするよう心がけたい。

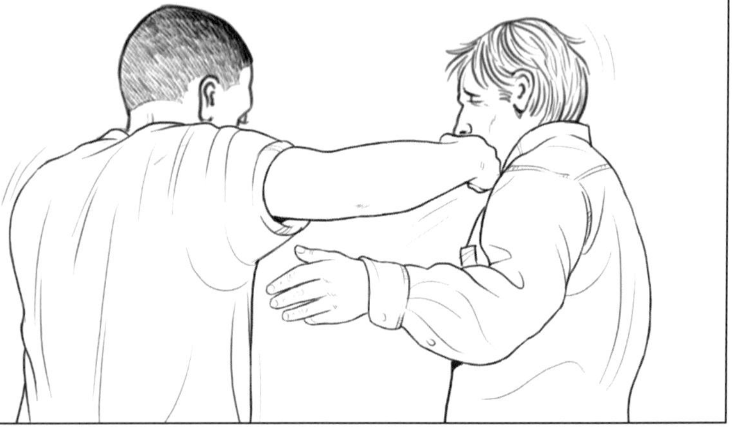

目突きと掌底打ち

ストレートとクロスのコンビネーションの応用で、パンチのかわりにすばやい目突きをくらわせると、敵の意図をくじき、うまく行くと戦意を喪失させられる。追い打ちには、掌底打ちをあご、もしくは頭部のどこでも打てる場所に放つ。

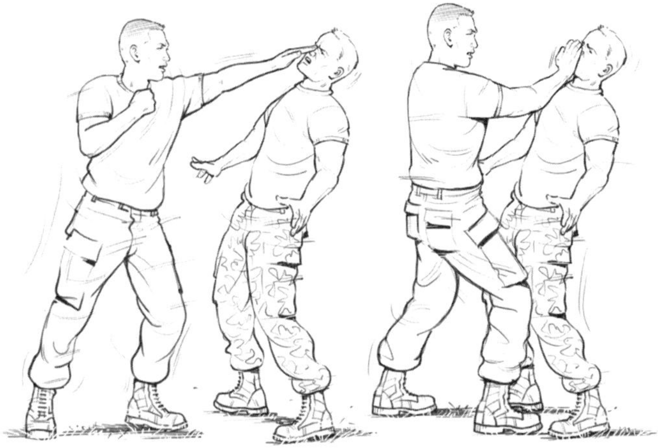

ると習得がむずかしい技である。蹴りを放つとかならず瞬間的にバランスがくずれ、地面にたたきつけられやすくなる（どのような状況でもこうなるのは避けたい）。そうした理由から、スピーディで鮮やかな蹴りを頭の高さで放てる格闘技の達人でないかぎり、蹴りは腰より下の標的部位に限定すべきなのである。そのなかでも基本的に狙うのは股間と大腿部、すねになる。

こうした攻撃では、実際に敵を倒せないかもしれない。睾丸に快心の一撃を入れるなら別だが（動いている敵にヒットさせるのは意外とむずかしい）。ただし、痛みに気をとられることもあるので、近づいて手の打撃技でケリをつけることはできる。

前蹴り

つい本能的に出やすいのは、どうしてもサッカー選手がボールをキックするような蹴り方である。これを格闘技では「前蹴り」とよんでいる。ただ格闘技の場合は、足を勢いよく前にふりあげ、足指のつけ根の部分で相手を蹴る（爪先ではない）。この蹴りでさらに戦闘力をアップするためには、足が地面を離れた瞬間からスピードを乗せることに神経を集中する。まずは大腿部を先に勢いよくもち上げてから、足をまっすぐ標的につきだす。そのとき蹴りに体重をのせるとインパクトが最大になる。蹴り終わった足はすぐに地面におろす。あげたままにすると敵につかまれて、身動きがままならなくなる。足をつかまれたら、自分のほうに思いきり引っこめて敵を引きよせ、パンチをくらわせる。

それ以外の蹴り技

これ以外にも使用できる蹴り技はあるが、技能と指導がなければ習得はむずかしい。たとえば「まわし蹴り」は、体を 90 度回転させながら横方向に蹴

サイドキック

膝を標的部位と同じ高さにあげて蹴りを「装填」したら、脚をまっすぐ伸ばして標的をつく。蹴った方向と逆に体を倒して、蹴り脚が下がらないようにする必要もあるかもしれない。

まわし蹴り

　このとてつもなく強力な蹴りは、すねと足の甲で打撃する。重要なのは軸足を蹴りの方向に返すことと、蹴る場所と同じ高さまで膝をあげることである。

りだし、敵の体側または足の外側にあてなければならない。この蹴りが有効なのは、膝のような関節、もしくは敵が体を斜めにそらしているような場合の股間への打撃である。ただし蹴りを放ってすぐにガードのかまえに戻らないと、すきだらけの態勢になる。

「横蹴り」も同様の問題をはらんでいる。この場合は90度向きを変えてから、足を横に蹴りだして敵を勢いよくつきとばす。横蹴りも膝への打撃に有効だが、すねや足にもとどく。

　こうしたパンチや蹴りを覚え、そしてなによりも練習することを、防災訓練にとりいれるとよい。実戦では複雑だったり完全にマスターしていなかったりする技は使えない。体内でアドレナリンがどっと放出されると、体に沁みついた技に頼るしかなくなるのだ。護身術の少ない技を何度もくりかえして、戦いの場におよんだときに何も考えなくても出せるようにしたい。

戦術

　護身術を使用するあらゆる例を一つ

攻撃的意志を示すサイン

- 短い言葉をならべる話し方になり、よく同じ言いまわしをくりかえす。
- 攻撃にそなえて体に酸素を供給するために、呼吸が速くなる。
- たいてい息を勢いよく吸ってから、実際の攻撃が開始される。
- 両手をあげはじめる。パンチを繰りだす準備で足を1歩引くこともある。
- 顔色が蒼白になり不安げな表情を見せる。これはアドレナリンが放出されて「闘争・逃走反応」が起こるため。麻薬やアルコールのために、この反応が表に出ないこともある。
- 攻撃に都合のよい間あいを探ろうとして、足の動きが活発になる。武道の心得がある者は、試合にのぞむときのようにその場で細かく飛び跳ねはじめるかもしれない。

ひとつ説明するのはむりだとしても、先に概略を述べた「先制、強打、連打」のルールにくわえて、いくつか一般的な原則を定めることはできるだろう。

重要な点は敵との間合いをこちらで決めることである。だれかが攻撃してきそうな気配を感じたら、ガードのかまえをするが、掌を開いたまま自然な身ぶりをしてガードと悟られないようにする。敵が自分に向かってきたら、手でよせつけないようにして攻撃に移れないようにする。それでもこのガードを押しのけて迫ってきて、手を出しそうなそぶりを見せたら、開いていた手をにぎって攻撃に転じる。

イニシアチブをにぎる

いざわたりあう段になったら、終始こちらのテンポで戦おうとすることが重要になる。防御に徹してはならない。そうなると攻撃者は無傷のままパンチや蹴りを繰りだせる。だからむしろパンチや蹴りをたて続けに炸裂させる反撃をしたい。こちらが逆に雨あられの連打を受けたときは、ガードを上げあごを下げて、腕と肩でかばって攻撃をかわす。また、腰から上の上半身を右へ左へと向きを変えて、打撃が入りにくくする。小きざみなシャッフル移動で敵との距離を調節しつづけ、蹴りが飛んできたら避けるために横に飛びのこう。

複数の敵

　複数の敵の攻撃を受けたときは、相手が連携してかかってこられないようにたえず動きつづける。特定の人物があきらかにリーダーと思われるなら、そいつをまずコテンパンにして戦いから離脱させる。リーダーが倒れれば、ほかの仲間はやる気をなくしてしりごみするだろう。と同時にハンデを解消するために、なんでもよいのでまにあわせの武器を手に入れる。その可能性は無限大だ。木の枝や木ぎれは棍棒になる。砂や小石は目くらましをかけるのに使える。缶詰の缶や鋭い石のかけらは、即席のナイフや手斧になる。またペンや鉛筆をもっているなら、つきさす武器のようにして使える。基本的に敵の集団をできるかぎり苦しめられるものだったら、なんでも使用してよい。

　個人または集団を相手にしているうちに、押し倒されて容赦なく蹴りつけ

集団への対処

　集団に襲われたときはたえず動きつづけて、リーダーと思われる者を最初にやっつける。多くの場合これで、ほかの襲撃者は引きさがるだろう。

られるようなことになったら、これ以上絶望的な状況はない。その際最優先すべきなのは、手で頭をかばい、肘で体の側面を防御することである。それでも倒れた態勢から戦いつづけたい。足をつきだして襲撃者のすねや股間を蹴り、足首が見えたらすかさずつかんでひっくり返す。逃げられると判断したら、躊躇なく飛びおきて戦いつづけるか逃げだす。逃げるのは、攻撃者より俊足だという自信があるときだけにする。

組み技

どんなパンチや蹴りの達人も、敵との間あいがつまってくると、結局はたいていつかみあいになるのが現実である。そこで活用する組み技は、掛け値なしの力と技が必要になるので、この技を迷わずにかけられるようになりたいなら、柔道の道場に通うことを勧める。というわけでここでは、組み技の中心的原理と、いくつかの有益な技を概略するのにとどめたい。

組み技にはそもそもふたつの目的がある。ひとつめは、敵の手足の関節を最大限の可動域を超えたところで固定《ロック》して苦痛をあたえ、相手の動きを抑制することである。ふたつめは、攻撃者の喉にチョークをかけて、必要に応じて失神させるか戦いに決着をつけることである。

関節技

関節技の成否は、多分に技をかけるタイミングをうまくとらえられるかどうかにかかっている。たとえば敵に髪の毛や服をつかまれたとき、手を離させるためには、相手の小指が折れそうになるところまでそり返らせて、そのまま手と腕をいっしょにひねりあげ、最終的には腕を背中の背後でロックするところまでもっていく。そうして相手の背後にまわった体勢から基本的な腕へのロックをかけるなら、襲撃者の背中にまわした手を自分の逆の手でもって、もう一方の手の前腕を相手の肘関節に押しつける。そうすると相手の腕はまっすぐ伸びて動けなくなる。そこで肘関節の曲がる方向と逆向きに、自分の体を回転させていく。

とくに実用的で役に立つ関節技に肩のロックがある。右手を敵の左側のわきの下にすばやくさし入れたら、上向きにその手を返し、前腕が相手の肩の後ろにあたって腕が引っかかった形にする。ここで自分の体を左にひねり、相手の背後にまわる形にする。ロックをかけている右腕はその肩に押しつけているが、左腕は身動きできなくなった相手の腕を抑制する。拘束された腕はもはや肩からまっすぐ伸びきっているはずである。そのまま体をひねりつづけて圧力をかけると、抵抗できない

リスト・ロック（手首固め）

イラストには、リスト・ロックのさまざまなかけ方が示されている。どれにしても重要なのは、手首の関節を本来の可動域を超えて曲げてやることである。このなかには、肘や指の部分でさらにてこの原理を働かせているものもある。

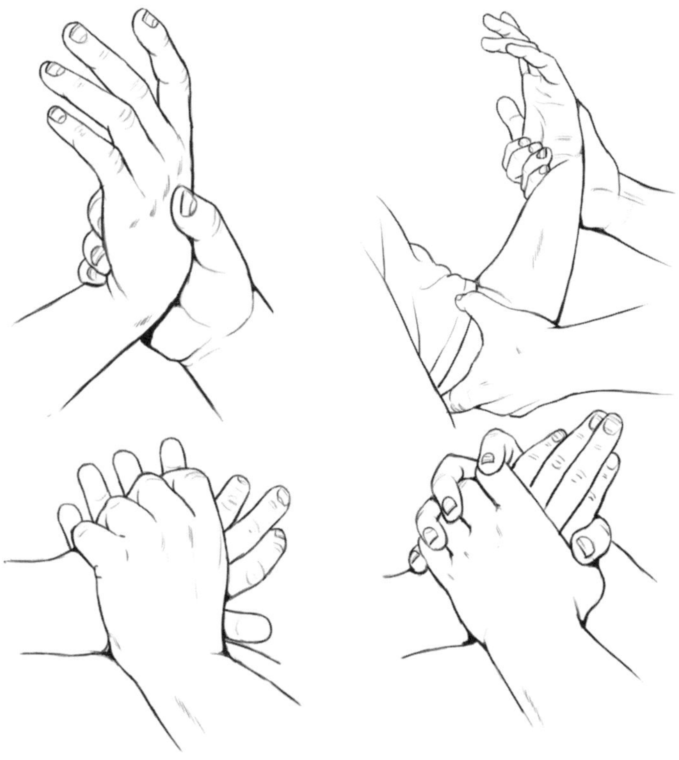

腕のロック

この基本的な腕のロックは、襲撃者の手を背中に高くねじ上げたうえに、手の甲が外側を向くように手首をひねっている。ここで肘をあげると、相手は前かがみにならざるをえなくなり、反撃しようにもできなくなる。

攻撃者は前に倒れこむので、ここでさらに押さえつけられる。

チョーク

チョークが危険な組み技として世に知られているのは、脳への酸素の供給もしくは血流を断つので、その結果失神や死にいたらしめることがあるからである。とはいえ、戦闘中での有益性は否めない。基本的なチョークをかけるときは、右手を敵の喉にまわし（そのためには、すばやく襲撃者の後ろまたは横に移動しなければならない）、その後、首にかけている右腕を左腕の肘にかけて、首をロックする。左手をさらに相手の後頭部にあてると、敵の喉がさらに右腕に押しつけられて、きついチョークが完成する。このような絞め方をするのは、暴力ざたを終わらせるために必要なとき以外はつつしみたい。たとえ災害時の極限状態にあっても、殺人が利益になることはめったにないのだ。

倒れたときの対処

地面に倒れて、馬のりになった敵から攻撃を受けているときは、どうすればよいのだろう。組み技の項のしめくくりに、こうしたときの対処法にふれておくのもあながちむだではないだろう。まずは両足でふんばって腰をつきあげる。この動作で攻撃者は前につんのめって、威力のあるパンチを放つときに必要なバランスを維持しにくくなる。敵が前のめりになったら、できる方法ならなんでもよいのでその顔面を攻撃する。次に相手の片腕にロックをかけ、相手の体を押しのけながら自分でも腰を同じ方向に回転させる。この一連の動作を勢いよく行なえば、敵は横に投げだされるはずである。

武道

徒手格闘術の習得は、災害生存計画にかならずとりいれるべきである。そのために選べる武道には多くの種類が

チョーク

このチョークは、喉に右の前腕をかけたあとに、左の腕で固定されている。右手を左の肘の内側にかけたら、左手で敵の後頭部をもつ。その頭を下向きに押しつければ、チョークはさらにきつくなる。

ナイフへの防御

- 攻撃のなかでナイフが出てくると、とくに恐怖を感じるものだ。しかも至近距離では火器よりも危険な武器になりうる。次のようなガイドラインを参考に、ナイフ攻撃には正しい対処をしたい。
- 心のなかで、切られることと血を流しながらも戦いつづけることを覚悟する。
- 腕にジャケットなど刃のとおりにくいものを巻き、これで攻撃をくいとめる。
- できるだけ早い機会にナイフをもつ手をつかみ、抑制する。
- 形勢の不利を補うために、即席の武器をつかむ。棍棒の類いを見つけたら、ナイフをもつ手と腕にたたきつけてナイフを落とす。あるいは頭部を強打して昏倒させてもよい。戦いの決着がつく技のみを使う。喉や目を優先的に狙い、相手がナイフを手放すまで攻撃をゆるめてはならない。

あるが、なかでも勧めたいのが、実戦に即した戦闘訓練をする柔術とイスラエル軍発祥のクラヴマガである。どちらも技の体系を総合的に教えている。

そのような道場が見あたらなければ、ボクシングに、レスリングもしくは柔道を組みあわせるのが実現可能な代案だろう。どのような教室に参加するにしても、それで「安心」だと思いこんではならない。スパーリングからリスクや苦痛をとりのぞいた練習は、誤った自己満足をいだかせる。そのため、現実の戦いの残忍さや精神状態の変化には、対処しないままになってしまうのだ。

火器

火器があれば、究極の自衛ができる可能性がある。ところがその入手のしやすさは、国によって天と地ほどの差がある。たとえばアメリカでは、重罪が確定していないかぎり、火器の購入は比較的容易である。それとは対照的にイギリスでは、市民が所持を許されるのはショットガンか狩猟ライフルのみである。しかも厳しい審査過程をパスして、銃器を必要とする理由を明確に説明しなければならない。

火器の所有が選択肢になくても、それ以外にも購入できる武器は山ほどある。第4章に役に立つ情報があるだろう。ただし火器をかなり自由に入手できるなら、災害へのそなえの一部として厳選された火器に投資しても、損はないはずである。

市場に出まわっている火器の種類は、膨大だとしかいいようがない。単発のエア・ライフルからベルト給弾のフルオート機関銃にいたるまで、まさによりどりみどりである［フルオート銃は、トリガーを引くと連続で発射する］。とはいっても実用目的では、近、中、長距離の脅威に対処できる火器をそろえたいだろう。勧めたいのは次のような銃である。

拳銃――グロック・シリーズのモデルのように、最近の9ミリ口径のセミオート拳銃は、50メートル以下の射程で命中精度と操作性のよい火力となる［セミオートはトリガーを引くと1発発射し、発射時のガス圧や反動で自動装填する］。リヴォルヴァーよりセミオート拳銃がすぐれている点は、装弾数が10～20発と段違いに多いことにある。しかも33発もの弾薬を保弾できる特殊な弾倉もある（リヴォルヴァーの場合は最大で6発）。また再装填が速いのも長所である。短所は、リヴォルヴァーより弾詰《ジャム》まりを起こす確率が高いことだ。リヴォルヴァーは不発があっても、ただトリガーをもう一度引いてやれば解消する。

ボディアーマー

このような構造のボディアーマーは、ライフル口径の弾丸をはじめ、あらゆる種類の弾丸を跳ねかえすだろう。欠点は、かさばって重量があるので、これを着ると疲労が激しいことである。

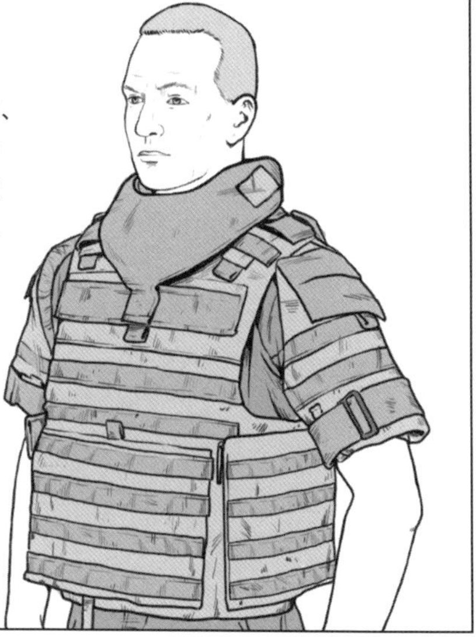

弾薬を撃ちつくした拳銃

イラストのセミオート拳銃は、スライド（遊底）が後端でロックされて薬室が閉じられている。このような状態になったら弾薬が空になっているので、射撃を続ける場合は装填されている弾倉が必要になる。火器を所持しているなら、安全のためにも、無意識に操作の原則を守れるようになりたい。

現実的な妥協案は、9ミリ拳銃を使うが、リヴォルヴァーも予備の武器としてもち歩くことだろう。ここでひとつ争点となるのは、9ミリを超える口径が必要かどうかということである。たしかに口径が10ミリ、11.5ミリと増えると、わずか9ミリ口径の拳銃にくらべると、敵の足を止めるストッピング・パワーが増大する。その証拠に、アメリカのさまざまな警察組織は、口径の大きな拳銃に鞍替えしつつある。ただし口径とひきかえに、たいてい装弾数は少なくなり反動も大きくなるので、速射性と命中精度もおとるようになる。9ミリは一般的な護身と実用に適したよい口径なので、口径をアップするならじゅうぶん扱えるようになってからにしたい。

ショットガン——個人用の武器庫には1、2挺の拳銃にくわえて、まずまずのショットガンも1挺そろえるべきだろう。シンプルな水平2連式の12番径ショットガンでも十分だが、弾倉給弾式のポンプアクションまたはセミオートのショットガンのほうがはるかによい。装弾数は7発以上になる（ポンプアクションは筒型弾倉のフォアエンドをスライドしてコック、装填、排莢を行なうため、信頼性については優位に立っている。またいずれにせよ最近のモデルの再装填の速度は、セミオートとほとんど変わらない)。ショットガンは1番、0番といった大口径の散弾を使用するなら、50～100メートルの射程で、すばらしい防御手段となる。それより近くなると、体をつきぬけない「盲管銃創」の多さと弾の飛散のために、ほかに追随を許さないストッピング・パワーを示す。

ライフル――数百メートルという有効射程をもつので、長距離の防御手段になるとともに狩猟でも活躍する。護身目的でモノをいうのはこの射程と、柔らかいトタン板のような、軽中量の遮蔽物を貫通するライフル弾の威力である。護身用ライフルの候補は多く、どれがよいかについては議論が沸騰しそうだ。予算が許すなら、軍用のセミオート作動方式のアサルト・ライフルを購入するのがベストである。5.56×45ミリM16、7.62×39ミリAK-47といったところで、そこに.30-06スプリングフィールド弾や、.308ウィンチェスター弾、すなわち7.62×51ミリNATO弾の民間バージョンを使用するボルトアクション方式の狩猟もしくはスナイ

ショットガン

このような水平2連式のショットガンは、短射程のすばらしい護身用火器になるが、頼りになる狩猟道具であることも証明されている。散弾の規格が異なれば火力のレベルも変わるが、どの散弾も至近距離では殺傷性がある。

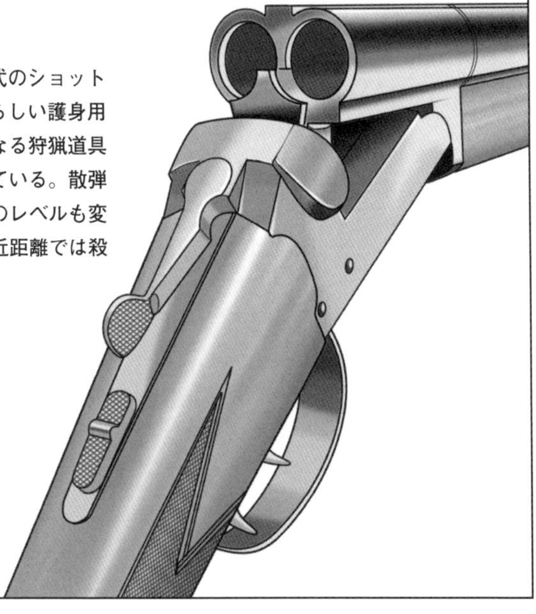

撃つ・撃たないの訓練

射場での撃つ・撃たないの訓練のように、実戦に即した設定で射撃の練習をしてみよう。トリガーを引くか引かないかの決断は、瞬時にくださなくてはならない。

パーライフルをくわえるとよい［ボルトアクション機構の銃は、1発ごとにボルト（遊底）ハンドルを手動操作して装填・排莢を行なう］。狩猟ライフルは30発弾倉を使用し、現実的な交戦距離である200～400メートルの範囲に猛烈な制圧射撃を撃ちこめる。一方スナイパーライフルは、600メートル以上の距離でも精密射撃が可能なので、隠れ場所に襲撃者が近づく前にしとめられる。もし1挺分がギリギリの予算だったら、セミオート銃を選ぶとよい。

使用方法を知る

火器を所持していることとそれを使えることはまったく違う。なによりも先に評判のよいスクールで射撃訓練を受けよう。そこで所有するそれぞれのタイプの銃について分解と手入れ、射撃、扱い方の基礎を学ぶとよい。そのほかにも程度のよい軍スタイルのストラップを購入すれば、災害時にも大量の弾薬を理想的な形で運べる。そこにライフル用の照準用暗視装置を追加すると、夜間の戦闘が可能になる。あるいは頭装着型の暗視ゴーグルを買えば、どのような武器も暗闇で使えるようになるだろう。

銃身長の長い銃にはすべてスリングをとりつけ、長距離でも楽に運べるようにする。メインで使う拳銃は軍用のタクティカル・ホルスターに差しこめば、主武器が弾詰《ジャム》まりや故障を起こしたときにとっさにひっつかめる。

戦術的配慮

銃弾が飛びかうような事態になっても、2、3の簡単な戦術的配慮をすれば命を救われるだろう。第1に、移動する際は堅固な遮蔽物をたどっていくこと。最近のライフル弾はレンガを5センチ以上の深さまで貫通することもあるので、かならず見つかったなかで

標的部位

最近の警察の射撃訓練でもとくに拳銃を使用するときは、胸部の中央をおもな照準点にする。「センターマス」［喉の下からヘソの上までの範囲］に撃ちこめば、重要な器官にあたる確率が非常に高く、襲撃者を瞬時に倒せるようになる。

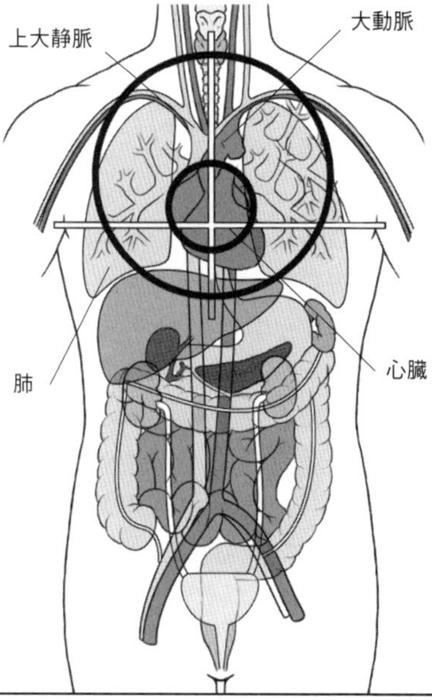

低致死性の武器

火器のような殺傷性の高い武器にくわえて、脅威に対して段階別の対応をするために、「低致死性」の武器を幅広くそなえておいてもよいだろう。以下はその代表例である。

伝導性エネルギー装置（CED）——「スタンガン」というよび名が一般的である。CEDは電流を襲撃者に伝導し、電流の流れとともに筋肉を麻痺させる。銃や伸縮式の警棒など、さまざまな形状のものが出ている。

唐辛子スプレー——携帯型の武器で、目と呼吸器官に猛烈な炎症を起こす。

低致死弾——ショットガン用の「ビーンバック弾」は、鉛の散弾を布袋に入れたもので、発射するとちょうど拳で痛烈な殴打を浴びせられたような衝撃を受けるが、貫通はしない。

いちばん頑丈な構造の遮蔽物に隠れるようにする。早い話が自分と銃のあいだに、いくつもの遮蔽物の層をはさむようにすればよいのである。車のドアを盾にするのは避けたい。大半の弾丸は、薄い板金をやすやすとつき抜けてしまう。車の陰に隠れるときは、ホイールアーチの背後でしゃがむと、エンジン本体がそのまま防御物になる。

遮蔽物のあいだを移動するとき、姿を見せるのは2、3秒が限度である。それ以上長引けば、敵に狙いを定める時間をあたえてしまう。その目安に、次のような軍隊式のかけ声に合わせて行動するとよい。「立て！　動け！　見つかった！　しゃがめ！」また、遮蔽物に入った同じ場所から出ていってはならない。敵はそこを狙う銃の訓練を受けていて、獲物が姿を現すのを待ちかまえているかもしれないからである。

街角や戸口の向こうをのぞきこまなくてはならないときも、ただ頭をつきだして見まわしてはならない。むしろ頭をひょいと出したらすぐ引っこめて、頭をさらしたほんの数秒間で、見えた景色を記憶にきざみつける。建物のなかにいるなら奥の暗い部屋に下がって、窓や戸口に姿を現さないこと。そこはだれかに撃ってくれといわんばかりの場所である。

応射

応射をする際にじゅうぶん気をつけたいのは、弾薬の消費量である。戦闘でたて続けに発砲してあっというまに弾薬を使いつくせば、結局は無防備になってしまう。トリガーを引くのは、標的を確実に捕捉したとき、あるいはだれかが安全な場所に移動できるよう援護射撃をするときだけにしたい。

よく見えている敵に弾丸を撃ちこむしかないような状況なら、胴体のど真んなかを狙うとよい。生命活動をつかさどる臓器がいちばん集中している部位なので、敵を倒す最大のチャンスになる。ただし、登場人物が撃たれると即死するハリウッド映画とは違って、銃撃から死に直結するケースはまれである（頭や脊柱の場合は例外）。むしろ大量失血による循環性ショックで徐々に弱っていくので、そのあいだは戦いつづけられる。警察との銃撃戦で、その開始早々に致命傷を受けた犯罪者が、何人かの警官を撃ち殺すまで生きつづけたという例もある。

遮蔽物としての自動車

自動車を弾丸の遮蔽物として使うなら、ホイールアーチの後ろでしゃがむと、エンジン本体そのものを飛んでくる弾丸の弾除けに使える。現代の弾丸から身を守るのに、薄い板金だけに頼ってはならない。

そのため現代の一般的な法執行機関が慣例としているように、襲撃者が地面に倒れてもはや脅威でなくなるまで、できるだけ多くの弾丸をみまう必要がある。残忍なようでも、経験からするとこれ以上安全な方策はないのである。

危機からの復帰

危機的状況のシナリオのなかでも自衛は、なにかと異論があるテーマである。人間がからむ問題がなくても、大きな自然災害を生きぬこうとするだけで厳しい試練は待っている。ただし、社会がかならず圧力に屈して崩壊すると決めこんではならない。武器をとる前にかならず、復旧のために互いに協力できる道を探したい。孤立主義者の攻撃性をデフォルトの姿勢にしてはならないのだ。

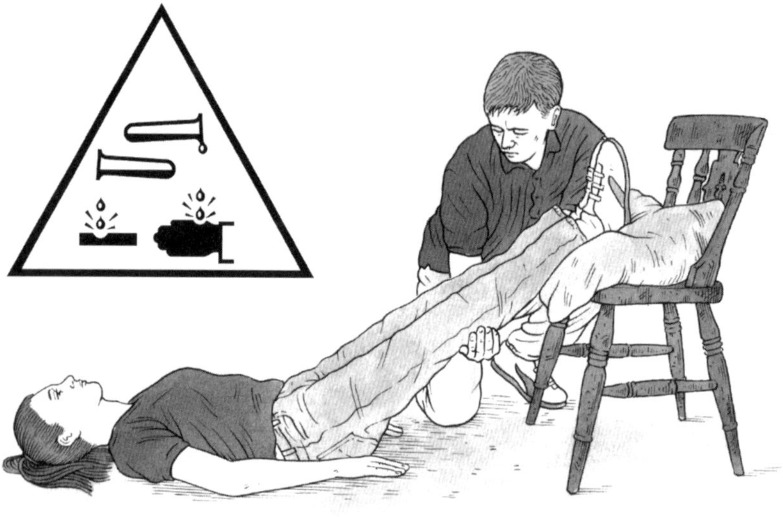

第6章

生存をめざすなら、基礎的な医療的処置について理解することが不可欠になる。ただ応急処置を覚えるだけでなく、病気の予防にも知識を広げる必要があるのだ。

医療と衛生

慎重な配慮のもとに備蓄品を集め、さまざまな計画も着々と実行に移しつつある。だがそれだけで終わりではない。災害時には不測の出来事が起こるため、準備すべきことはほかにもあるのだ。生存のチャンスを突然大きくさまたげるものに、ケガや病気がある。非常時には、専門的な治療はすぐには望めないか、まったく不可能になるだろう。そうなれば、自分の道具と基礎的な医療の知識に頼らざるをえなくなる。

応急処置とは、専門的な医療の助けを借りずに延命をはかる手順である。このようなことが必要な事態は、災害などの緊急時によく発生する。

基礎

平時のうちに、応急処置の知識と自信、技能を身につけるために、思いきった投資をしてみてはどうだろうか。赤十字と聖ヨハネ救急車協会は、応急処置と心肺蘇生法（CPR）の講習会を開いている。いずれも緊急時に一命をとりとめられる技術である。また両団体のウェブサイトには、ケガや病気の予防と手あてについてのヒントやアドバイスが掲載されている。専門的で、もっと詳しい応急処置のマニュアル書は、購入してサバイバルのシェルター内の手にとりやすい場所に保管したい。保健所の職員や先進国で活動する支援

脈の探し方

人体で脈が触れやすい場所は２カ所ある。ひとつめは手首の端の親指のつけ根あたりで、ふたつめはあご下の中央から横に少しずれた喉の部分にある。親指以外の指でふれると（親指自体がかすかに脈打っているため）脈がわかる。

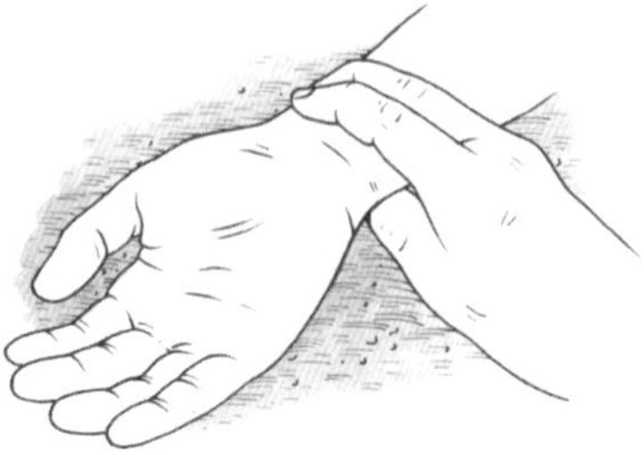

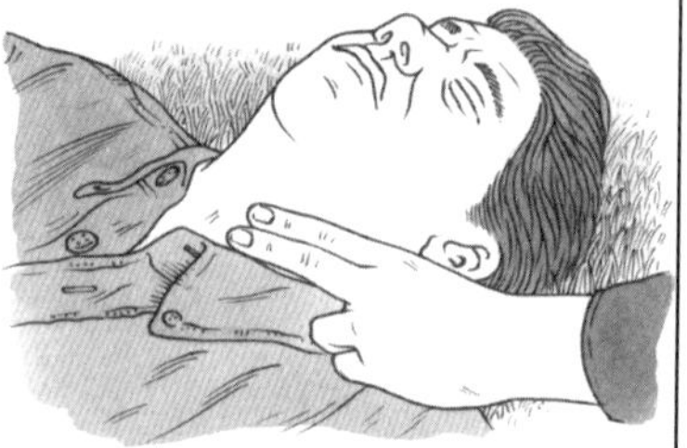

組織のためにまとめられた本には、とくによくできたものがある。デイヴィッド・ワーナーの『医者のいないところで』（国際保健協力市民の会、2009年）などがお勧めだ。医療支援を受ける見こみのないことを前提として、病気やケガ全般への対処法が書かれている。

起こりえる医学的トラブルを数えあげるときりがないので、ここですべてを詳しくとりあげる紙面はない。それでも、診断と手あての基本原理をある程度まで理解する必要はあるだろう。たとえば命にかかわる緊急事態になったとき、要救護者のバイタル（生命維持に必要な機能）を確かめる「ABC」を覚えるといったことである。

気道（Airway）――注意深くあごをあげて、頭を後ろに傾ける（首の負傷が疑われない場合）。口を開いて、舌や食べ物、血、嘔吐物などが、気道をふさいだり呼吸をさまたげたりしていないか確かめる。異物があったら指でとりのぞく。

呼吸（Breathing）――要救護者の鼻

と口に自分の頬を近づけて息を感じ、呼吸音を聞いて、呼吸の有無を確かめる。観察または胸に手を置くことによって、胸の上下運動を確認する。呼吸がある場合は脈拍のチェックに進む。10秒間待っても呼吸がなかったら、人工呼吸を開始する（手順は274ページのコラムを参照）。

脈拍（Circulation）――あごのすぐ下に複数の指をあてて脈拍を確認したら（親指は脈打っているので使わない）、そのまま気管の横まで拍動を追っていくか、手首の内側の親指よりの部分で触知する。脈が触れない場合は、

回復体位

回復体位にすると、舌が喉に落ちこまず嘔吐物が自然に流れでるので、意識がない状態でも呼吸困難におちいりにくい。

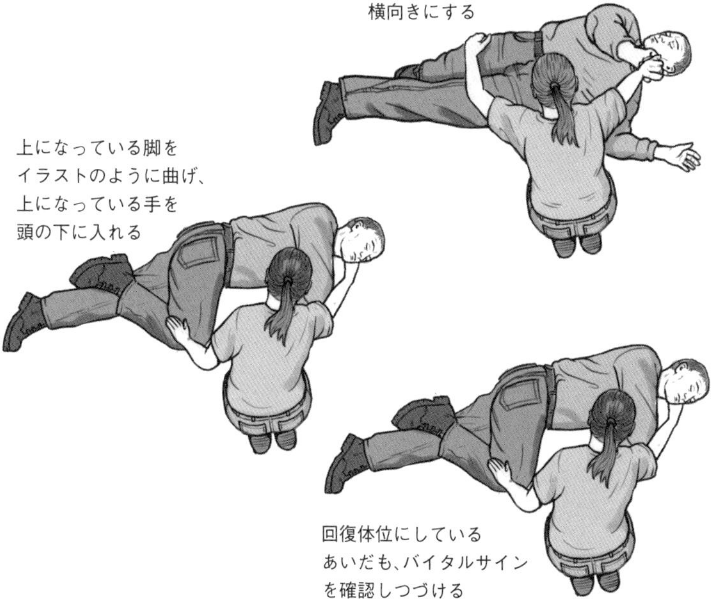
横向きにする
上になっている脚を
イラストのように曲げ、
上になっている手を
頭の下に入れる
回復体位にしている
あいだも、バイタルサイン
を確認しつづける

止血器

止血器は、使い方をひとつまちがえると非常に危険な道具である。そのため思いきった手段をとらないと出血多量で命にかかわるときだけ使用する。

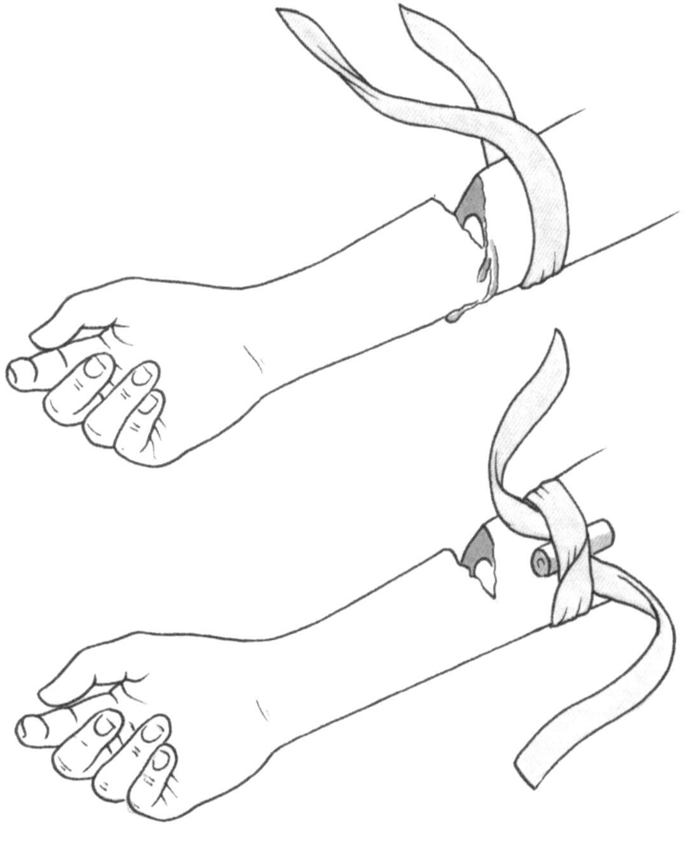

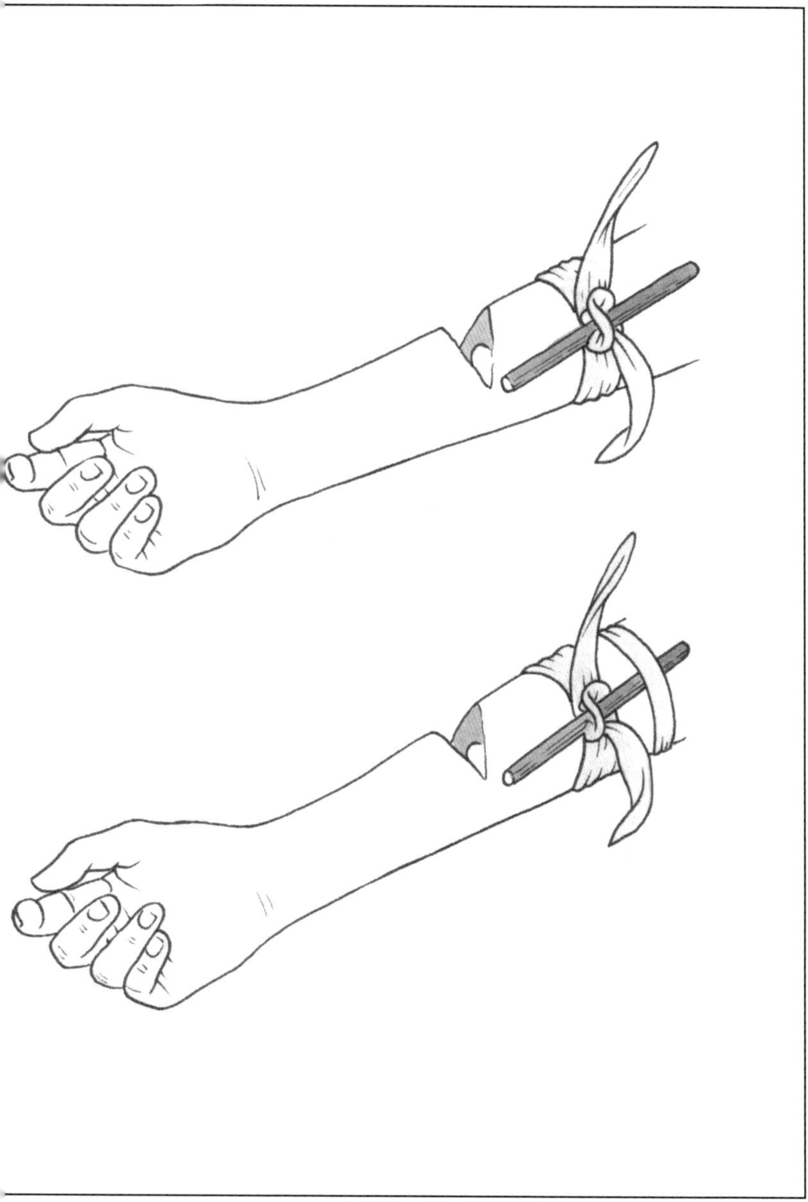

傷の圧迫

傷に下向きの圧力をかけると、傷ついた血管が圧迫されて血流量が減り、傷口の血液が凝固しやすくなる。止血まで時間がかかることを覚悟して、圧迫しつづけたい。

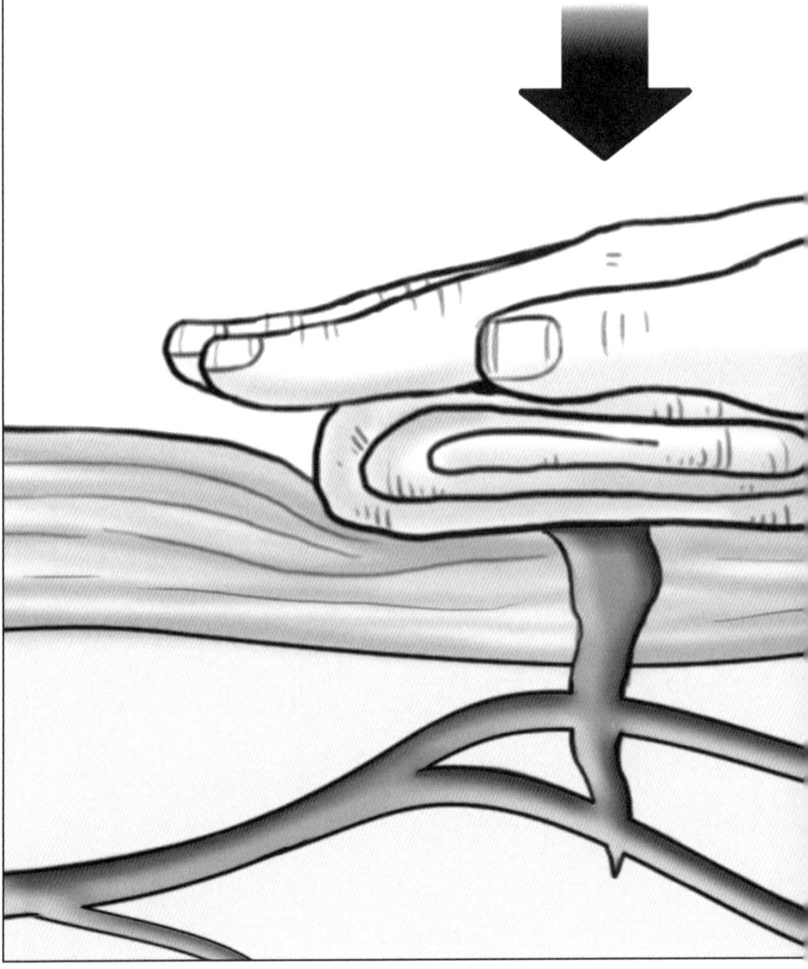

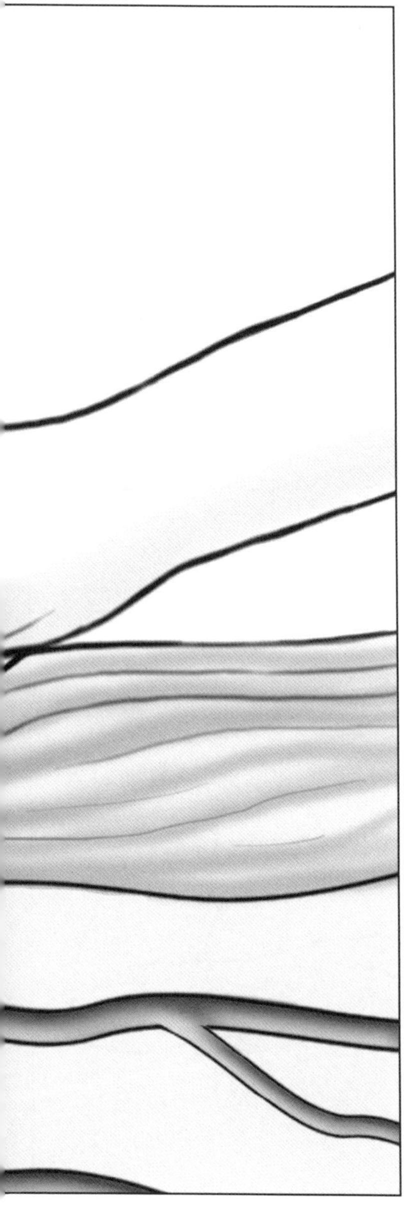

心肺蘇生法（CPR）をほどこす。

要救護者のバイタルはすべて機能しているが意識がないときは、回復体位をとらせる。この姿勢になると、呼吸を楽にできて、しかも口から嘔吐物や血が流れても窒息する危険性が低くなる。体の反対側のチェックもしやすくもなる。

回復体位にするためには、要介護者が仰向けになっていて自分が頭の近くにいるなら、自分から遠いほうの腕を曲げてその手を反対側の頭の近くにもっていく。次に自分から遠いほうの脚の膝を折って、横向き寝の状態にする［膝を曲げた足が上になる］。この姿勢は安定していて呼吸をしやすい。頭や首、脊椎を損傷していると思われる場合は、絶対に体を動かさないこと。少しでも動かすと症状が悪化するおそれがある。その場合は、首だけは固定しなければならないが、あとは全力をつくして医療のプロを探すしかない。

出血

外傷からの出血には、心配のない少量の出血から命にかかわる大出血までさまざまなレベルがある。どんなときも優先するのは、出血性ショックにならないようにできるだけ早く止血することである（体内の血液量が減少して、循環系が安全な血圧を維持できなくな

チェストシール

　このシールは、胸部の刺し傷の手あてに使われる。テープでとめられているのは3方向だけなので、刺し傷によって緊張性気胸になっても、空気を胸郭にためずに体外に逃がすことができる。胸郭は、肺を収縮させ呼吸をつかさどる働きをする。

包帯の巻き方

　出血している傷に包帯を巻くときは、厚い滅菌パッドを傷にあててから、長い包帯を巻いて、パッドの真上に結び目が来るようにする。あまりきつくしばりすぎないこと。手足の血のめぐりが悪くなってしまう。

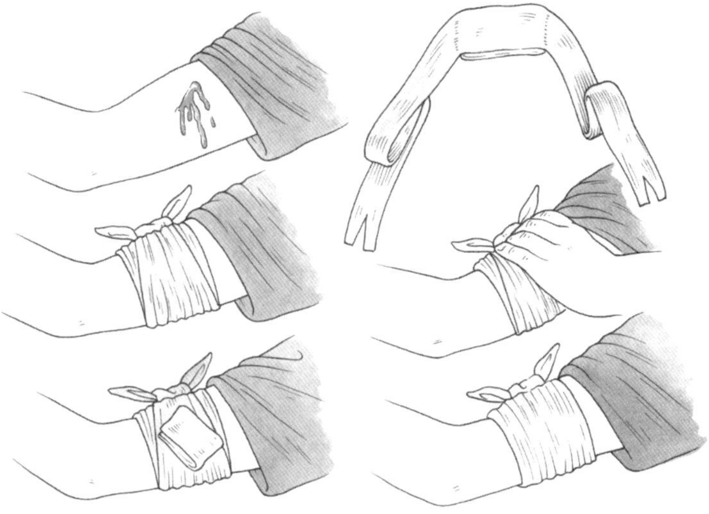

るとこのような循環性ショックが起こる)。すみやかに出血部を大きめの滅菌ガーゼなどで圧迫しよう。血が止まるまで圧迫しつづけ、ガーゼの吸収が限界に達したら、新しいパッドをその上にのせる。むりがなければ、負傷した手足を心臓より上にあげる。これで手足の血圧が下がって出血の勢いが弱くなるはずである。

　何にもおおわれていない傷口は、サイズの大小にかかわらず化膿するおそれがある。被災地の不衛生になりがちな環境では、これはきわめて現実的なリスクである。出血が止まったら、できるだけ早く傷口を入念に洗う。滅菌水とガーゼ、逆性石鹸があれば申し分ないが、目的は細菌をいち早く洗い流すことにあるので、水道水と清潔な布、ふつうの石鹸でもかまわない。小さなゴミも傷口からピンセットでとりのぞき、水と石鹸水で優しく洗う（ゴシゴシこすらない）。また出血しはじめたら、洗うのをただちに中止する。

傷口がきれいになったら、防腐軟膏を塗って傷に包帯を巻く。巻くのは清潔な包帯か細長い布にする。手足に包帯をしばったときは、ためしに手もしくは足の指指の爪をぎゅっと押してから放してみよう。きつく押したときに爪は白くなっても、手を放したときに血色が戻ったら、血流は正常である。だが白いままの場合は、包帯のしばり方がきつすぎて、血液の供給が遮断されている可能性がある。その場合は包帯をほどいて、爪に血色と体温が戻るのを待って巻きなおす。

ショック症状

循環性ショックは、身体に適切な血流か血液量がない場合に起こり、バイタル（生命維持に必要な機能）が停止することもある。多くの場合、大量出血をともなうケガのような外傷が原因となるが、ほかにも極度の脱水症状や重度のやけど、低体温症などといった要因からひき起こされることもある。またアナフィラキシー（激しいアレルギー反応）や心不全からショック症状にいたることもある。命にかかわる症状なので、徴候を知ることが大切であ

ショック症状への対処

大きなショックを受けると血圧が下がる。応急手あてで最優先するのは、血流をできるだけ主要な器官に送りこむことである。このイラストでは、要救護者の脚を高くして、重要性におとる脚よりは、胴体に血液が集中的に流れるようにしている。

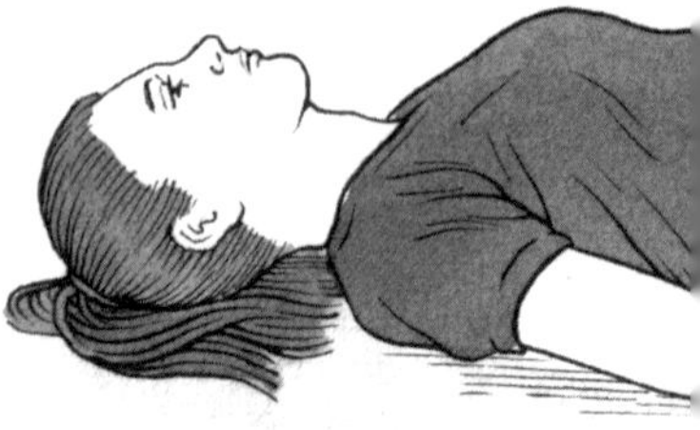

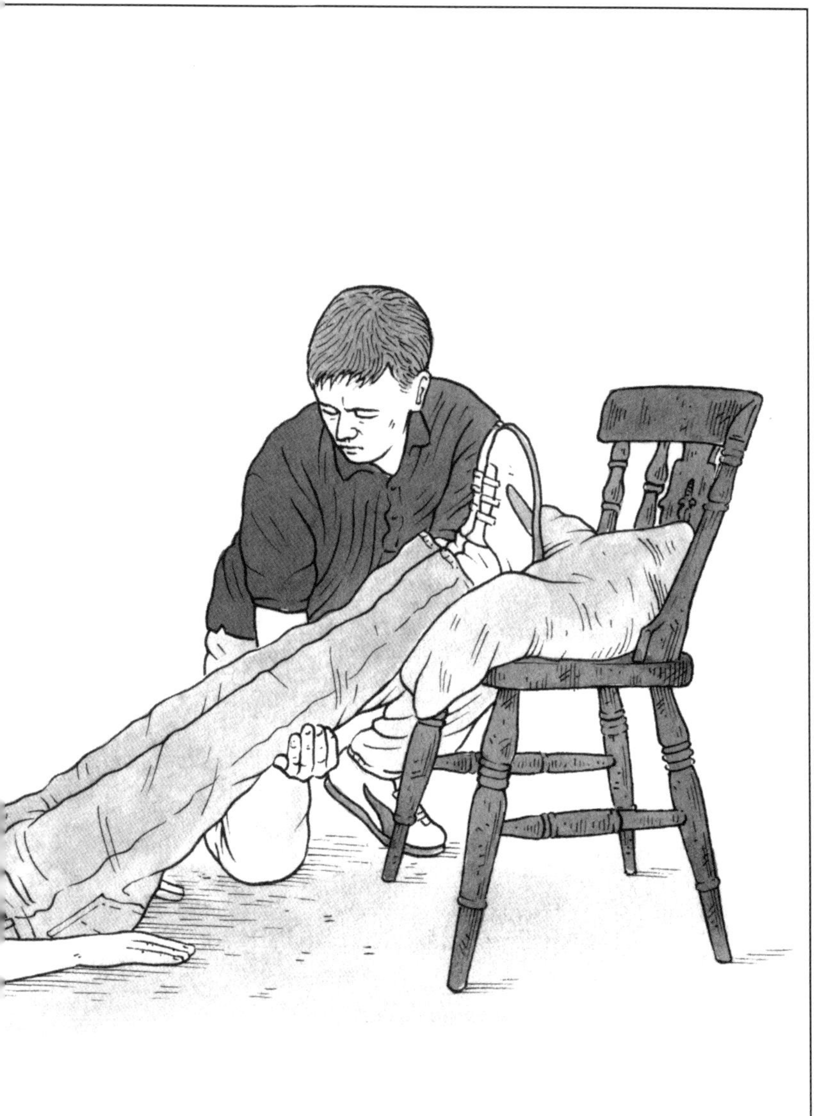

気道の確認

呼吸の有無を調べるためには、あごをあげ（こうすれば、閉鎖していた気道も開きやすくなる）、自分の頬を要救護者の口に近づけて息を確認する。同時に胸が上下運動をしているかも観察する。

る。以下はその例である。

- 速くて浅い呼吸
- 意識の混濁
- 不安げでおちつかないようす
- 皮膚表面の温度の低下と発汗
- 速くて弱い脈拍
- ショック症状が悪化した場合は、あえぐような呼吸か昏睡
- 昏睡

このような場合に対処法するためには、仰向けに寝かせて（動かしてもだいじょうぶだと判断できる場合）両脚を高くして、心臓や脳など重要な器官への血流を増やす。気道がつまらないようにして、静かで暖かい状態に保つ。食べ物や飲み物をあたえてはならない。同じ安静な姿勢にしたまま、脈が正常値に戻るまで計測する（14歳以上の成人なら、1分間に60～100の脈拍数）。理想的には、できるだけ早く医療のプロの診察を受けさせたい。

携帯型除細動器 AED

除細動器は、危険な不整脈を正常な心臓のリズムに導くために使用される。最近市販されている除細動器は、自動診断で必要と判断したときだけ電気ショックを流す仕組みになっている。

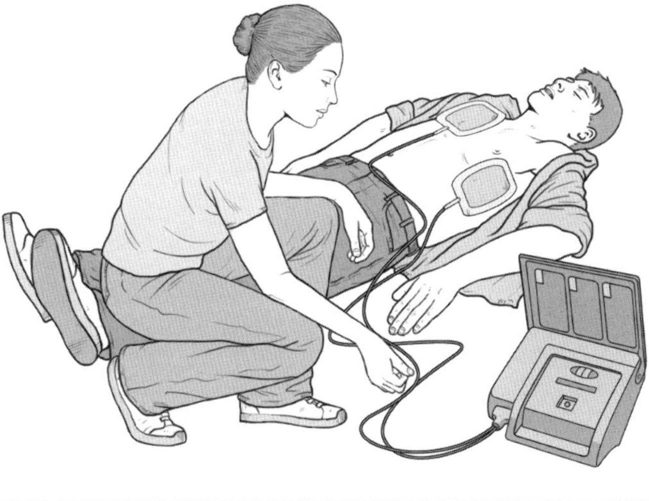

成人へのCPR（心肺蘇生法）とマウス・トゥー・マウス人工呼吸にかんするガイドライン——イギリス国民保険サービス（NHS）

胸骨圧迫のみのCPR

CPRの訓練を受けていなかったり、マウス・トゥー・マウス蘇生法を見ず知らずの人に行なうのに抵抗があったりする場合も、胸骨圧迫のみ（ハンズオンリーともいう）のCPRをほどこせる。方法は、

1　手の手首の近くを、胸の中央部の胸骨の上に置く。その上にもう一方の手を重ねたら、指を組みあわせる。
2　体重をかけて（腕の力だけでなく）、胸が5、6センチ沈むように真下に押す。
3　これを救急車が到着するまでくりかえす。
4　1分間に100回の胸への圧迫を目標にする。

人工呼吸を行なうCPR

1　両手の手首の近くを胸の中央部の胸骨の上に置いたら、胸が5、6センチ沈むように一定のリズムで押す。1秒に1回よりやや速いペースがよい。
2　30回胸を圧迫するごとに、2回息を吹きこむ。
3　要救護者の頭を優しくのけぞらし、2本指であごをあげる。鼻をつまむ。自分の口で要救護者の口をふさぎ、確実にしっかりと息を吹きこむ。胸が盛りあがっているのを確認する。1回1秒間の長さで、2回人工呼吸をする。
4　胸の圧迫30回と人工呼吸2回のサイクルを回復の兆しが見えるまで、または救助できる者がかけつけるまで続ける。

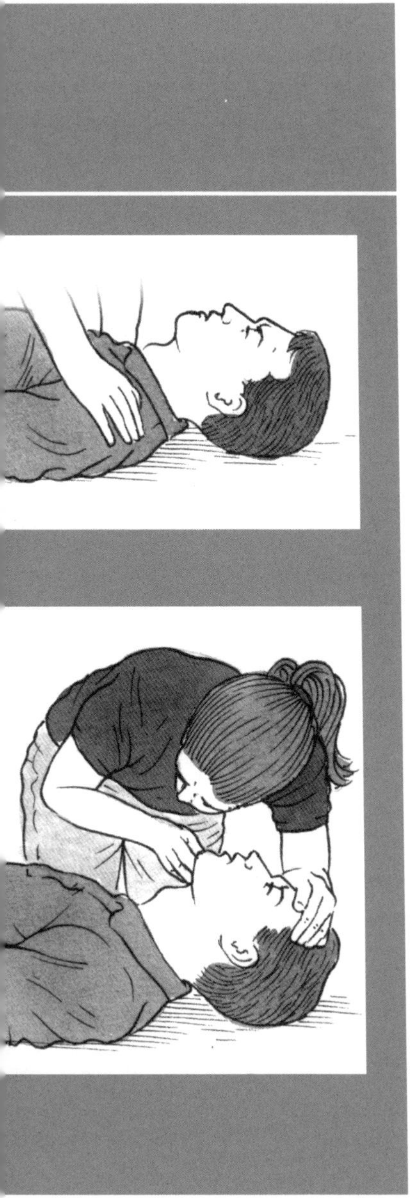

心臓発作

心臓発作は、だれが応急処置にあたるにしても危険な状況だが、病院につれていける可能性が薄いときはなおさらである。次のような心臓発作の徴候に気をつけたい。

- 胸部痛。首から腕まで放射状に広がる。
- 呼吸の停止。
- 唇が青ざめる。これは体の血液、つまり酸素の供給が十分でないことを示している。
- 発汗。
- 吐き気。
- 脈が速くなるか微弱になる。

病状にさしさわりがないなら、体育座りをさせる。背中を支えて楽によりかかれるようにして、もちあわせの心臓病の薬があれば飲む手助けをする。呼吸と脈をひんぱんにチェックし、アスピリンの錠剤があればあたえる(300ミリグラムを勧めるが、先にアレルギーがあるかどうかを確かめる)。ただし昏睡状態になって、脈が触れず呼吸停止にいたったら、心肺蘇生法とマウス・トゥー・マウスの人工呼吸をほどこさなくてはならないだろう。

心肺蘇生法は、人工循環を起こすことで効果をあげる。胸部を圧迫して血液を押しだし、体内で強制的に循環させるのと同時に、マウス・トゥー・マウスで体に酸素を供給する。心臓が停止すると、脳に酸素の豊富な血液が供給されなくなる。そのため脳はダメージを受けるが、心停止からそこにいたるまでの時間は長くて6分間である。だが、心肺蘇生法の訓練を受けて自信をもって実施できれば、このような事態を避けることも可能だろう。具体的な手順については274ページのコラムに掲載した。とはいえ、この措置はいつまでも続けられるものではない。20分すぎてもバイタルが戻らなければ、手を止めて避けられない事実を受けいれなければならないだろう。

頭部損傷

大災害の惨状のなかにあっては頭部をひどく打っていたとしても、意識がしっかりしている場合は、やっかいな頭痛ぐらいにしか思わないかもしれない。が、頭部外傷は手あてをせずに放置すると、とり返しがつかなくなるおそれがある。頭皮の傷は、損傷を示す明らかな徴候だが、外から見てまったく異常がなくても、その下にダメージがひそんでいる可能性がある。負傷者自身はあまり痛みを感じていないかもしれないが、頭部損傷の類いを受けたのがわかっている人がいたら、次の徴候が現れていないかどうか見守る必要がある。

- ひどくなる一方で、改善しない頭痛
- 意識混濁もしくは見当識障害
- めまいもしくは吐き気
- 記憶もしくは筋肉の調整機能の喪失
- 意識喪失

手あての仕方は、損傷の状況によって異なる。たとえば頭部への強打は、激しくゆり動かすことによって脳に損傷をあたえ、その結果脳震盪《しんとう》や意識喪失を生じさせる。そのようにならないよう、負傷者に話しつづけさせて意識を保つ。もし意識がなくなったら、回復体位をとらせて呼吸と心拍をチェックする。一定の間隔をおいて話しかけて反応を確かめ、爪先や指をつねって(あるいは足裏を引っかく)、神経反応を確かめる。脳震盪はたいてい一時的なもので、ふつうは後遺症もなく回復する。それでも、頭痛や視力障害などの症状の再発をつねに警戒して、できるだけ医療の助けを借りるよう努めたい。

頭にケガをしているときは、頭蓋骨を骨折して内出血や脳損傷を起こしているおそれがある。もしそうなら、一刻も早い治療が必要である。耳や鼻から透明な液(脳脊髄液)のもれや白目からの出血、頭皮の打撲傷やこぶ、陥没がないかどうか調べてみよう。これ以上のダメージを負わせるリスクを低減するためには、負傷者を暖かくして

骨折のタイプ

骨折にはさまざまなタイプがある。若木（部分）骨折は、柔らかくて柔軟性のある子どもの骨に多い。単純骨折は骨がきれいにポッキリ折れている。そのためこのふたつのタイプは、粉砕骨折よりは治療しやすい。粉砕骨折は、骨がいくつものかけらに砕けている。

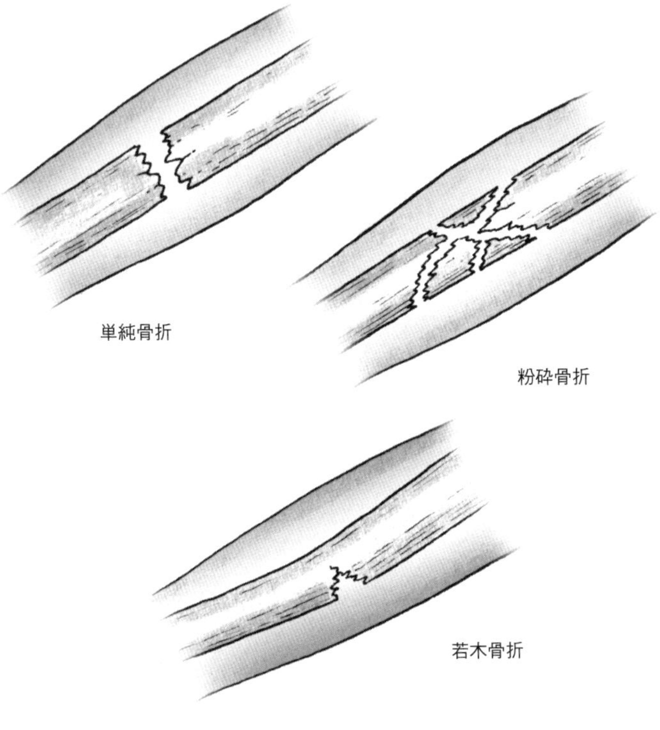

安静にしておき、出血を止めて、意識をできるだけ保つようにしながら、病状悪化の徴候があったらわかるように観察を続ける。

骨折

骨折は疼痛《とうつう》をともなう外傷であり、専門家の助けがない場合はかなり悪化することもある。骨折には閉鎖骨折（骨は折れているが皮膚に裂傷はない）と開放骨折（骨が折れていて皮膚に裂傷がある）がある。どちらも治療を受けるのがいちばんだが、一時的な措置として、または非常事態時には、できるだけ早く骨を整復して固定する必要がある。でないと折れた骨によって神経の絞扼《こうやく》（圧迫）や、血管の損傷が起こることもある。出血があるときは、先に止血してから牽引《けんいん》する。牽引で整復するときは、折れた手足の下半分を強く引っぱり、破断した部分の骨を正常な位置に接合させてから、ゆっくり力を抜く。指か足の爪を押さえて、血行障害がないのを確かめるとよい。

添え木

次に添え木をあてて、骨折個所を支えて保護する。患部の動きをできるだけ抑えるために固定するので、添え木は固い材質でなければならない。手や足の指を固定するなら、骨折した指を隣の指といっしょにテーピングしてやるだけでよい。腕や脚のときは、頑丈でまっすぐな枝もしくは棒を使う。骨折した手足を２本の添え木ではさんで、（優しく）布でしばって固定すれば申し分ない。できるなら添え木にあてものをすると肌触りがよくなり、腕の場合は簡単でも三角巾でつると固定に安定感がくわわる。脱臼（関節が正常な位置からずれた状態）も、骨折と同様の対処ができる。脱臼した関節を牽引して、正しい位置に戻してやってから、包帯か三角巾で支えてやる。さしつかえないなら、鎮痛剤をあたえると負傷者の痛みをやわらげられるだろう。

RICE処置

脱臼やねんざをした患部がふくれたり痛くなったりしたときは、RICE処置を行なう。

Rest（安静にする）――患部を動かさずに、じゅうぶん休ませる。

Ice（冷やす）――氷をつめた袋をあてて（10分以上は避ける）腫れを抑える。

Compression（圧迫する）――さらに脹れを抑えるために、患部のまわりに包帯をきつく巻く。

Elevation（高くする）――患部を心臓より高くもち上げる。患部に流れる血流量を少なくして腫れを軽減するためである。

三角巾のつり方

三角巾は骨折した腕や脱臼した肩を支えるために使われる。三角巾が曲がった肘を安定するように包むようにすること。またもう１枚三角巾を使って、固定している三角巾の上から肘から手首までを横にしばると、腕が前や横に動かなくなる。

添え木による腕と脚の固定

添え木をあてるのは、折れた骨が動かないようにして、折れた骨の先がこすりあうのを防ぐためである。まっすぐで固いものならなんでもまにあわせの添え木になるが、長さのある木の枝が理想的だ。添え木にしたものとケガをした手足のあいだに、厚めの詰めものをするとよい。

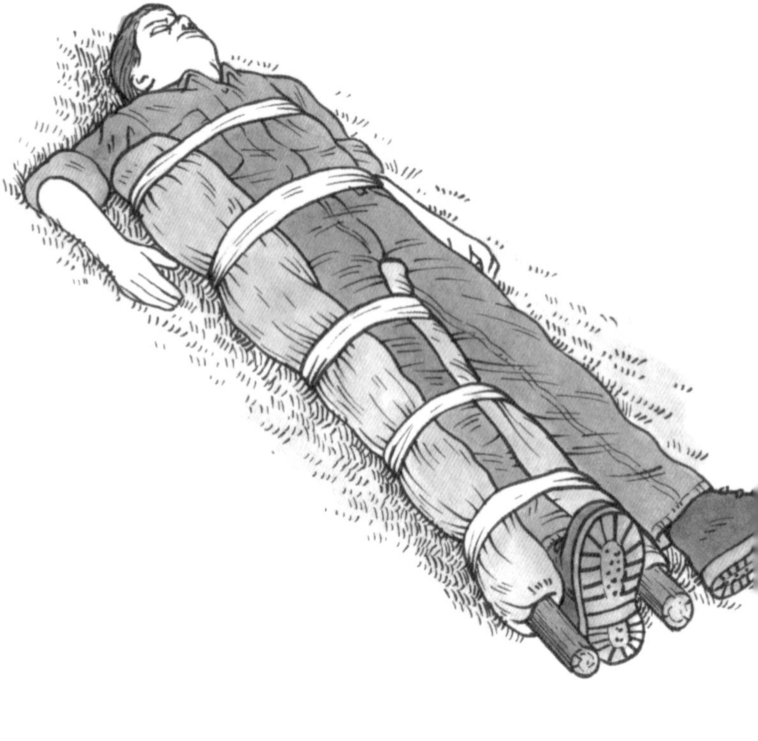

窒息

窒息は、異物や液体、本人の舌によって気道が閉鎖されて起こる。応急措置は時間がカギになる。呼吸困難が深刻な場合は、数分以内に脳がダメージを受けはじめるからである。窒息が起こると次のような症状が現れる。

- 喉をかきむしる。
- 弱い咳《せき》がしつこく続く。
- 甲高い呼吸音もしくは喘鳴《ぜんめい》音がする。
- 会話や呼吸がまったくできない。
- 唇や爪が青ざめてくる（チアノーゼ）。

ハイムリック法

このような状態になったら、できるなら咳をしつづけるよううながす。咳が出なかったり、意識を失いはじめたりしたときは、気道につまったものをとりのぞく。まずは舌が気道をふさいでいないかどうか確かめる。次に立たせて頭を胸よりも下にうつむかせ、手のつけ根で背中を勢いよく４回たたいて、気道の異物を除去する。これを何回かくりかえしても窒息状態が改善しない場合は、ハイムリック法の名称でよく知られている方法を実施する。この救命法の目的は、強制的に肺を圧迫して気道から空気を吐きださせて、閉鎖を解消することにある。手順は次のとおりである。

手をあげる

出血している腕の傷の手あてをする際は、手を心臓より高くあげる。腕の血圧が下がるので、出血を抑えやすくなるだろう。

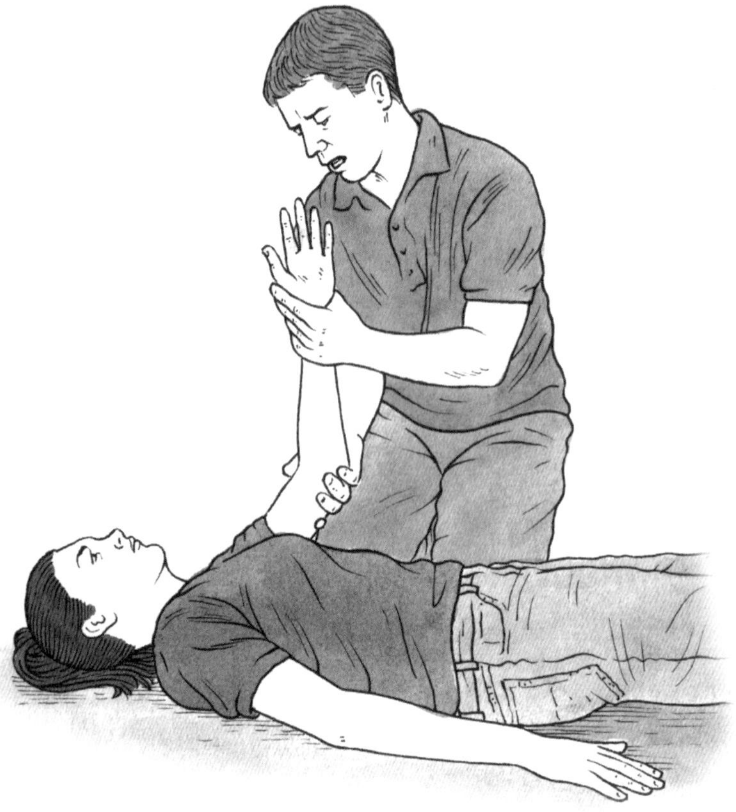

ハイムリック法

ハイムリック法で異物を除去する際には、ヘソと胸骨のあいだの腹部上部ににぎり拳をあてて、上方向に勢いよくつきあげる動作をする。この動作を５回くりかえして効果がなかったら、別の方法を試す。

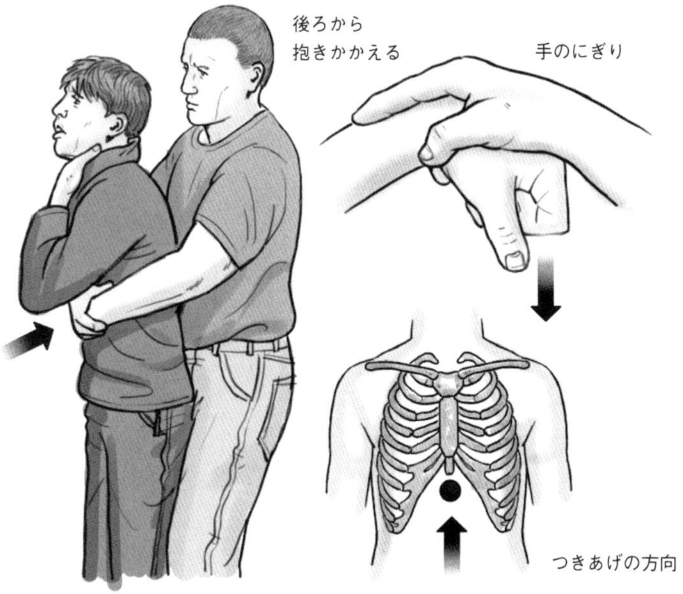

1　背後にまわり、腰に両腕をまわす。
2　にぎり拳を作り、その親指側を腹部にあてる。ちょうど胸郭の下でヘソの上あたりの場所になる。
3　にぎり拳にもう一方の手を重ね、拳を腹部の上方に鋭くつきあげる。胸郭に手をあてて押さないこと。両手はただ、つきあげるだけに使う。
4　この動作を異物が吐きだされるまで続ける。

息がつまって意識不明になったら、次のような処置を行なう必要がある。仰向けにして腰の横あたりに膝をつく。両手を使い、異物が出てくるまで腹部の上部をハイムリック法と同じようにして鋭くつく。覚えておきたいのは、窒息に苦しんでいる人にある程度圧迫が必要だとしても、乱暴にやりすぎないことである。あまりにも力が強すぎると、内臓を損傷したり肋骨を折ったりするおそれがある。

もうひとつ頭に入れておきたいのは、ハイムリック法は必要なら自分でもできるということである。その際は手順の1と2に従うが、それがむずかしいなら、椅子の背や木の切り株といった、固定されて動かないものの上にかがみ、思いきり腹部を押しつけて横隔膜をつきあげる。

やけど

やけど（熱傷）は一般的に、皮膚に熱いものや薬品がふれたときに生じるが、電気や放射能、摩擦、日光も原因になる。やけどの重症度は、伝統的に深度によって分類されている。

第1度熱傷——表皮のみの損傷。痛みと腫れをともなうが、軽症でたいてい放置していても治る。

第2度熱傷——表皮とその下の真皮の損傷。強い痛みがあり、水泡、発赤、湿潤を生じる。感染症を発症しやすい。

第3度熱傷——表皮と真皮、そしてその下の皮下脂肪までの損傷。ときには骨にまで達することがある。このタイプのやけどは、皮膚組織を破壊することもあるので、むき出しになった組織を守るために皮膚移植をして、皮膚の再生をうながす必要がある。

手あて

やけどの程度がひどければそれだけ手あてをする期間は長引き、手のこんだケアが必要になってくる。やけどを負ったら1秒でも早く水（流水でもため水でも）で冷やし、熱のためにダメージが広がらないようにする。5分以上患部を水に浸すとよいが、第2度の場合はそれ以上長く15分程度までにする。あるいは冷湿布をあてつづけて、こもった熱を除去してもよい。次に患部を乾いたガーゼでゆるくおおい、通気性をよくして傷を治りやすくする［化膿《かのう》のリスクを抑えられるなら、ラップなどを用いる湿潤療法も効果的である］。軟膏《なんこう》やバターは絶対に塗らない（バターは人気のある民間療法だが効果はない）。

できるなら医師の診察を受けたい。それがむずかしいときは、やけどを毎日チェックしてやさしく洗う。水泡を壊してはならない。そうすると感染症のリスクが高まるからである。患部に服が貼りついていてもはがさないこと。いっしょに皮膚までむいてしまうことになる。むしろ患部を冷やして自然にはがれるのを待つようにする。患部はガーゼでおおって、できるだけ清潔に保ちたい。

やけどの手あて

組織に熱によるダメージが広がらないように、１秒でも早く水をかけよう。すくなくとも10分は水をかけつづけたい。

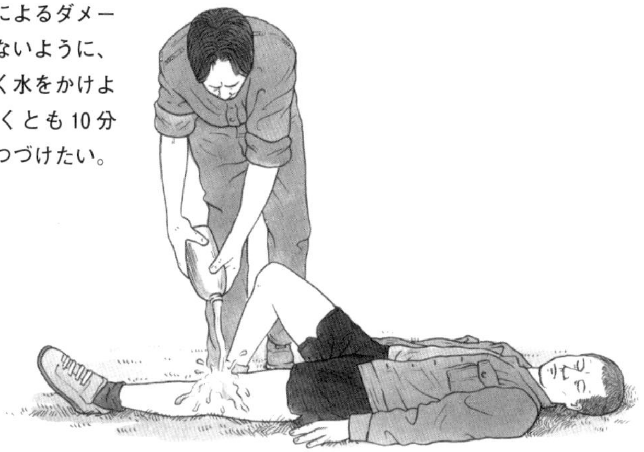

熱傷深度	傷害	手あて
第１度	表皮のみの損傷。日焼けなどが原因で、皮膚が赤くなったあとにむける。	保湿性のあるクリーム。不穏状態、頭痛または発熱の手あてをする。
第２度	真皮に達する損傷。水泡やショック症状を生じる。	抗菌の傷あて材を使うか、何もおおわないかわりに清潔に保つ。ショック症状の手あて。
第３度	皮膚のすべての層に達する損傷。ショック症状。	専門的な治療が必要。専門家が到着するまでショック症状の手あてをする。

やけどを冷やす

　やけどを負った人がいるとき、なによりも優先すべきなのは一刻も早く患部を冷やすことである。最初の事故のあとも、やけどに残った熱はしばらくのあいだ組織を損傷しつづける。冷たい水をとぎれることなくやけどにかけて、水をかけなくても傷の痛みが強くならなくなるまで続ける。

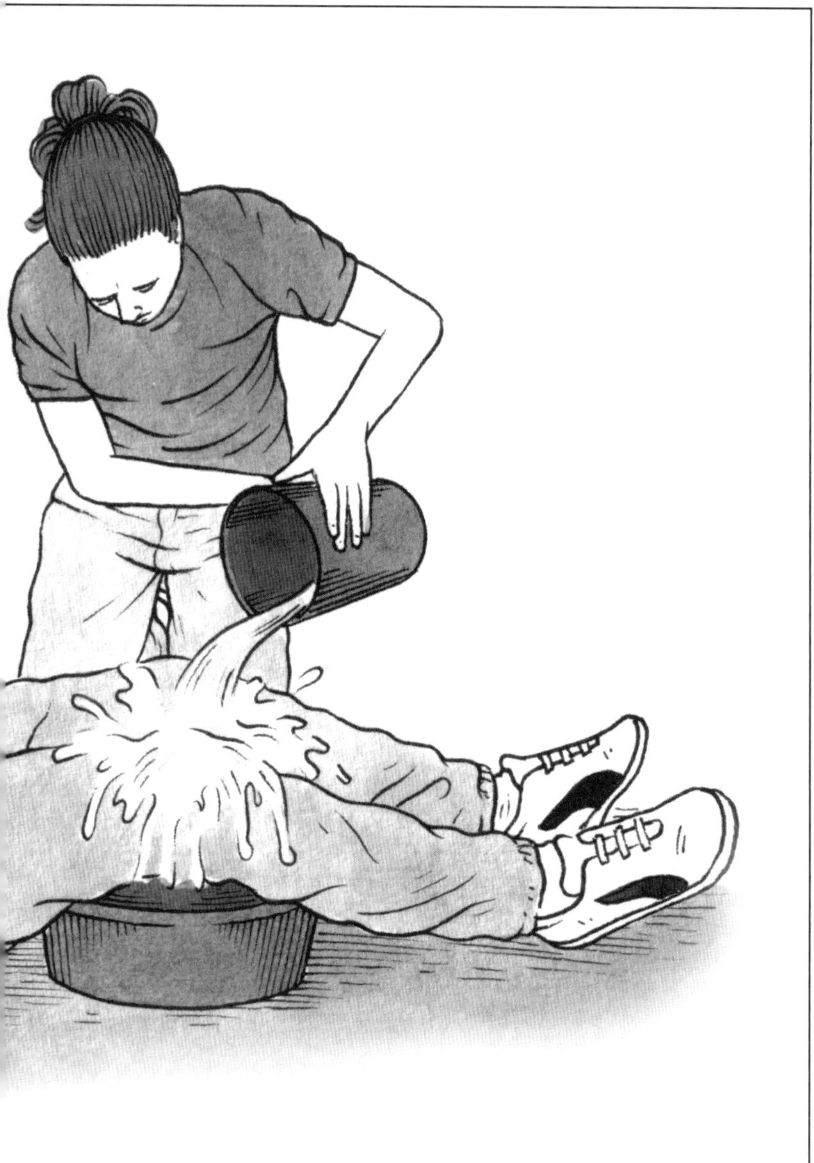

中毒

被災地では中毒になる危険性が高くなる。食料や水の備蓄品に汚染物質が入りこんだり、食料にしようとして知らない植物に手を出したりするのでなおさらである。有毒物質の摂取が疑われるなら、大量の水を飲んで、毒性を薄める。粉末活性炭が手に入るなら(備蓄品のなかにこれかカプセルの炭のサプリを入れておきたい)、お茶かマグネシア乳(下剤)と混ぜて飲む。炭が毒物を吸収するので、体への吸収が防がれる。有毒物質が皮膚にふれた場合は、少しでも早く水と石鹸を使って薄めるか洗い流す。汚染された衣服は脱ぐ。いずれにしても、できるかぎり早期に医師の診察を受けるようにしたい。

超低温による障害

低体温症は、体の深部体温(主要臓器周辺の体温)が、生体維持の適温である36～38度を、1、2度下まわっても起こる。たいてい適切な防寒服を着ないで戸外に出て、長時間厳しい寒さにさらされると、このような状態におちいりやすい。またそうした場合は、雨や雪の追い打ちがあることも多い。被災地では、火の気のない建物のなかでも起こりえる。幼い子どもや高齢者はとくに寒さに弱い。次のような徴候が見られたら、すぐに手あてをする必要がある。

- 震え。
- 皮膚が冷たく蒼白になる。
- 無気力または錯乱。
- 呼吸が浅く脈拍が微弱になる。

要救護者が戸外にいるなら、ただちに身を隠せる暖かい場所につれていき、濡れた衣服を着替えさせる。保温性のよいものをできるだけ多く重ね、意識に問題がないなら熱い食べ物と飲み物をあたえる。ショック症状の徴候がないかチェックする。どうしても急激に体温をあげたくなるが、これは絶対にやってはならない。冷たい血液を心臓に送りこむことになってしまうからである。

超高温による傷害

熱中症も低体温症と同じく命にかかわる症状で、深部体温が40度を超えると重症化する。この場合も環境的な要因で起こることがほとんどで、とくに酷暑の中直射日光に何時間もあたっているような場合に発症しやすい。体温が上昇すると、皮膚に近い血管が拡張し発汗がはじまる。その水分が蒸発すると、気化熱で皮膚の温度は下がる。

ところが大量に汗をかくと、水分と人間の体にとって不可欠な塩分が排出されるので、深部体温の上昇と脱水症

屋外労働での熱射病対策

労働者は、高温多湿で日光のあたる場所を最大限避けるべきである。こうした場所を避けられないときは、次のような方法で日射病を防ぐとよい。

- 服装は、薄い色のゆったりとしたデザインで、綿のような通気性のよい素材のものを着る。
- 通気性のよくない合成繊維の服は避ける。
- 仕事のきつさを少しずつあげていく。
- いちばんきつい仕事を、１日のうちのいちばん涼しい時間帯にあてる。
- 暑さと湿度がひどくなったら、休憩を多めに入れる。
- 水分補給をこまめに行なう。喉が渇かないように十分な量の水を飲む。
- カフェインやアルコール、大量の砂糖が入っている飲み物は避ける。
- 日陰や涼しい場所でできるだけ休憩する。
- 防護服や保護具が、熱ストレスのリスクを高めるかもしれないことを頭に入れておく。
- 自分と同僚の体調をたえずチェックする。

出典：疾病対策予防センター
www.cdc.gov/niosh/topics/heatstress

状が進むのである。

症状と手あて

症状には頭痛、めまい、痛みをともなう筋けいれん（塩分不足から起こる）、微弱な頻脈、といったものがある。厳しい暑さにさらされていたら、熱中症にならないようできるだけ早く身を隠せる場所に入る。自分やだれかにいまあげたような症状があったら、一刻も早く体温を下げなければならない。日陰を見つけて、下着姿になって水に体を浸せば、汗と同じように水が皮膚の表面で蒸発する。

身を隠せる場所がなかったら、衣服を濡らして体温を下げる。水をすするか（戻してしまうこともあるので、ガブ飲みしない）、水分補給飲料（備蓄医薬品の項を参照）を飲めば、失った大事な塩分を補える。可能であれば、

熱射病の対処

　熱射病が命にかかわるのは、深部体温が異常な高温になるからである。体温をできるだけ下げる措置をしたい。扇風機の風をあてて、体に冷たい水をスプレーしよう。水を少しずつ飲ませて脚を高くするのもよい。

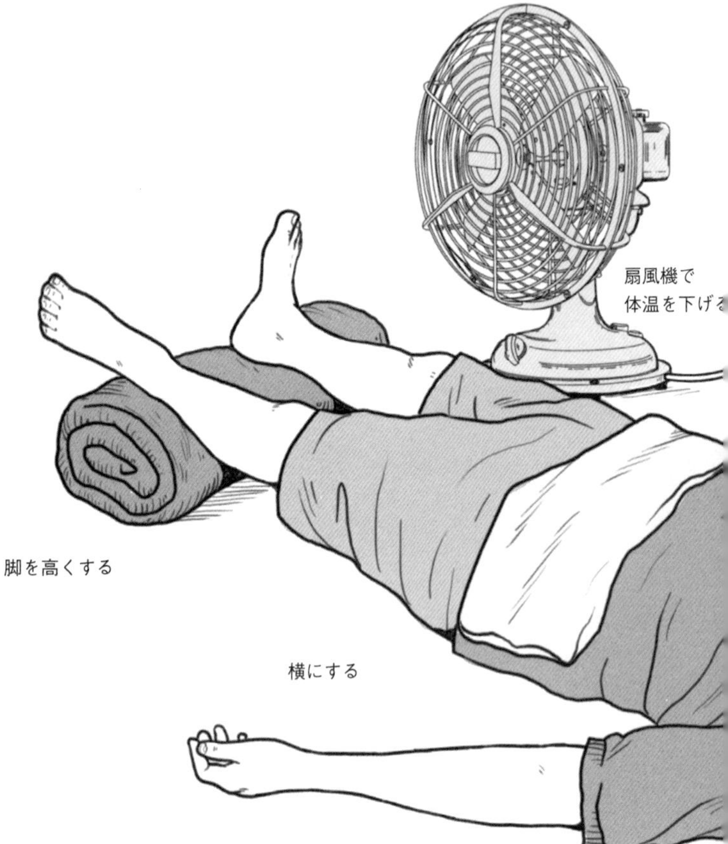
扇風機で
体温を下げる
脚を高くする
横にする

体温計で体温を観察したい。

出産

産気づいたようすの妊婦が身近にいたら、できるだけ早く医師の診察を受けさせよう。専門家がすぐには飛んで来られないときでも、とりあげる用意ができていれば、出産にかかわるだれにとってもストレスは軽減するだろう。母親と赤ん坊が健康で快適でいられるようにするために、できる手順を紹介しよう。

まずはなによりもパニックにおちいらないようにする。出産は往々にして時間がかかるので、なんらかの形の医療支援（地元の助産婦など）がまにあう可能性は高い。とはいっても、お産を遅らせせようとするのはNGである。

準備

適切な場所を確保する。できるなら、暖かい部屋にベッドやソファといった、妊婦が楽に横になれる場所があるとよい。ビニールシートと清潔なタオルをその上に敷き、かける毛布を用意しておく。出産時の感染リスクは高いので、可能なかぎり予防策を講じたい。

使用するのは、使いすての手袋、汚れたものを入れるビニールのゴミ袋、沐浴のための石鹸と温かいお湯、手指消毒剤である。マスクとビニールのエプロンをかけるのもよい。部屋にあまり人を入れすぎずに、妊婦の望む人間にいてもらうようにする。

分娩の3段階

分娩《ぶんべん》には3段階がある。最初の分娩第1期は、子宮の収縮（陣痛）や破水ではじまる。胎児を感染症から守っているゼリー状の粘液栓、つまり「おしるし」が排出され、子宮口が開く。次の段階に進むまで平均で8時間かかるが、極端に短いことも長いこともある。この段階のうちは妊婦はまだ動きまわりたがるかもしれない。そのほうがむしろ望ましい。

分娩第2期になると、陣痛の間隔が短くなり、妊婦が自然にいきみたくなる。この時点で子宮頸管は全開になり、胎児は膣口に向かっておりてくる。最初に頭が現れ、続いて体が抜ける。分娩第3期では後産（胎盤と臍帯《さいたい》）が娩出される。

分娩中に介助者がすべきことは、

- 妊婦をおちつかせて楽にさせる。ただし飲み物は飲ませないようにする。
- 新生児の頭が見えたら、いきむのを中止して、母親学級で教えるようにハッハッハと短促呼吸をするように言う。
- 新生児の頭が見えたら、頭を支える。ただし引っぱりだしてはならない。肩が引っかかっているような場合は、片方の肩を少し出すようにすると、体の残りの部分が抜けてくる。
- 首が出てきたらすぐに、臍帯が巻きついていないかどうか確かめる。巻きついている場合は、ゆるめてから頭のほうにかぶせる。
- 新生児が泣かないときは、ABCの蘇生術を実行する（A = Airway 気道を確保、B = Breathing マッサージと人工呼吸、C = Circulation 心臓マッサージで脈拍を回復）。
- 新生児を慎重に母親にわたす。
- 後産《あとざん》を促進するが、臍帯は引っぱらない。
- 出血が止まっているか弱まっているのを確認する（ヘソのすぐ下を優しくマッサージすると、子宮の収縮をうながすので出血が止まる）。母親が体を拭くのを手伝う。

トリアージ

トリアージとは、治療を受ける患者の優先順位を決めて分類する手順である。最初に導入されたのは第1次世界大戦中で、救護所の医療スタッフがおびただしい数の戦傷者の処置を、系統立って行なうために活用された。トリアージは被災地でも同様の使い方が可能で、これを用いればだれがどの程度の緊急度でどのような処置を必要としているかの判断をつけやすくなる。ときには運びこまれた者がほぼ確実に死亡しているように見えるなら、治療にまわすべきかどうかといったケースなど、倫理的、医学的にむずかしい判断を迫られることもある。

トリアージの発祥が軍であっただけあって、米陸軍は合理化を徹底させたシステムを作りあげている。その公式な分類方式を米陸軍の『Evacuation Handbook（避難ハンドブック）』から抜粋してみよう。

(1) **最優先**――命や手足、視力を救うために、緊急に治療が必要な容体の患者。この分類の最高の優先度である。

(a) 気管閉塞《へいそく》。

(b) ほかの点では治療可能な傷害から生じた呼吸困難と呼吸器循環不全（電気ショック、溺水《できすい》、化学物質への暴露など）。

(i) 戦場では呼吸器循環不全は「最優先」とみなされないことがある。

(ii) その場合は「治療期待」に分類される。この評価は、任務や戦況、負傷者の数、支援体制などによって変わる。

(c) 大量の外出血。手足の切断など。

(d) ショック症状。

(e) 顔、首、手、足、会陰、外陰部のやけど。

(f) 負傷者の命や手足を失う危機的容体が安定したら、ほかの「最優先」の負傷者の治療が終わるまで、それ以上の処置は行なわない（命や手足を失う危険性がない）。

(g) 救命が手足の温存より優先される。

(2) **待機**――治療が遅れても、命や手足を失う可能性が低い患者。

(a) 胸部開放創（呼吸困難をともなわない）。

(b) 腹部創（ショック症状をともなわない）。

(c) 眼外傷（重度で視力の回復が望めない）。

(d) その他の開放創。

(e) 骨折。

(f) 第2度と第3度のやけど（顔、手、足、外陰部、会陰をふくまない）が、総体表面積の20パーセント以上を占める場合。

(3) **軽症**――「歩行可能な負傷者」は、自分もしくは仲間で手あてができる。

(a) 軽度裂傷。

(b) 打撲傷。

(c) ねんざと筋違い。

(d) 軽度の戦闘ストレス障害。

(e) 第1度もしくは第2度のやけどで、総体表面積の20パーセントに達せず、手、足、顔、外陰部、会陰など重要部位をふくまない場合。

(f) この分類の患者は、通常医療施

トリアージタッグ

トリアージタッグは、大勢の負傷者をケガの重症度によって分類するのに役立つ。タッグにはさまざまな形式があるが、いずれにも共通している色分けの分類は、患者が専門的な治療を必要とする緊急度を表している。

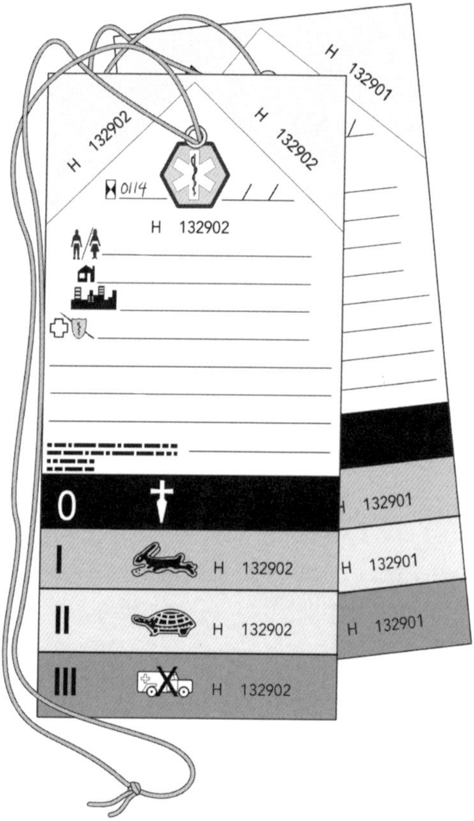

設には後送されない。

(4) **治療期待**——重傷を負い、複雑な治療を長期間受けないと延命がむずかしい患者。治療手段に限界があるときのみの分類なので、傷害の程度に確信がもてないときは、上記の分類に入れる。

(a) 重度の頭部障害で危篤状態になっている場合。

(b) ほぼ第3度のやけどが、総体表面積の85パーセント以上を占める場合。

ただし、このようなシステムも自分や自分を支えてくれる人々がどこまで治療できるかによって調節していく必要があるだろう。たとえばどんなに辛い決断だとしても、貴重な備蓄医薬品を、助からない者にむだに使うべきでないのだ。

備蓄医薬品

応急処置の講習を受けると、救急ケアが必要になったときの心得ができるように、適切な医療用品をそろえておくと、傷の予防や手あてを簡単かつ確実に行なえるようになるだろう。救急キットにはかならず痛みの軽減、感染症の予防、傷の手あてができるものを入れておきたい。たとえばこのようなものである。

- 絆創膏《ばんそうこう》と包帯
- 脱脂綿
- 医療用テープ
- ちょうどよい大きさに切るためのハサミ
- 防腐軟膏と抗菌溶液（スプレータイプが便利）
- 抗生物質軟膏
- 体温計
- 清浄綿
- 鎮痛剤

こうした基本的な医療用品は、ちょっとした不調や病気の手あてに大いに役立つだろう。しかも包帯や脱脂綿のようなものは何十年もとっておけるので、備蓄は容易である。鎮痛剤と抗菌剤は食品と同様に、容器に消費期限が記されているはずなので（最低2年間はもつはずである）、食品の保存と同じ方針で、備蓄品のチェックと交換を行なうようにしたい。

品数の豊富なキットになれば、もっと規模の大きな緊急事態へのそなえにもなるだろう。そうしたキットには、必要と思うだけの品物をいくらでもそろえるとよい。自分や家族の必要性に見あった備品を考慮する必要もある。ともあれ、先にあげた基本リストに追加するとよいと思われる品物を列挙してみた。

基本的な医療キット

医療キットには、軽度から中度の出血、目のケガ、特定のタイプの中毒の手当て、さらには抗生物質があるなら細菌性の感染症のケアに必要な道具といったものが、一式そろっていればよい。

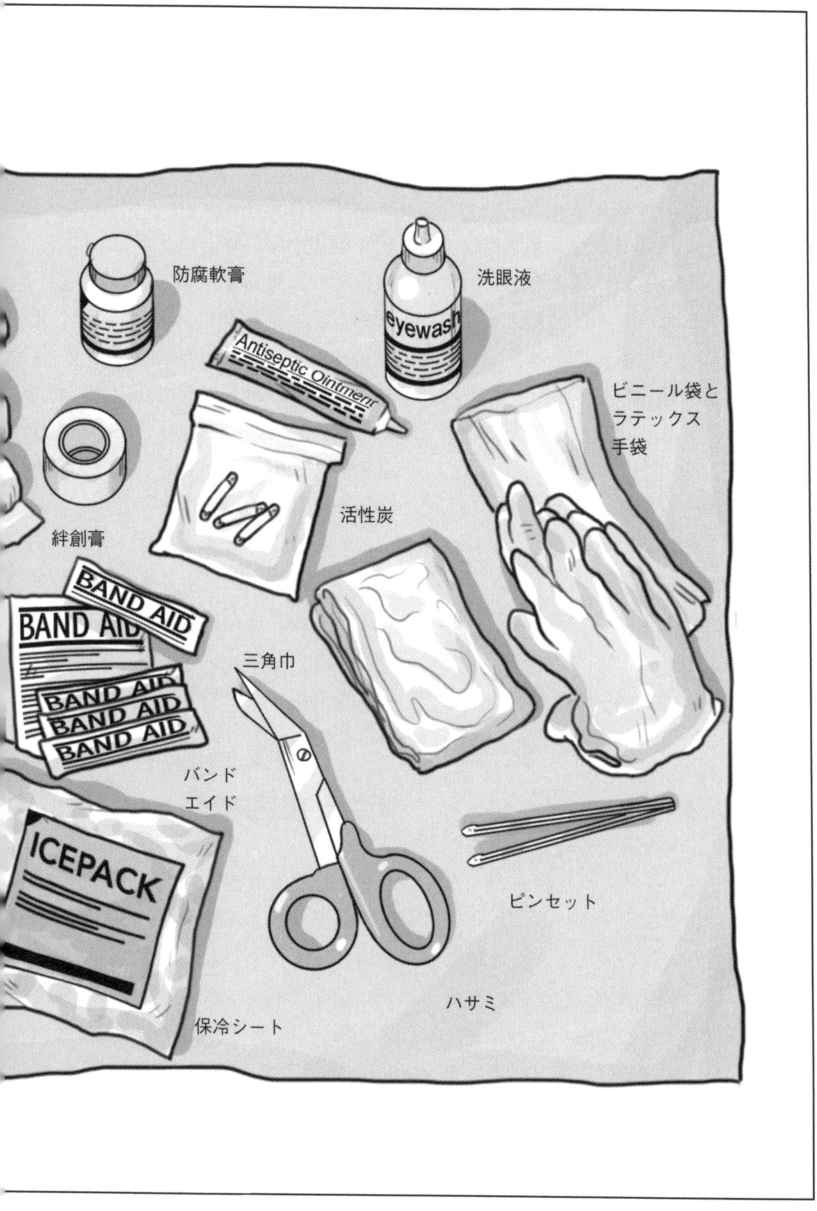

防腐軟膏
洗眼液
eyewash
Antiseptic Ointment
ビニール袋とラテックス手袋
絆創膏
活性炭
BAND AID
BAND AID
三角巾
BAND AID
BAND AID
BAND AID
バンドエイド
ICEPACK
ピンセット
ハサミ
保冷シート

医療用具

- 医療用手袋。
- 手指消毒剤。不衛生な環境にいるときは、食事の前にも使いたい。
- 傷を洗うための滅菌水。
- さまざまな種類の包帯。基本キットにも入っているが、大判の包帯、ガーゼ、傷あてパッド、防水タイプの傷保護材などを幅広くそろえる必要がある。
- 傷口を貼りあわせられる皮膚接合用テープ。
- 冷湿布用のジェルパック。
- 移し替えのための空容器と（ジッパーつきの）ビニール袋。
- 骨折個所を固定する添え木。
- エアフィルター・マスク（ほこりやガス、空気伝染病の吸入を防ぐ）。

医薬品

- 強力な鎮痛剤（アスピリン、パラセタモール、イブプロフェンなどを成分とするもの）。アレルギーについての確認は必須。
- 抗生物質。医師の処方がないと手に入らない国が多いが、合法的に抗生物質を備蓄できる方法もあることはある。たとえば、処方箋《せん》なしでも売ってくれる国はある。ただし使用する前に、投薬量と禁忌［例外的に使用できない条件］を完全に理解していなければならない。
- 経口補水塩。基本的な手作りの補水液も作れる。浄化した水１リットルに塩小さじ２分の１と砂糖小さじ６杯を混ぜる。
- 抗生物質軟膏。
- 下痢治療薬（ロペラミド）。
- 抗アレルギー薬。
- 処方薬。アレルギー、ぜんそく、心臓病、甲状腺などの治療薬。

ここでも、製品の消費期限と貯蔵寿命を確かめて、必要になったら交換するように配慮したい。どれほどの量が必要か断言するのはむずかしい。というのもあまりにも多くのパターンがありえるからだ。が、もしスペースがあればたくわえるだけの価値はある。一般的にこうした品目は日常生活でも使えるので、いつか必要とされる日がくるだろう。

衛生と疾病対策

インフラの危機にみまわれた社会では病気がはびこりやすくなるため、被災地では健康を守るための最前線が衛生になる。平時には、だれかが不要物を廃棄してくれていた（人間の排泄物も）。突然それを個人でやらなくてはならなくなると、多くの細菌や病原菌に接することになる。災害の影響できれいな水や洗剤類が不足すると、胃腸

身を守る服装

パンデミックが猛威をふるっているなかであえて外出をするなら、身を守る服装は絶対に必要である。どんなときも次のものを四六時中携帯して、ほかの人との身体的接触を避けたい。

疾患が増える。それ以上に危険なのは、不衛生な状態で伝染病が蔓延《まんえん》することである。人から感染する病気はとくに広がりやすい。

まずなによりも優先すべきなのは、病気の拡大を防ぐために、できる方法で調理場と医務室を清潔に保つことである。また避難所のような大勢の人が接触しあう環境ならば、当然適切な隔離施設の設置が望まれる。手は外の世

トイレ

半永久的な野営地を設営するなら、病気の蔓延《まんえん》を防ぐためにもトイレの設置を最優先にしなければならない。場所は居住区から50メートル以上離れた風下に用意する。穴を掘ってその両側に足置きの板をわたすタイプや、蓋《ふた》つきの空のドラム缶を利用するタイプなど、トイレ自体は簡単な構造でよい（ドラム缶タイプは、定期的に中身を焼却しなければならない）。

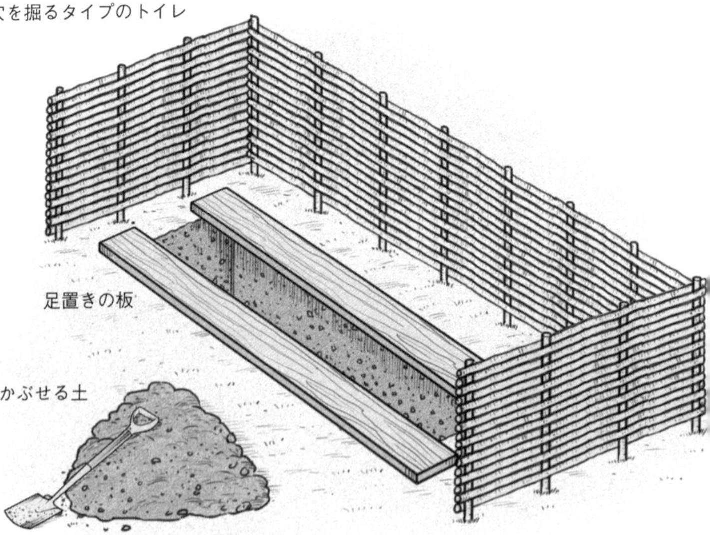

界から体内に細菌と病原菌が侵入する主要な経路になるため、にわかに手洗いという簡単な行為も重要な意味をもってくる（詳しくは302ページを参照）。備蓄されている貴重な飲み水を衛生のために使うのは許されないが、いつもの衛生習慣を続けたほうが気分がよく、自分の意志を反映できる日常に近いと感じられるものである。次のような基本的な衛生管理をしたい。

- 体の衛生。股間や脇の下、足をすくなくとも1日おきに洗う。

• 口腔衛生。できるならいつものように歯磨き粉と歯ブラシ、マウスウォッシュ、デンタルフロスを使う。歯ブラシがなく水が不足しているときは、清潔な布と指を歯ブラシがわりにする。

• 衣服を清潔に保つ。泥や油で汚れている衣服の保温性は、清潔な衣服より劣る。下着は週に２回以上替える。

• 周囲の環境を清潔に保つ。つまり、a）整理整頓をして不慮の事故を予防し、b）できるだけ除菌をして感

手指消毒剤の使い方

手指消毒剤は、高価でもないのにパンデミックから命を救うこともできる。ウイルスはおもに手で口や目を触る動作によって体内に侵入する。イラストにあるような方法で消毒すれば、手のあらゆる部分に消毒が行きわたる。

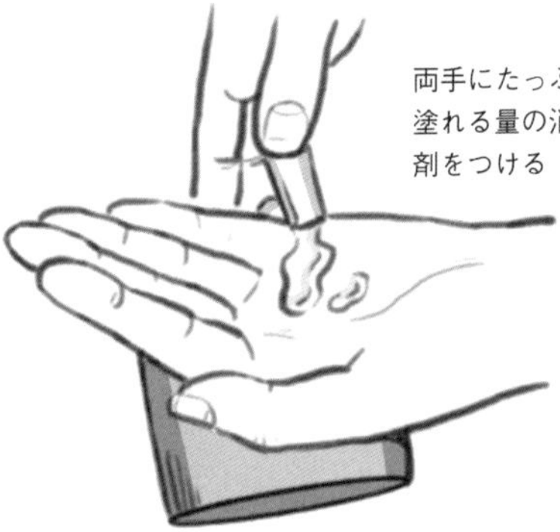

両手にたっぷり塗れる量の消毒剤をつける

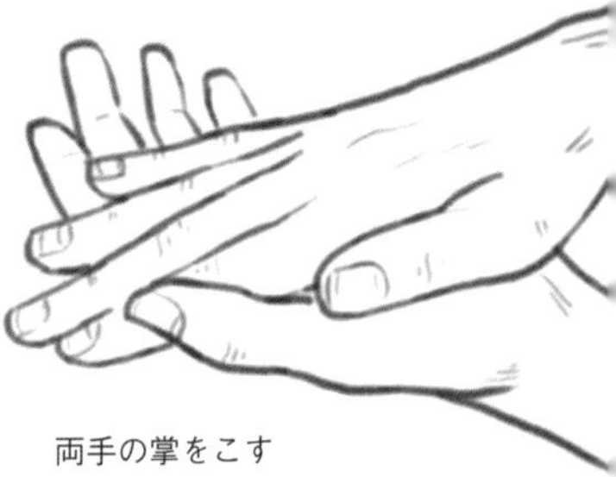

両手の掌をこすりあわせる

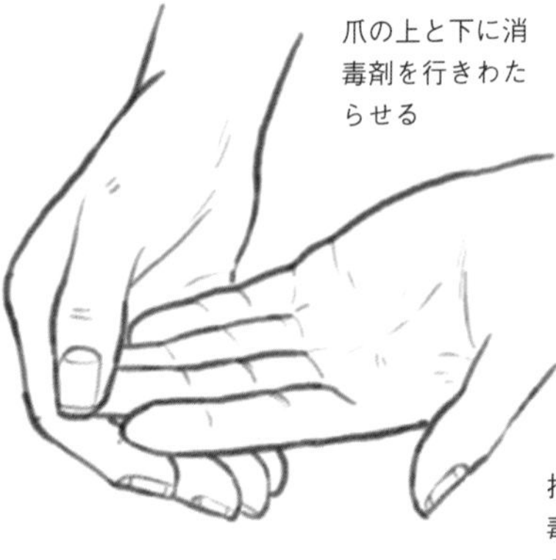

爪の上と下に消毒剤を行きわたらせる

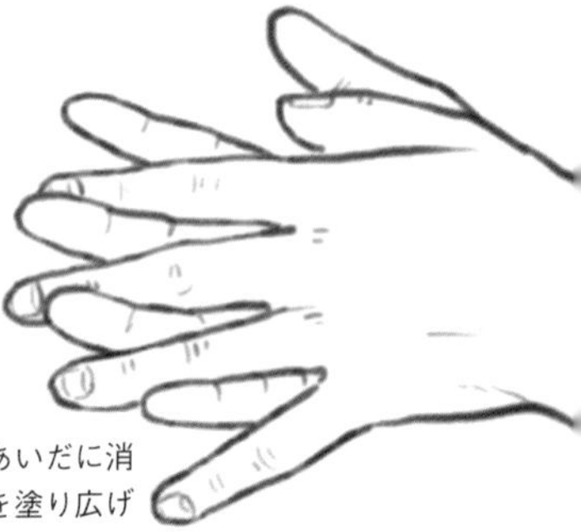

指のあいだに消毒剤を塗り広げる

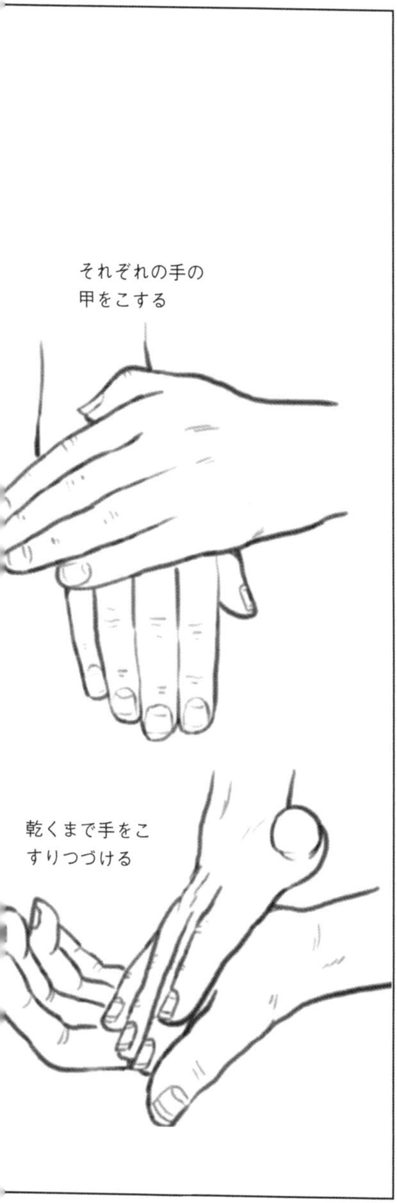
それぞれの手の
甲をこする
乾くまで手をこ
すりつづける

染症の拡大を防ぐのである。

伝染病

今日の社会は、テロの脅威につねにさらされており、しかも過激派グループにとって、「兵器化」できる材料を手に入れるのはますます容易になっている。となると化学戦もしくは生物戦にまきこまれるリスクはあるが、テログループが本格的に開発した散布手段を利用できないかぎり、そうした攻撃も局地的な被害にとどまりそうである。2001年の「9・11事件」の直後には、炭疽菌《たんそきん》の胞子が郵便で送りつけられる事件が発生した。2002年には、ロンドンの地下鉄で植物由来の猛毒物質リシンを使おうとしたテロ計画が発覚した。どちらの場合も生物兵器は容器に無造作に入れられていたが、炭疽菌の攻撃では、何人もの人命が奪われている。

だがそれ以上に心配なことがある。それはインフルエンザなどのウイルス感染症の脅威である。衛生状態を保つ手段がかぎられていて、避難所で人がひしめきあっているような環境は、病気や感染症の温床になりやすく、あっというまに拡大する。そこに大量感染やそれにかかわる問題に対応する手段が希少になることが、ますます追い打ちをかける。2011年にパキスタンを洪水が蹂躙《じゅうりん》したときは、支援がほとんど届かない状況で、水を媒介する感染症やマラリアや下痢のために200万人以上が命を落とした。

リスクの低減

公共機関は伝染病の拡大を極力抑えようとするだろうが、感染リスクを下げるために個人レベルでできることもある。

- 脅威との接触を減らすために、家族とともに隔離された場所に移る。
- 伝染の仕方をふくめて脅威を特定して、感染の確率を最小限にするためにできること、してはいけないことを理解する。
- 災害の前と、必要であれば災害にあったあとも、できるなら感染症の予防接種をする。
- 感染者を最小限に抑えるために、感染症への対策を的確かつ安全に行なう。

感染のメカニズム

たしかにパンデミックの感染を避けるためには、隔離された場所にこもるのがいちばんである。たとえばインフルエンザでも、第1章でとり上げたスペイン風邪は、2通りの感染経路から大流行した。

ひとつめは、直接的な空気の汚染である。感染者の咳やくしゃみから微細なウイルスの飛沫《ひまつ》が空中にまきちらされる。この飛沫を吸いこんだ別の人間は、感染する可能性が高い。

ふたつめの感染の方法は、間接的な汚染である。これは感染者が咳やくしゃみを手で押さえたり、目や口を手でぬぐったりしたあとに、ドアノブやハンドルなどに触ると起こる。ウイルスはドアノブなどに付着したまま2日間程度は生きつづける。そのあいだにそこに触った者が、よくあることだが手にウイルスをつけたまま目をこすったり口を触ったりすると、体内への侵入が起こる。

もうひとつ覚えておきたいのは、インフルエンザにかかると7日間は感染力があるということである。そのあいだに感染者が動きまわれば、多くの人にウイルスをまきちらす。潜伏期によくありがちなことである。しかも現代はたえず多くの人々が世界中を気休く旅してまわっているために、世界規模の大流行になる可能性がある。たとえばH1N1型ウイルス（豚インフル）は、2009年から2010年にかけて約1万7000人もの命を奪った。

感染リスクを最小限にする

インフルエンザやウイルス性感染症のパンデミックをおそれている、または勧告があったときは、自宅から出ずにウイルスとの接触を最小限にしよう。備蓄品があれば、感染が広がる最悪の時期をやりすごすだけの食料はあるだろう。どうしても家を出なければならないときも、感染予防の方法はある。

- 咳やくしゃみをしている人からは、1メートル以上離れる。
- 握手は絶対にしないようにする。
- 人が多い場所で、とくにドアノブなど人がよく触るものにふれないよう

隔離施設

スペイン風邪が急激に広がると、イラストのような巨大な隔離施設が世界中で次々と作られた。地方当局はこれで感染者の移動を制限しやすくなり、犠牲者を社会から隔離しておけた。こうした施設は予防接種にも使われるが、ウイルスの温床にしないためには、効率的な運営が必要になる。

にする。使いすての手袋をはめるとよい。

- 目をこすらないようにする。これでよく体内にウイルスが侵入する。
- 温かいお湯と石鹸で、1日中手を徹底的に洗う。手を洗えないなら、手指消毒剤を使ってもよい。
- どうしても心配なら、細菌やウイルスをフィルターでカットする防塵マスクをかけるとよい。

予防接種

被災地では、たえず最新の予防接種を受けること（あるいはまだ受けていない予防接種をすること）で、命びろいすることもある。災害後やウイルス感染症のパンデミック警告があった場合は、予防接種がすぐにできるなどと楽観視していてはならない。ワクチンのストックは短時間でなくなるだろう。つまり予防接種をできる人数はかぎられているということである。人によって必要なワクチンの種類は異なってくるので、かかりつけの医師に相談するとよい。ただし次のように、一般的に勧められる予防接種はある。

- その時期流行しそうな型のインフルエンザ。
- MMR（はしか、おたふく風邪、風疹の混合ワクチン）。通常は幼児期に接種ずみ［日本では副作用が問題になったおたふく風邪を除いて2種のワクチンが接種されている］。
- 破傷風とジフテリア。百日咳との3種混合であるTdapワクチンも接種できる。
- A型肝炎と流行性髄膜炎。海外旅行をする際は接種したほうがよい。

これ以外にも多くの予防接種の種類があるが、全部は必要ないだろう。妊婦や高齢者、子どもなど免疫システムが弱い人は、特定の病気にかかるリスクが高い。予防接種を受けるならかならずかかりつけの医師と相談してからにしたい。また忘れてならないのは、ワクチンによっては何度も追加の接種が必要だということである。その回数を確かめて、次に診察が必要な日時を毎回スケジュールに入れておきたい。

大半の予防接種は、地元の個人医院か診療所、または薬局で簡単に受けられる。アメリカの州の多くは、ワクチンを低価格もしくは無料で支給している。また接種の費用を補償する健康保険もある。被災して予防接種を受けるよう勧告されたら、ワクチンが底をつく前にできるだけ早く接種したい。

病人の隔離

自分や家族がどんなに気をつけていても、病原菌に接触する機会はかならずある。パンデミックが下火になるのを待ちながら、家を基本的に隔離状態にしていても、だれかがその前に病気

除染シャワー

化学物質や大気の汚染による緊急事態が発生したときは、除染シャワーを定期的に浴びるようにする。衣服の汚染がひどい場合は、ビニール袋に密封して処分する。

にかかっていたら、ただちに予防措置をとらないと、全員が感染の危機におちいる可能性が高くなる。まず最初に、感染者はひとりでも複数でも可能なら隔離しなければならない。つまり、専用の寝室とトイレを決めるのである。部屋には次のようなものがあるとよい。

- ティッシュペーパー。
- 手指消毒剤。
- 十分な飲み物。
- 蓋がぴったり閉まるゴミ箱か、使用ずみのティッシュをすてるビニール袋。
- マスク。だれかが部屋に入ってきたとき、または本人が部屋を出るときに着ける。
- 薬。病人が指示どおりに自己管理できる場合のみ。子どもの場合は置いてはならない。
- 開けられる窓もしくは空気の流通をよくするための換気扇。

病人と接する人間の数は多くないほうがよい。できるなら看護人はひとりだけにして、病室に入るときは、マスクと使いすての手袋をかならず着けるようにする。病室からもちだしたものは、即座に注意深く廃棄しなければな

死亡確認

- 耳と目で呼吸を確かめる。胸は筋肉が収縮するので、死後もふくらむことがある。
- 首と手首の脈にふれる。
- 突然光をあてて目の瞳孔反射を見る。狭まるのが正常な反射である。
- 慎重に目を触って、不随意なまばたきを起こす。
- 足の裏をこすって反射運動を起こし、足の指が曲がるかどうか観察する。
- 声や触られた刺激にまったく反応がなくなる。
- 皮膚の蒼白《そうはく》化。死後15～20分で、皮膚が蒼白になるか青みをおびてくる。先に唇や目、足を確認する。
- 体が冷たくなってくる。
- 括約筋（臓器の弁の役割をする筋肉）が弛緩し、膀胱《ぼうこう》や腸の内容物が出てくることもある。

豚インフルエンザの症状

豚インフルエンザの死亡率は10パーセントを超えないものの、このウイルスはとくに性質が悪い。以下のようなインフルエンザの症状が現れたら、初期段階では休養と隔離がいちばんの治療になるが、肺感染症を起こしたら抗生物質が必要になる。

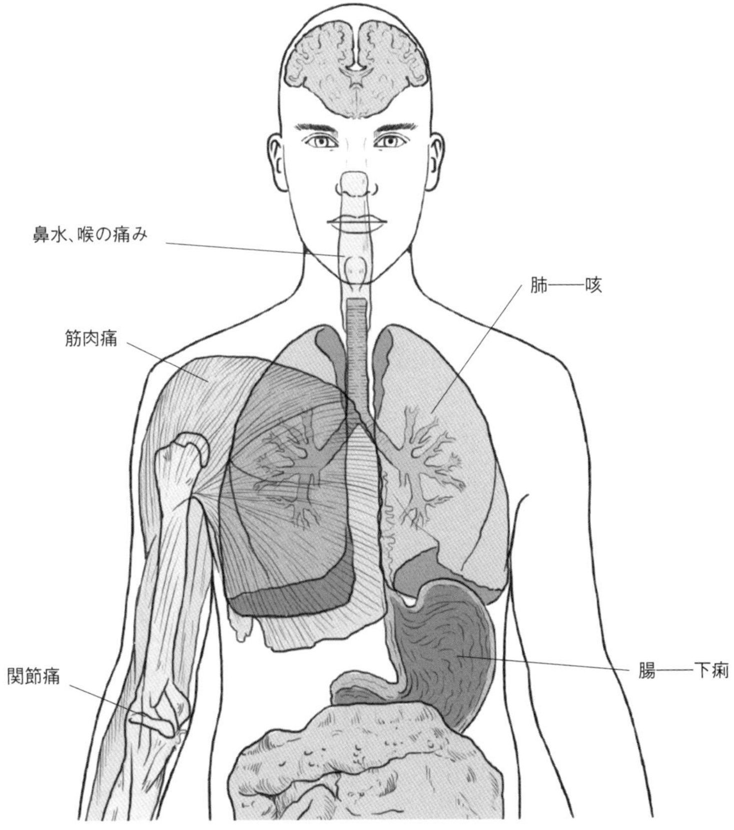

らない（一刻も早く家の外に出す）。また寝具類や衣服、皿など病人が使用したものは、部屋から運んだらできるだけ早く洗う。

病人がとくに子どもで不安がっていたりすると、長時間ひとりにしておくのはむずかしいかもしれない。子どもを抱くなら、咳やくしゃみを避けるために顔をそらしていよう。そして子どもと離れたら、徹底的に洗えるところを洗う。

心の健康

災害は、身体のみならず心にとっても過酷な経験である。被災者は身の毛がよだつようなものを見たかもしれないし、不安にとらわれて追いつめられ、消耗してもいるだろう。体の健康と同様に、心の健康もみずからがケアしたいものだ。米疾病対策予防センターからの次のような助言は、心の健康を保つうえで役立つだろう。

- 緊急事態が起こってからの日々は、何週間たっても心の休まるものではない。不眠や不安、怒り、活動亢進《こうしん》、軽度のうつ病もしくは無気力は、ごくふつうに起こる現象で時間とともに改善する。これらの症状がとくに気になるときは、カウンセリングの受診を勧める。州や地方、部族の保健所が地元の機関のなかから、その

化学災害のハザードシンボル

このような災害時に使われるハザードシンボルの意味を覚えて、何が危険なのかがわかったら適切な行動をしたい（通常は、脅威から離れるということ）。

有害

強い引火性

酸化剤

腐食性

放射能

バイオハザード（生物学的災害）

爆発性

毒性

環境に有害

人に合った病院や医療供給者［医師助手や開業している看護師など］を紹介してくれるだろう。
- ケガをした、吐き気がする、強いストレスや不安を感じる、などといった場合はすすんで受診する。
- 日常生活のなかでくりかえされている行動を災害計画にできるだけ組みいれる。怖がる子どもをおちつかせるのもよい。
- 家族や友人、重要な社会や宗教とのつながりを深めて支援のネットワークを作り、潜在的なストレス要因に対処する。
- 子どもに、悪いことや怖いことが起こったときは感情的になってもだいじょうぶだと教える。どう感じ、思っているかを表に出させて、批判をくわえずに受けとめる。

出典：
<www.bt.cdc.gov/disasters/disease/facts.asp>

ストレスがきつくなったときは、簡単な瞑想《めいそう》や呼吸のテクニックを試しただけでも、心をリラックスさせて、スッキリとした頭と幸福感をとり戻せる。たとえ周囲が騒々しく混乱している状況でも、ひとりになれる時間を数分間作り、目を閉じてゆっくり深い呼吸をくりかえすと、この短時間で不安感はおさまってくる。自分に言い聞かせよう。なんとかならないことはないし実際事態は掌握されるだろう。またどんな挫折を経験したとしてもそれですべてが終わるわけではないのだ。

結論

最後になるが、ごく基本的なことを述べたい。準備をまったくしなくてもケガや病気をしないことはあるが、健康的であればあるほどそうした場合も回復しやすいということである。

体と心の鍛錬にとりくんで、体力を可能な最高レベルに近づけよう。タバコをやめ飲酒をほどほどにして、脂肪や加工食品の摂取量を減らし、総運動量を増やす。現代人の多くはデスクワークをしている。そうした生活での運動不足は筋力や柔軟性、体力を増強して補いたい。それで爽快感を覚えるだけでなく、災害時でのサバイバルでも差が出るはずなのだ。

付録

犠牲者の多かった自然災害上位10

順位	災害の名称	場所
1	中国大洪水	中国
2	黄河洪水	中国
3	華県地震	中国陝西省
4	ボーラ・サイクロン	バングラデシュ
5	インド洋サイクロン	インド
6	アンティオキア大地震	ビザンティン帝国アンティオキア
7	唐山地震	中国河北省唐山
8	海原地震	中国寧夏回族自治区（旧甘粛省）海原県
9	スマトラ島沖地震・津波	インド洋
10	板橋ダム決壊事故	中国河南省駐馬店市

種類別自然災害の最多犠牲者数

種類	災害の名称
雪崩	グレート・ノーザン鉄道ウェリントン雪崩事故
猛吹雪	イラン吹雪災害
干魃《かんばつ》	インド大飢饉《ききん》
地震	華県地震
洪水	中国大洪水
雹《ひょう》嵐	ウッタランチャル州ループクンド湖
熱波	ヨーロッパ熱波
地滑り	ヴァルガス州土砂災害
湖水爆発	ニオス湖火山ガス
パンデミック	スペイン風邪
竜巻	サターア～マニクガンジ ショドル竜巻
熱帯低気圧	ボーラ・サイクロン
津波	スマトラ沖地震・津波
火山	タンボラ山大噴火
山火事	ペシュチゴ森林火災

日付	死亡者数（推定）
1931年7～11月	1,000,000~4,000,000
1887年9～10月	900,000~2,000,000
1556年1月23日	830,000
1970年11月13日	200,000~500,000
1839年11月25日	300,000
526年5月20日	250,000
1976年7月28日	242,000
1920年12月26日	240,000
2004年12月26日	230,000
1975年8月7日	90,000~230,000

場所	日付	死亡者数（推定）
アメリカ	1910年3月1日	96
イラン	1972年2月	4,000
インド	1876～1878年	25,250,000
中国	1556年1月23日	830,000
中国	1931年	1,000,000~4,000,000
インド	9世紀	200~600
ヨーロッパ	2003年6～8月	37,451
ベネズエラ	1999年12月	20,006
カメルーン	1986年8月21日	1,746
世界規模	1918～1920年	75,000,000~100,000,000
バングラデシュ	1989年4月26日	1,300
バングラデシュ	1970年11月13日	200,000~500,000
インド洋	2004年12月26日	230,000
インドネシア	1815年	92,000
アメリカ	1871年10月8日	2,000

犠牲者の多かった地震上位10

順位	災害の名称	場所
1	華県地震	中国
2	唐山地震	中国
3	海原地震	中国
4	アレッポ地震	シリア
5	スマトラ島沖地震・津波	インドネシア、スリランカ、インド、タイ
6	ダームガーン地震	イラン
7	アルダビール地震	イラン
8	北海道地震	日本
9	アシガバート地震	トルクメニスタン
10	関東大震災	日本

犠牲者の多かった津波上位10

順位	災害の名称	場所
1	スマトラ沖地震・津波	インド洋
2	リスボン地震・津波・火災	ポルトガル、スペイン、モロッコ、アイルランド、イギリス
3	メッシーナ地震・津波	イタリア、メッシーナ海峡
4	クラカタウ火山の噴火・津波	インドネシア
5	宝永地震・津波	東海道・南海道
6	本州への津波	日本（震央は琉球諸島）
7	アリカ地震・津波	チリ、アリカ
8	明治三陸地震・津波	日本、三陸
9	島原大変肥後迷惑	日本、九州
10	明和の大津波	日本、八重山諸島

日付	死亡者数（推定）
1556年	830,000
1976年	242,000
1920年	240,000
1138年	230,000
2004年	230,000
856年	200,000
893年	150,000
1730年	137,000
1948年	110,000
1923年	105,000

日付	死亡者数（推定）
2004年	230,000
1755年	100,000
1908年	100,000
1883年	36,000
1707年	30,000
1826年	27,000
1868年	25,674
1896年	22,070
1792年	15,030
1771年	13,486

索引

【カ】

【サ】

【タ】

【ナ】

【ハ】

◆著者略歴◆

クリス・マクナブ（Chris McNab）

サバイバル技術のスペシャリスト。20冊を超える著書には、『どこで何が起ころうと生きのびる方法』『SAS・特殊部隊知的戦闘マニュアル――勝つためのメンタルトレーニング』『応急処置サバイバルマニュアル』『図説SAS・精鋭部隊ミリタリー・サバイバルハンドブック』『SAS・特殊部隊ガイド――原野でのサバイバル』などがある。また地元イギリス・ウェールズで、狩猟テクニックを指導している。

◆訳者略歴◆

角敦子（すみ・あつこ）

1959年、福島県会津若松市に生まれる。津田塾大学英文科卒。訳書に、マーティン・J・ドアティ『世界の無人航空機図鑑――軍用ドローンから民間利用まで』、アメリカ海軍『ネイビー・シールズ実戦狙撃手訓練プログラム』、ナイジェル・カウソーン『世界の特殊部隊作戦史1970-2011』、マーティン・J・ドハティ『SAS・特殊部隊式図解徒手格闘術マニュアル――上級編』（以上、原書房）ほかがある。政治や伝記、歴史などのノンフィクションの翻訳も手がけている。千葉県流山市在住。

SAS・特殊部隊式《とくしゅぶたいしき》
図解《ずかい》サバイバルテクニック
あらゆる災害《さいがい》に対応《たいおう》する

●

2016年3月10日　第1刷

著者………クリス・マクナブ
訳者………角敦子《すみあつこ》
装幀者………川島進デザイン室
本文組版・印刷………株式会社精興社
カバー印刷………株式会社精興社
製本………東京美術紙工協業組合

発行者………成瀬雅人
発行所………株式会社原書房
〒160-0022　東京都新宿区新宿1-25-13
電話・代表03(3354)0685
http://www.harashobo.co.jp
振替・00150-6-151594
ISBN978-4-562-05296-7